縱貫性資料分析：
LGM的應用

余民寧　著

作\者\簡\介

余民寧

學歷

國立政治大學教育學士

國立政治大學教育碩士

美國伊利諾大學（香檳校區）哲學博士（主修心理計量學）

現職

國立政治大學教育學系特聘教授

著作

《心理與教育統計學》（臺北：三民）（1995）

《有意義的學習：概念構圖之研究》（臺北：商鼎）（1997）

《教育測驗與評量：成就測驗與教學評量》（臺北：心理）（1997）

《教育測驗與評量：成就測驗與教學評量》（第二版）（臺北：心理）（2002）

《心理與教育統計學》（增訂二版）（臺北：三民）（2005）

《潛在變項模式：SIMPLIS 的應用》（臺北：高等教育）（2006）

《試題反應理論（IRT）及其應用》（臺北：心理）（2009）

《教育測驗與評量：成就測驗與教學評量》（第三版）（臺北：心理）（2011）

《心理與教育統計學》（增訂三版）（臺北：三民）（2012）

《縱貫性資料分析：LGM 的應用》（臺北：心理）（2013）

相關學術論文數十篇

個人網頁

http://www3.nccu.edu.tw/~mnyu/

自序

　　自筆者前一本著作《潛在變項模式：SIMPLIS 的應用》（2006，臺北：高等教育）出版以來，SEM 方法學已經如火如荼地在國內流行起來，幾乎舉凡任何一篇量化研究的碩博士論文或學術期刊論文，莫不都是使用 SEM 方法。SEM 方法學，可說是已成為學術研究中家喻戶曉的顯學。

　　自 2006 年以來，進階的 SEM 方法學，也已悄悄地興起與流行。筆者在前書中，已提及這股發展趨勢：多群組樣本分析、交互作用效果模式分析、潛在成長模型分析，與多層次結構方程式模型等，將會逐漸取得 SEM 方法學的主導地位。沒錯，這個趨勢至今一直沒有變動過！

　　本書即是挑選其中一項「潛在成長模型分析」，繼續深入延伸探索，以企圖回答當研究資料含有長期追蹤性質的縱貫性資料結構時，SEM 方法學可以幫助我們探討什麼樣的問題、回答什麼樣的關注焦點，以及使用什麼樣的創新分析技術。

　　本書之所以挑選此一主題來撰寫，乃因為幾個發展趨勢，讓筆者覺得不得不為此領域盡一點心力：(1)長期縱貫性資料庫（如 TEPS）已正式釋出，並且蒐集此類資料的研究案有逐漸增多的趨勢；(2)社會科學家仍戮力積極探索非實驗性質取得之觀察變項間的因果關係為何；(3)時間是決定「因果關係」的最佳變項；(4)電腦程式的發展也已大幅進展與改良；(5)這種「潛在成長模型」方法學相對於其他進階 SEM 方法學而言，較為淺顯易懂，且累積的文獻也已到了汗牛充棟的地步。因此，接續筆者前一本著作之後，繼續沿用讀者可能已經熟悉的 SIMPLIS 語法，陸續延伸探討縱貫性資料分析的研究議題。隨著國內學術界對 SEM 的瞭解愈來愈普及，且上述趨勢問題也愈來愈明顯，筆者相信「潛在成長模型」

方法學有逐漸成為顯學的一天。

　　筆者構思撰寫本書，已醞釀多時，趁101學年度休假進修的這一年，一鼓作氣將它完成。本書能夠順利出版，筆者要感謝心理出版社的擘劃、歷屆指導畢業學生提供寶貴的資訊回饋、研究夥伴們的嘗試錯誤與努力不懈，以及選修過筆者開授「潛在變項模式」課程的研究生所給筆者的期望壓力；同時，也要感謝國立政治大學教育學系博士生趙珮晴、鐘珮純、陳玉樺等人的協助校稿與偵錯，真高興看到他們也都使用 LGM 來作為資料分析的利器。最後，筆者更要感謝在這一年日以繼夜埋首電腦桌前寫作的日子裡，百般照顧呵護我生活起居與身體健康的內子——沈恂如，若沒有她的諒解、鼓勵、支持與費心持家，不知道本書會寫到何年何月才能夠順利出版？真謝謝你們！幫我成就一本著作！沒有你們的協助，也就沒有這本書的出版！

　　若本書有任何疏漏、引用錯誤或校稿不確實的地方，責任該全部由筆者來負責。筆者由衷祈求學界先進們，能夠不吝指教！

　　　　　　　　　　　　　　　　　　余民寧 謹識
　　　　　　　　2013 年 5 月 20 日於國立政治大學教育學院井塘樓研究室

目 錄

第二篇　進階篇

目　錄

本書附光碟（含第 4 章至第 12 章程式範例舉隅）

Part 1

基礎篇

　　第一篇包含第 1 章到第 4 章，重點在介紹 LGM 的研究緣起、重要性、發展史、研究資源、背景概念、模型簡介、各種基本模型及其實徵例子。除介紹各種 LGM 概念外，第一篇所舉出的實徵例子，主要係以 LISREL/SIMPLIS 的程式語法作為資料分析的範例舉隅，它可以作為研習第二篇的進階模型之基礎。

CHAPTER 1 導論

　　本章的目的，在介紹長期改變趨勢的研究重要性、潛在成長模型的發展史、模型基本概念的簡介、一些研究資訊的提供，以及本書結構的導讀，以作為讀者有系統研讀本書的導引。

第一節　為何需要研究長期改變趨勢？

　　成長（growth）與改變（change）是地球上所有有機體（包括：所有動植物、人類本身和社會組織等）的自然發展現象。絕大多數的有機體（如：動植物、人類、社會組織等），都是從幼苗（卵生、胎生）誕生，開始發育成長，逐漸蓬勃發展，再成長茁壯，過了發展極限之後，再慢慢走向崩潰死亡；只有非常少數的有機體（如：森林裡的神木），能夠從幼苗誕生，開始發育成長，而一路持續成長下去，除非碰到外在環境的劇烈變動而奔向覆亡外，否則，長期、永續發展下去似乎是可能的。這其中，與有機體的成長與改變具有最大關聯的因素，即是「時間」（time）。由於時間的遷移，造成萬事萬物的變動不居、成長與改變不斷，而有機體能否適應各種「改變」趨勢——隨時間變動而發生的改變趨勢（不論是連續性的或橫斷性的、長期性的或短期性的、急遽性的或緩慢性的），以及人類如何瞭解、測量與觀察此改變趨勢，繼而加以掌握與利用此改變趨勢，便成為各學術領域的學者專家們、各組織團體，甚至是各國政府所共同關

注的焦點。

　　除此之外，在人類有文字記載的歷史裡，也有各種自然的或人為的「現象」（phenomenona）或「變項」（variables），存在著如上述「成長與改變」的過程，也都是人類所關心的生活問題所在。例如，天文學家關心一個地區的天文氣象變化情形，地質學家關心一個地區的晴雨、溫濕度與河川變化情形，心理學家關心學童智力與認知能力的發展情形，經濟學家關心一個國家的經濟成長或一個公司的銷售業績情形，社會學家關心某些社區的犯罪率消長變化情形等等，都是最佳的說明例子；而如何測量與觀察這些「現象」或「變項」的穩定和改變情況，進而分析、掌握與運用其長期的變化趨勢，都成為學者專家們所研究分析的問題所在。探討各種「改變」的時間間隔單位，可能是以時、以日、以週、以月、以季或以年來計算，不一而足；且資料分析的對象，可能是人、事、物、組織或國家不等；這些都是學者專家們所感興趣，並且企圖加以詮釋的時間變動軌跡（trajectories）資料，也就是「縱貫性資料分析」（longitudinal data analysis）的來源。

　　人類探究時間變動軌跡的相關問題，已歷時數千年之久了。而近百年來，「縱貫性資料分析」吸引各學術領域（尤其是社會科學領域）學者專家們的青睞，此領域研究數量與人才培育的急遽增加，也已持續數十年之久。其背後的原因，筆者認為有下列幾個（余民寧，2006a；Bollen & Curran, 2006; Duncan, Duncan, & Strycker, 2006）：

1. 想掌控未來的慾望，促成對長期趨勢研究的重視。長期趨勢（long-term trend）可說是「成長與改變」在經過漫長的時間發展之後，必然會受到人類關注的一大研究問題。在遙遠的過去，人類的祖先長期觀察天文氣象，記錄天象的變化趨勢，進而決定何時播種與何時收割。而到了近代社會，各學術領域的學者莫不關心自己研究領域內會產生長期變化趨勢的課題，例如：氣象播報人員會不斷關心幾天之內的颱風最新動態、治安及保全人員會關心某個地區竊盜率的長期消長情形、金融界人士會關心股市或期

貨市場的長期變化趨勢，乃至政府財經官員更會不斷關注國內的進出口貿易、就業與失業、物價上漲等短、中、長期的變化趨勢等等；換句話說，人類想要瞭解未來，進而掌控未來的慾望，是千古不變的動機所在，能順利瞭解與掌握未來，便能掌握制敵機先、運籌帷幄於千里之外，進而統治未來的世界。因此，足以瞭解與研究長期趨勢的方法學，便會逐漸成為世人矚目的顯學。

2. 過去蒐集的橫斷面資料，已無法滿足研究問題所需。愈來愈多的學者認為，已不能從「橫斷面資料」（cross-sectional data）的分析探索中，圓滿解決研究問題。因為許多研究問題或理論假設，都會隱含著「改變」所造成的影響因素，而針對此類問題的最佳解答方式，唯有透過縱貫性資料的蒐集與分析，才能對此研究問題或理論假設的真偽，給予真正的、穩定的與最終的回答和評價。

3. 傳統的資料分析方法，已不符方法學所需。許多學者對傳統的縱貫性資料分析方式的設計，愈發表達不滿的看法。傳統上，適用於縱貫性資料分析的統計分析技術，如：前後測組別平均數的t檢定（t-test）、自我迴歸模型（autoregressive models）、重複測量的多變量變異數分析（repeated measures multivariate analysis of variance, MANOVA）、原始差異分數（raw difference scores）、殘差改變分數（residualized change scores）和隨機與固定效果貫時性資料模型（random and fixed effects panel data models）等，都有其理論模型與資料適用性的假設與限制，無法放諸四海而皆準，因此造成我們無法真正結論某個資料分析結果是對還是錯。針對縱貫性資料分析而言，沒有單一的統計方法可以一體適用全部的資料分析工作，我們勢必需要針對不同的研究問題與不同的資料結構，尋找合適的不同統計模型與方法才行。

4. 電腦軟硬體的進步，促使統計方法的成長茁壯。拜電腦軟硬體科技的進步之賜，各式的套裝電腦程式盛行，不僅具有使用的親和性，更方便讓非主修數理領域的學者，得以輕易理解原本需要複

雜運算的數學模型，縮短理論與實徵應用之間的落差，促使統計分析方法的快速演進，得以由單變量統計學（univariate statistics）發展成為多變量統計學（multivariate statistics）、由相關模型（correlation models）的分析演進到因果模型（causal modeling）的探究、由明顯變項（manifest variables）的探究深入到潛在變項（latent variables）的探索、由單層次資料結構（unilevel data structure）的設計進步到多層次資料結構（multilevel data structure）的設計。這樣的進化歷程，若沒有電腦程式的誕生及普及應用的話，統計方法學論的發展是不會那麼迅速的。當今，結構方程式模型（structural equation modeling, SEM）方法論的興起與茁壯，以及統計套裝軟體程式（如：LISREL、EQS、AMOS、MPLUS等）的盛行，正是數學理論模型與電腦科技結合的最佳寫照。

5. 時間因素讓探索因果關係的問題研究成為可能。因果關係（cause-effect relationship 或 causal relationship）的探索，一直是學術研究的重點。過去，唯有使用「真實驗設計」（true experimental design）方法，在嚴謹的控制各種干擾變項之下，研究者操弄自變項，再去觀察依變項的變化，因此所得到的結論，才能據以推論自變項與依變項之間是否具有因果關係的存在。但對社會科學而言，多數的研究是運用抽樣調查法（survey methods）所蒐集到的靜態觀察性資料（observational data），資料本身沒有介入人為操弄的程序，因此無法進行因果關係的探索；即使勉強使用「路徑分析」（path analysis）或結構方程式模型（SEM）等統計方法來進行資料分析，頂多也只能支持理論假設的「路徑關係」（path relationship）或「結構關係」（structural relationship），而並非是真正的因果關係。若真的要探索因果關係，最直接的方法，就是在資料蒐集過程中介入「時間」的因素，也就是說「貫時性資料」裡的時間因素，可以更加明確支持「路徑關係」的因果假設──亦即，因為時間是一種線性的、不可逆的因素，因此，只有

時間發生在「前」（before）的變項（preceding variables）一定
（或可能）是時間發生在「後」（after）的變項（posterior vari-
ables）的「因」（causes）；反之，則否。所以，「縱貫性資料分
析」是可以用來探索變項之間是否具有因果關係的一種方法，它
對社會科學而言，其重要性自是不言可喻。

6. 貫時性資料已經釋出，長期趨勢的研究勢必成為未來的顯學。在
過去嚴謹的縱貫性研究設計（longitudinal research design）下，長
期追蹤的縱貫性資料──「貫時性資料」（panel data）──已經
釋出，並且提供探究「成長與改變」問題的研究者許多方便性與
可能性。有許多貫時性資料〔如：美國的「國家教育縱貫研究」
（National Education Longitudinal Study, NELS）、臺灣的「臺灣教
育長期追蹤資料庫」（Taiwan Education Panel Survey, TEPS）、生
物醫學對治療療效的長期追蹤研究等〕，已經針對一批受試者
（如：小學四年級學生或憂鬱症患者），持續橫跨數個時間間隔
（如：每隔兩年追蹤調查一次並持續追蹤至十二年級，或每半年
追蹤治療一次並持續五年或十年），進行追蹤探索一批相同問題
（如：學生的閱讀行為或某藥品的療效）的長期變化趨勢，而這
些大型且調查架構複雜的縱貫性資料庫或追蹤研究資料，愈需要
嚴謹、複雜與深奧的進階統計分析方法做後盾，才能如願回答所
欲探索「成長與改變」的研究問題。故，探究長期趨勢變化的方
法學，勢必成為未來研究方法的顯學。

　　綜觀上述的說明，我們可以歸納得知：想要瞭解「成長與改變」
的問題，甚至是探索「長期改變趨勢」的問題，在社會科學領域裡，
勢必需要導入「縱貫性資料分析」的研究設計與資料的統計分析技術，
才能幫助我們順利解開所擬探究問題之間的因果關係，進而協助我們
得以掌握長期趨勢的變化情形，以為不確定的未來，及早做好準備。

第二節 潛在成長模型的發展史

前述人類對成長與改變趨勢問題探究的好奇心，驅使學者們不斷努力研究，以提出可供描述這種隨時間遞移而改變的長期發展趨勢的數學模型。本節的目的，旨在簡要描述此方面研究方法學的發展史（Bollen & Curran, 2006）。

一、初期發展：19世紀

根據文獻記載，針對「改變」問題的哲學思辨與討論，最早可以追溯到亞里斯多德時代（Zeger & Harlow, 1987）；但根據Bollen與Curran（2006）的說法，近代針對此一成長改變趨勢問題的探究，最早提出數學模型者，卻可以追溯到19世紀Gompertz（1820）針對「死亡率」（mortality）本質所進行的研究。由於Gompertz不滿意當時僅用「外插法」（extrapolating）來推估死亡率，既不精確、又誤差龐大，於是他提出「多項式死亡率曲線」（polynomial mortality curves）方法，導入時間軌跡的觀點，利用一群人在長時間的死亡率連續變化數值，來估計群體的死亡率問題，而不是針對個人做估計。

該死亡率的問題，後來即被歸類為「人口統計學」（demography）的研究議題之一。而此研究方法，即為後人所稱的「軌跡分析法」（trajectory analysis）之濫觴，該研究方法所強調的重點，即是針對一群人去找出其「發展的規則」（laws of development）為何。

二、找出能適配於群體的軌跡：1900-1937 年

到了 20 世紀初期，學者們愈發導入更複雜的成長函數形式〔如：非線性多項式（nonlinear polynomials）和對數型曲線（logistic curves）〕，來描述一整群人的成長改變趨勢問題。典型的代表作品，如 Robertson（1908）提出一條對數型曲線，用來描述白老鼠的成長模型，並企圖運用此結果來推論到人類的成長模型問題上。他歸納結論為，探究人類的發展問題，應該使用多條對數型曲線，以便能夠深入地探究改變的組型（pattern of change）。

後繼的研究者也都相繼投入研發，提出更複雜的數學方程式，以便能夠更精確地描述成長與改變的歷程。由此可見，這個階段的發展狀況是，提出許多數學方程式，以用來描繪生物學與社會科學領域中成長軌跡的探究問題，而其目的終究還是鎖定在只估計一條軌跡的發展模型，以用來描述一整群人的成長改變趨勢問題。

三、找出能適配於個體與群體的軌跡：1938-1950 年代

到了 1938 年後，除了針對一整群人的成長改變趨勢問題提出描繪外，此時的學者已經能夠針對團體中的個人成長軌跡，提出利用其他相關變項來加以預測的軌跡模型。典型的研究代表，即是 Wishart（1938）針對肉豬養殖所增長的體重問題，所進行成長曲線（growth curves）的估計研究。Wishart 利用真實驗研究法，隨機分派一群肉豬到三種含有高、中、低蛋白質飼料的組別裡，連續餵食十六週，再將每一隻肉豬所增加的體重當作依變項，並利用變異數分析（analysis of variance, ANOVA）方法，以實驗操弄的組別和豬隻的性別當作自變項，去預測每一隻肉豬的體重成長率。除了探討到群體的成長趨勢問題外，這是第一篇談論到個體成長軌跡的真實驗研究。

過了許多年後，Griliches（1957）利用類似的方法，研究全美國各地區的混種玉米的成長率問題。Griliches 利用一條 S 型曲線，來估計

各地區每單位面積的混種玉米的產量，同時計算各地區的起點、斜率和頂點的軌跡數值，並將這些軌跡數值針對各種測量進行迴歸分析，以預測一段時間後的玉米成長率和產量大小。

這兩個例子，均是研究方法學典範轉移的最佳代表。由原本是強調僅針對一整個群體的成長軌跡的估計問題，演變到還能針對群體中的每個個體，去估計其成長軌跡的問題。這種方法論的轉變，讓個別差異中的軌跡分析的檢定，以及利用其他相關變項來預測此軌跡的變化情形，成為可能與可行。

四、具有潛在變項構念的軌跡模型：1950 年代-1984 年

直到 1950 年代初期，上述所提到過的軌跡模型都是使用 ANOVA、ANCOVA 和 MANOVA 等傳統統計方法來分析資料的；也就是說，個體的軌跡估計值都是用手計算的，再據以比較團體平均數之間的差異。後來，由於電腦的發明與逐漸普及，大型的電腦套裝軟體程式開始盛行（如：三大統計套裝軟體程式 SPSS、SAS、BMDP 等），此時軌跡模型的資料估計與分析技術，開始導入具有潛在變項構念在內的測量架構。在此測量架構下，成長歷程是由無法直接觀察到的潛在變項所把關，它唯有間接地透過多次重複測量方式才能分析得出。

這期間，知名的統計學家紛紛提出不同的成長曲線模型，如：Baker（1954）和 Rao（1958）等人提出探索性因素分析（exploratory factor analysis, EFA）、Tucker（1958）提出主成分分析（principal components analysis, PCA）等方法，去抽取隱藏在重複測量之後、看不見的潛在變項構念〔即稱做「因素」（factors）〕，以說明團體的或個體的軌跡模型內的成長趨勢。自此，從一組重複測量變項中抽取少數的潛在因素，並進一步去估計成長函數模型所隱含各種參數估計值的做法，便成為後續「潛在成長模型」（latent growth model, LGM）發展的標準範本。

五、當代的潛在成長模型：1984 年-現在

基於前述探索性因素分析方法學的貢獻，Meredith 與 Tisak（1984, 1990）開始將驗證性因素分析（confirmatory factor analysis, CFA）方法學的架構，導入到軌跡模型的研究中。他們所提出的軌跡模型（trajec-tory models），不僅是利用功能強大的結構方程式模型（SEM）方法學當架構，更能提供估計與檢定各種假設的潛在成長模型之可能性；例如，被觀察到的指標變項（indicators）的平均數與共變數關係，其背後所隱含看不見的潛在變項（係反映出時間改變的成長因素），不僅能夠被抽取出來，連各指標變項與此成長因素間的因素負荷量（factor loadings）（係反映出理論假設的變化趨勢）大小，也可以被估計出來，或依據理論假設其數值為某個數值，並可以加以檢定等等。因此，Meredith 與 Tisak 當初所提的潛在曲線分析（latent curve analysis）方法，自此成為後人所稱「潛在成長模型」（LGM）的範本，專門用來分析重複測量資料背後所隱含成長因素——看不見的潛在軌跡因素（unobserved latent trajectory factors）——的一種「縱貫性資料分析」方法學。

後繼的學者（如：McArdle, 1988, 1989; McArdle & Anderson, 1990; McArdle & Epstein, 1987），也紛紛據以演化出各式各樣的潛在成長模型，以用來表徵各種改變的觀點（aspects of change），包括線性趨勢（linear trend）、二次式趨勢（quadratic trend）或 S 型趨勢（S-shaped trend）等；例如，在每個測量時段內使用多個測量指標的潛在因素模型、運用多群族分析技術去評估跨時間發展所產生的交互作用問題、探索成長歷程的中介影響效果、偵測潛在的組別屬性，以及同時採用兩個或多個變項去建立軌跡模型等。這些改良的潛在成長模型，不僅允許研究者探討跨時間改變的個體間差異（interindividual differences）的問題，還能進一步分析造成改變的前因後果，同時也可以探究組別

層次（group-level）的平均成長率（mean growth rate）與平均截距（mean intercept）的大小，更可以檢定各種理論假設的成長軌跡，並且能夠進一步探索「會隨時間改變」（time-varying）與「不會隨時間改變」（time-invariant）的共變數對成長因素的影響力。

總之，LGM 擁有 SEM 方法論的各種優勢，除了可以檢定模型的適配度、評估測量誤差的大小和有效處理缺失值（missing data）的問題等，更能隨著特殊情境的需求，而彈性調整其軌跡模型的設定策略。就如 Curran 與 Willoughby（2003）所形容的，我們可以把 LGM 看成是站在「以變項為主的分析」（variable-centered analysis）或「以受試者為主的分析」（person-centered analysis）方法學的十字路口上：縱向觀點（以變項為主）所研究的改變，是強調跨時間改變的變項平均趨勢（mean trends）；而橫向觀點（以受試者為主）所研究的改變，則是強調個體內的異質趨勢（idiosyncratic trends）──亦即指個體離均差趨勢（individual departure from the mean trend）。這兩種研究觀點，都提供 LGM 有個彈性、創新且與時俱進的發展可能性，所以說，它是未來探索「成長與改變」問題的主流方法學之一。

第三節　LGM 的相關研究資訊

雖然，本書的目的旨在提供「潛在成長模型」（LGM）方法學的入門介紹，但在有限的篇幅裡，筆者仍無法把此專題的所有範例說明殆盡。因此，筆者需要提供一些自我學習的相關資源，以供讀者在學畢本書之餘，尚能進行自我教育的終身學習，以不斷習取更高階的專業知識與技術。

LGM 發展至今，已經累積不少研究成果與資訊，足供後繼研究者的自我參考與學習使用（Bijleveld, van der Kamp, Mooijaart, van der Kloot, van der Leeden, & van der Burg, 1998; Bollen & Curran, 2006; Duncan, Duncan, & Strycker, 2006; Preacher, Wichman, MacCallum, & Briggs, 2008; Taris, 2000）。這些相關的研究資訊，筆者大致將它們歸納成下列幾個大類：

一、書籍

以下所蒐羅陳列者，乃針對「潛在成長模型」及「縱貫性資料分析」研究主題，且在 2012 年以前已經出版的教科書、彙編論文集或學術專題著作。筆者依作者姓氏的先後順序排列出，這份出版書單可供自修學習LGM的讀者參考。讀者若有更長、更充裕的時間閱讀的話，筆者建議可依據出版年代的先後，從頭讀起，不僅能夠充分掌握LGM的精髓與理論發展的來龍去脈，更能有機會成為此領域的箇中翹楚、學養甚深的學者，以及技巧純熟的研究專家。

Allison, P. D. (1984). *Event history analysis: Regression for the social sciences*. Beverly Hill, CA: Sage.

Allison, P. D. (2005). *Fixed effects regression methods for longitudinal data using SAS*. Cary, NC: SAS.

Bartolucci, F., Farcomeni, A., & Pennoni, F. (2012). *Latent Markov models for longitudinal data*. Boca Raton, FL: Chapman and Hall/CRC.

Bickel, R. (2007). *Multilevel analysis for applied research: It's just regression!* New York: Guilford Press.

Bijleveld, C. C. J. H., van der Kamp, L. J. Th., Mooijaart, A., van der Kloot, W. A., van der Leeden, R., & van der Burg, E. (1998). *Longitudinal data analysis: Designs, models and methods*. Thousand Oaks, CA: Sage.

Blalock, H. M. (1964). *Causal inference in nonexperimental research*. New York: Norton.

Blossfeld, H. P., Hamerle, A., & Mayer, K. U. (1989). *Event history analysis: Statistical theory and application in the social sciences*. Mahwah, NJ: Lawrence

Erlbaum Associates.

Blossfeld, H. P., & Röhwer, G. (1995). *Techniques of event history modeling: New approaches to causal analysis*. Mahwah, NJ: Lawrence Erlbaum Associates.

Blunch, N. (2008). *Introduction to structural equation modeling using SPSS and AMOS*. Thousand Oaks, CA: Sage.

Bock, R. D. (Ed.) (1989). *Multilevel analysis of educational data*. San Diego, CA: Academic Press.

Bollen, K. A. (1989). *Structural equations with latent variables*. New York: Wiley.

Bollen, K. A., & Curran, P. J. (2006). *Latent curve models: A structural equation perspective*. New York: John Wiley & Sons.

Bray, J. H., & Maxwell, S. E. (1985). *Multivariate analysis of variance*. Beverly Hill, CA: Sage.

Byrne, B. M. (2011). *Structural equation modeling with Mplus: Basic concepts, applications, and programming*. New York: Routledge.

Campbell, D. T., & Stanley, J. C. (1963). *Experimental and quasi-experimental designs for research*. Chicago: Rand McNally.

Cody, R. P. (2001). *Longitudinal data and SAS: A programmer's guide*. Cary, NC: SAS.

Cook, T. D., & Campbell, D. T. (1979). *Quasi-experimentation: Design and analysis issues for field settings*. Boston, MA: Houghton Mifflin.

Cox, R. D., & Oakes, D. (1984). *Analysis of survival data*. London: Chapman and Hall.

Crowder, M. J., & Hand, D. J. (1990). *Analysis of repeated measures*. London: Chapman and Hall.

Davis, C. S. (2002). *Statistical methods for the analysis of repeated measures*. New York: Springer Verlag.

De Leeuw, J., & Meijer, E. (Eds.) (2008). *Handbook of multilevel analysis*. New York: Springer.

Diggle, P., Heagerty, P., Liang, K. Y., & Zeger, S. (2002). *Analysis of longitudinal data* (2nd ed.). New York: Oxford University Press.

Diggle, P. J., Liang, K. Y., & Zeger, S. L. (1994). *Analysis of longitudinal data*. Oxford: Clarendon Press.

Duncan, T. E., Duncan, S. C., & Strycker, L. A. (2006). *An introduction to latent growth curve modeling: Concepts, issues, and applications* (2nd ed.). Mahwah, NJ: Lawrence Erlbaum Associates.

Duncan, T. E., Duncan, S. C., Strycker, L. A., Li, F., & Alpert, A. (1999). *An introduction to latent variable growth curve modeling: Concepts, issues, and applications*. Mahwah, NJ: Lawrence Erlbaum Associates.

Elandt-Johnson, R. C., & Johnson, N. L. (1980). *Survival models and data analysis*. New York: Wiley.

Eye, A. V., & Niedermeier, K. E. (1999). *Statistical analysis of longitudinal categorical data in the social and behavioral sciences: An introduction with computer illustrations*. Psychology Press.

Finn, J. D. (1974). *A general model for multivariate analysis*. New York: Holt, Rinehart, and Winston.

Fitzmaurice, G., Davidian, M., Verbeke, G., & Molenberghs, G. (Eds.) (2009). *Longitudinal data analysis*. Boca Raton, FL: Chapman & Hall/CRC.

Fitzmaurice, G. M., Laird, N. M., & Ware, J. H. (2011). *Applied longitudinal analysis* (2nd ed.). Hoboken, NJ: Wiley.

Fox, J. (2008). *Applied regression analysis and generalized linear models* (2nd ed.). Thousand Oaks, CA: Sage.

Frees, E. W. (2004). *Longitudinal and panel data: Analysis and applications in the social sciences*. Cambridge, UK: Cambridge University Press.

Gelman, A., & Hill, J. (2007). *Data analysis using regression and multilevel/hierarchical models*. New York: Cambridge University Press.

Gifi, A. (1990). *Nonlinear multivariate analysis*. New York: Wiley.

Goldstein, H. (1995). *Multilevel statistical models* (2nd ed.). New York: Wiley.

Goldstein, H. (2003). *Multilevel statistical models* (3rd ed.). New York: Wiley.

Hand, D. J., & Crowder, M. (1996). *Practical longitudinal data analysis*. London: Chapman and Hall.

Hand, D. J., & Taylor, C. C. (1987). *Multivariate analysis of variance and repeated measures: A practical approach for behavioral scientists*. London: Chapman and Hall.

Hancock, G. R., & Mueller, R. O. (2010). *The reviewer's guide to quantitative methods in the social sciences*. New York: Routledge.

Hardin, J. W., & Hilbe, J. M. (2007). *Generalized linear models and extensions* (2nd ed.). College Station, TX: Stata Press.

Heck, R. H., & Thomas, S. L. (2000). *An introduction to multilevel modeling techniques*. Mahwah, NJ: Lawrence Erlbaum Associates.

Heck, R. H., & Thomas, S. L. (2008). *An introduction to multilevel modeling techniques* (2nd ed.). New York: Routledge.

Heck, R. H., Thomas, S. L., & Tabata, L. N. (2010). *Multilevel and longitudinal modeling with IBM SPSS*. New York: Routledge.

Hedeker, D., & Gibbons, R. D. (2006). *Longitudinal data analysis*. Hoboken, NJ: Wiley.

Heinen, T. (1996). *Latent class and discrete latent trait models: Similarities and differences*. Thousand Oaks, CA: Sage.

Hox, J. J. (1995). *Applied multilevel analysis* (2nd ed.). Amsterdam, Netherlands:

T. T. Publikaties.

Hox, J. J. (2002). *Multilevel analysis: Techniques and applications*. Mahwah, NJ: Lawrence Erlbaum Associates.

Hox, J. J. (2010). *Multilevel analysis: Techniques and applications* (2nd ed.). Mahwah, NJ: Lawrence Erlbaum Associates.

Hsiao, C. (1986). *Analysis of panel data*. Cambridge: Cambridge University Press.

Iversen, G. R., & Norpoth, H. (1982). *Analysis of variance*. Beverly Hill, CA: Sage.

Jones, R. H. (1993). *Longitudinal data with serial correlation: A state-space approach*. Boca Raton, FL: Chapman and Hall/CRC.

Kessler, R. C., & Greenberg, D. F. (1981). *Linear panel analysis: Models of quantitative change*. New York: Academic Press.

Kline, R. B. (2010). *Principles and practice of structural equation modeling* (3rd ed.). New York: Guilford Press.

Kreft, I. G. G., & de Leeuw, J. (1998). *Introducing multilevel modeling*. Thousand Oaks, CA: Sage.

Lee, S. Y. (Ed.) (2007). *Handbook of latent variable and related models*. Boston, MA: Elsevier/North-Holland.

Lee, E. S., Forthofer, R. N., & Lorimor, R. J. (2006). *Analyzing complex survey data*. Newbury Park, CA: Sage.

Little, R. J. A., & Rubin, D. B. (1987). *Statistical analysis with missing data*. New York: Wiley.

Little, T. D., Bovaird, J. A., & Card, N. A. (Eds.) (2007). *Modeling contextual effects in longitudinal studies*. Mahwah, NJ: Lawrence Erlbaum Associates.

Little, T. D., Schnabel, K. U., & Baumert, J. (Eds.) (2000). *Modeling longitudinal and multilevel data: Practical issues, applied approaches and specific examples*. Mahwah, NJ: Lawrence Erlbaum Associates.

Littell, R. C., Milliken, G. A., Stroup, W. W., Wolfinger, R. D., & Schabenberger, O. (2006). *SAS for mixed models* (2nd ed.). Cary, NC: SAS Institute Inc.

Long, J. D. (2011). *Longitudinal data analysis for the behavioral sciences using R*. Thousand Oaks, CA: Sage.

Long, J. S. (1983a). *Confirmatory factor analysis*. Beverly Hill, CA: Sage.

Long, J. S. (1983b). *Covariance structure models: An introduction to LISREL*. Beverly Hill, CA: Sage.

Longford, N. T. (1993). *Random coefficient models*. Thousand Oaks, CA: Sage.

Luke, D. A. (2004). *Multilevel modeling*. Thousand Oaks, CA: Sage.

Marcoulides, G. A., & Moustaki, I. (Eds.) (2002). *Latent variables and latent structural model*. Mahwah, NJ: Lawrence Erlbaum Associates.

Markus, G. B. (1979). *Analyzing panel data*. Beverly Hill, CA: Sage.

McCulloch, C. E., & Searle, S. R. (2001). *Generalized, linear, and mixed models*. New York: Wiley.

McLachlan, G. J., & Peel, D. (2000). *Finite mixture models*. New York: Wiley.

Menard, S. (1991). *Longitudinal research*. Beverly Hill, CA: Sage.

Menard, S. (Ed.) (2007). *Handbook of longitudinal research*. Amsterdam, Netherlands: Elsevier.

Molenberghs, G., & Verbeke, G. (2005). *Models for discrete longitudinal data*. New York: Springer Verlag.

Moskowitz, D. S., & Hershberger, S. L. (Eds.) (2002). *Modeling intraindividual variability with repeated measures data: Methods and applications*. Mahwah, NJ: Lawrence Erlbaum Associates.

Muthén, L. K., & Muthén, B. O. (1998-2010). *Mplus user's guide* (6th ed.). Los Angeles, CA: Muthén & Muthén.

Nesselroade, J. R., & Baltes, P. B. (1979). *Longitudinal research in the study of be-*

havior and development. New York: Academic Press.

Newsom, J. T., Jones, R. N., & Hofer, S. M. (2011). *Longitudinal data analysis: A practical guide for researchers in aging, health, and social sciences*. New York: Routledge.

O'Connell, A. A., & McCoach, D. B. (2008). *Multilevel modeling of educational data*. Charlotte, NC: Information Age Publishing.

Parmer, M. K. B., & Machin, D. (1995). *Survival analysis: A practical approach*. New York: Wiley.

Pinheiro, J. C., & Bates, D. M. (2009). *Mixed-effects models in S and S-Plus* (2nd ed.). Murry, NJ: Springer.

Plewis, I. (1985). *Analyzing change: Measurement and explanation using longitudinal data*. Chichester: Wiley.

Preacher, K. J., Wichman, A. L., MacCallum, R. C., & Briggs, N. E. (2008). *Latent growth curve modeling*. Thousand Oaks, CA: Sage.

Rabe-Hesketh, S., & Skrondal, A. (2005). *Multilevel and longitudinal modeling using Stata*. College Station, TX: Stata Press.

Rabe-Hesketh, S., & Skrondal, A. (2012). *Multilevel and longitudinal modeling using Stata, Volume II: Categorical responses counts, and survival*. College Station, TX: Stata Press.

Raudenbush, S. W., & Bryk, A. S. (2002). *Hierarchical linear models: Applications and data analysis methods* (2nd ed.). Thousand Oaks, CA: Sage.

Raudenbush, S. W., Bryk, A. S., Cheong, Y. F., & Congdon Jr., R. T. (2004). *HLM 6: Hierarchical linear and nonlinear modeling*. Lincolnwood, IL: Scientific Software International, Inc.

Reise, S. P., & Duan, N. (Eds.) (2003). *Multilevel modeling: Methodological advances, issues, and applications*. Mahwah, NJ: Lawrence Erlbaum Associates.

Rovine, M. J., & Von Eye, A. (1991). *Applied computational statistics in longitudinal research*. Boston, MA: Academic Press.

Rubin, D. B. (2006). *Matched sampling for causal effects*. Cambridge, NY: Cambridge University Press.

Singer, J. D., & Willett, J. B. (2003). *Applied longitudinal data analysis: Modeling change and event occurrence*. New York: Oxford University Press.

Skrondal, A., & Rabe-Hesketh, S. (2004). *Generalized latent variable modeling: Multilevel, longitudinal, and structural equation models*. Boca Raton, FL: Chapman and Hall/CRC.

Snijders, T. A. B., & Bosker, R. J. (1999). *Multilevel analysis: An introduction to basic and advanced multilevel modeling*. Thousand Oaks, CA: Sage.

Snijders, T. A. B., & Bosker, R. J. (2011). *Multilevel analysis: An introduction to basic and advanced multilevel modeling* (2nd ed.). Thousand Oaks, CA: Sage.

Tao, J., Little, R., Patetta, M., Truxillo, C., & Wolfinger, R. (2002). *Mixed model analyses using the SAS system course notes*. Cary, NC: SAS Institute Inc.

Taris, T. W. (2000). *A primer in longitudinal data analysis*. Thousand Oaks, CA: Sage.

Twisk, J. W. R. (2003). *Applied longitudinal data analysis for epidemiology: A practical guide*. Cambridge, UK: Cambridge University Press.

Twisk, J. W. R. (2006). *Applied multilevel analysis: A practical guide*. New York: Cambridge University Press.

van de Pol, F. J. R. (1989). *Issues of design and analysis of panels*. Amsterdam: Sociometric Research Foundation.

van Montfort, K., Oud, J., & Satorra, A. (Eds.) (2006). *Longitudinal models in the behavioral and related sciences*. Mahwah, NJ: Lawrence Erlbaum Associates.

Verbeke, G., & Molenberghs, G. (2000). *Linear mixed models for longitudinal data*. New York: Springer-Verlag.

Verbeke, G., & Molenberghs, G. (2009). *Linear mixed models for longitudinal data* (2nd ed.). New York: Springer.

Vermunt, J. K. (1997). *Log-linear models for event histories*. Thousand Oaks, CA: Sage.

Vonesh, E. F., & Chinchilli, V. M. (1997). *Linear and nonlinear models for the analysis of repeated measurements*. New York: Marcel Dekker.

von Eye, A., & Clogg, C. C. (Eds.) (1994). *Latent variable analysis: Applications for developmental research*. Thousand Oaks, CA: Sage.

von Eye, A., & Niedermeier, K. E. (1999). *Statistical analysis of longitudinal categorical data in the social and behavioral sciences: An introduction with computer illustrations*. Mahwah, NJ: Psychology Press.

Wang, J., & Wang, X. (2012). *Structural equation modeling: Applications using Mplus: Methods and applications*. Hoboken, NJ: Wiley.

Wu, H., & Zhang, J. T. (2006). *Nonparametric regression methods for longitudinal data analysis: Mixed-effects modeling approaches*. Hoboken, NJ: Wiley.

Yamaguchi, K. (1991). *Event history analysis*. Newbury Park, CA: Sage.

二、期刊及相關專輯論文資訊

除了創刊於 1994 年的 *Structural Equation Modeling: A Multidisciplinary Journal* 仍然為 LGM 各種相關研究報告與論文的主要發表園地外，針對「潛在成長模型」或「縱貫性資料分析」研究主題，還可以分門別類地列出下列的專題研究資訊、彙編論文發表的期刊研究專輯，以及無法盡列的主題學術研討會等訊息。底下列舉者，僅為犖犖大者，例如：

1. LGM 的一般議題（general issue in LGM）（如：Aber & McArdle, 1991; Byrne & Crombie, 2003; Curran & Hussong, 2002; T. E. Duncan

& S. C. Duncan, 2004a; Duncan, Duncan, Strycker, Okut, & Hix-Small, 2006; McArdle & Epstein, 1987; Meredith & Tisak, 1990; Patterson, 1993; Raykov, 1992a; Stoel, van den Wittenboer, & Hox, 2004; Stool-miller, 1994,1995; Stoolmiller, Duncan, & Patterson, 1995; Walker, Acock, Bowman, & Li, 1996; Willett & Keiley, 2000; Willett & Sayer, 1994; Windle, 2000）。

2. 成長曲線的估計與視覺呈現方法（methods for estimating and visualizing growth curves）（如：Carrig, Wirth, & Curran, 2004）。

3. 單因子 LGM 或曲線模型（single-factor LGM or curve model）（如：Duncan & McAuley, 1993; McArdle, 1988; McArdle & Nesselroade, 1994; Raykov, 1991）。

4. 簡單改變或潛在差異分數模型（simple change or latent difference scores model）（如：Duncan & Stoolmiller, 1993; Ferrer & McArdle, 2003）。

5. 二因子 LGM（two-factor LGM）（如：Aunola, Leskinen, Onatsu-Arvilommi, & Nurmi, 2002; Chassin, Curran, Hussong, & Colder, 1996; Dembo, Schmeidler, & Wothke, 2003; Dembo, Wothke, Livingston, & Schmeidler, 2002; Patterson, 1993; Raykov, 1992b; Reynolds, Finkel, Gatz, & Pedersen, 2002）。

6. 三因子 LGM（three-factor LGM）（如：T. E. Duncan, S. C. Duncan, & Hops, 1996; Stoolmiller, Duncan, Bank, & Patterson, 1993）。

7. 多樣本的 LGM（multiple-sample LGM）（如：S. C. Duncan, Alpert, T. E. Duncan, & Hops, 1997; S. C. Duncan, T. E. Duncan, & Strycker, 2003; T. E. Duncan, S. C. Duncan, & Alpert, 1997; Li, Harmer, McAuley, Duncan, Duncan, Chaumeton, & Fisher, 2001; McArdle, Hamagami, Elias, & Robbins, 1991; McAuley, Blissmer, Katula, Milhalko, & Duncan, 2000; Muthén & Curran, 1997; Park, Kosterman, Hawkins, Haggerty, Duncan, Duncan, & Spoth, 2000; Tisak & Tisak, 1996）。

8. 聯合的 LGM（associative LGM）（如：Blozis, 2004; Cheong, Mac-Kinnon, & Khoo, 2003; Curran, Stice, & Chassin, 1997; Duncan, Strycker, & Duncan, 1999; Ge, Lorenz, Conger, & Elder, 1994; Raykov, 1994; Stoolmiller, 1994; Tisak & Meredith, 1990; Wickrama, Lorenz, & Conger, 1997; Wills, Sandy, Yaeger, Cleary, & Shinar, 2001）。

9. LGM 的曲線因素和因素曲線方法（LGM factor-of-curves and curve-of-factors approaches）（如：S. C. Duncan & T. E. Duncan, 1996; Duncan, Duncan, Biglan, & Ary, 1998; S. C. Duncan, T. E. Duncan, & Strycker, 2000, 2001; T. E. Duncan, S. C. Duncan, & Hops, 1998; T. E. Duncan, S. C. Duncan, Hops, & Alpert, 1997; McArdle, 1988）。

10. 多層次 LGM（multilevel LGM）（如：S. C. Duncan, T. E. Duncan, & Alpert, 1998; S. C. Duncan, T. E. Duncan, Strycker, & Chaumeton, 2002; Duncan, Strycker, Duncan, & Okut, 2002; S. C. Duncan, T. E. Duncan, & Strycker, 2002; T. E. Duncan, S. C. Duncan, & Alpert, 1998; Duncan, Duncan, Alpert, Hops, Stoolmiler, & Muthén, 1997; Duncan, Duncan, Li, & Strycker, 2002; Duncan, Duncan, Okut, Strycker, & Li, 2002; Manne, Markowitz, Winawer, Meropol, Haller, Jandorf, Rakowski, Babb, & Duncan, 2002; Muthén, 1997; Schmidt & Wisenbaker, 1986）。

11. 含缺失值的 LGM（LGM with missing data）（如：Arbuckle, 1996; Collins, Schafer, & Kam, 2001; S. C. Duncan & T. E. Duncan, 1994; T. E. Duncan, S. C. Duncan, & Li, 1998; Enders & Bandalos, 2001; Ferrer, Hamagami, & McArdle, 2004; Graham, 2003; Wiggins & Sacker, 2002）。

12. 世代連續設計（cohort-sequential design）（如：Anderson, 1993, 1995; S. C. Duncan, T. E. Duncan, & Hops, 1996; S. C. Duncan, T. E. Duncan, & Strycker, 2001, 2002; T. E. Duncan & S. C. Duncan, l995; T. E. Duncan, S. C. Duncan, & Hops, 1994; Duncan, Duncan, & Stool-

miller, 1994; Duncan, Tildesley, Duncan, & Hops, 1995; McArdle & Anderson, 1989; McArdle, Anderson, & Aber, 1987; McArdle & Hamagami, 1992; Tisak & Meredith, l990）。

13. 混合模型（mixture modeling）（如：Hix-Small, Duncan, Duncan, & Okut, 2004; Li, Duncan, Duncan, & Acock, 2001; Li, Duncan, & Duncan, 2001a; Li, Duncan, Duncan, & Hops, 2001; McArdle, Hamagami, Elias, & Robbins, 1991; Muthén, 2001; Muthén, Brown, Masyn, Jo, Khoo, Yang, Wang, Kellam, Carlin, & Liao, 2002; Muthén & Shedden, 1999）。

14. 潛在成長交互作用模型（latent growth interaction models）（如：Li, Duncan, Duncan, Jonsson, Acock, & Hops, 2001; Wen, Marsh, & Hau, 2002）。

15. 片段性時間數列模型（piecewise and interrupted time series modeling）（如：T. E. Duncan & S. C. Duncan, 2004b; Li, Duncan, Duncan, & Hops, 2001; Li, Duncan, & Hops, 2001）。

16. 產出類別結果的成長模型（growth modeling with categorical outcomes）（如：Jöreskog, 1990, 2005; Lee, Poon, & Bentler, l992; Muthén, 1984; Muthén & Asparouhov, 2002; Poon & Tang, 2002）。

17. 潛在變項的統計考驗力分析（latent variable power analyses）（如：T. E. Duncan, S. C. Duncan, & Li, 2003; T. E. Duncan, S. C. Duncan, Strycker, & Li, 2002; Fan, 2003; MacCallum, Browne, & Sugawara, 1996; L. K. Muthén & B. O. Muthén, 2002）。

18. 1995 年，*Journal of Educational and Behavioral Statistics*，*20* 卷（2 期），出版一期「Hierarchical Linear Models: Problems and Prospects」研究專輯。

19. 1998 年，*Methods of Psychological Research Online*，*3* 卷（2 期），出版一期「Analysis of Longitudinal Data」研究專輯。

20. 2001 年，*Multivariate Behavioral Research*，*36* 卷（2 期），出版一

期「Multilevel Models」研究專輯。

21. 2005 年，美國馬里蘭大學曾舉辦一場「Longitudinal Modeling of Student Achievement」學術研討會（Conference on Longitudinal Modeling of Student Achievement, University of Maryland, College Park, November, 2005）。

22. 2007 年，*International Journal of Behavioral Development*，*31* 卷（4 期），出版一期「Longitudinal Modeling of Developmental Processes」研究專輯。

23. 2008 年，美國藥物濫用研究中心（The Center for Advancing Longitudinal Drug Abuse Research, CALDAR）在加州大學洛杉磯分校曾舉辦一場「Life Course of Drug Use and Disease Management in Longitudinal Research」學術研討會（Summer Institute on Longitudinal Research, August 13-15, 2008）。

24. 2009 年，*Journal of European Social Policy*，*19* 卷（4 期），出版一期「Empirical Research on Health, Ageing and Retirement in Europe」研究專輯。

25. 2010 年，*Journal of Drug Issues*，*40* 卷（1 期），出版一期「Approaches and Issues in Longitudinal Analysis of Substance Use and Related Behaviors」研究專輯。

26. 2011 年，*Statistical Methods in Medical Research*，*20* 卷（4 期），出版一期「Multivariate Longitudinal Data Analysis」研究專輯。

27. 2011 年，*Violence Against Women*，*17* 卷（3 期），出版一期「Methodological Advances in Analytic Techniques for Longitudinal Designs and Evaluations of Community Interventions」研究專輯。

28. 2012 年，*Qualitative Research*，*12* 卷（1 期），出版一期「Advancing Methods and Resources for Qualitative Longitudinal Research: The Timescapes Initiative」研究專輯。

29. 2012 年，*Japanese Psychological Research*，*54* 卷（3 期），出版一

期「Time Perspective in Learning, Developmental, and Interpersonal Contexts」研究專輯。

30. 2012 年,*International Criminal Justice Review*,22 卷(2 期),出版一期「Cross-Cultural and International Investigations of the Victim-Offender Overlap」研究專輯。

三、電腦軟體程式

環顧當前,可用來執行潛在成長模型(LGM)的主要電腦軟體程式,計有:LISREL(Jöreskog & Sörbom, 1976, 1993, 1999)、EQS(Bentler, 1989, 2000)、MPLUS(Muthén, 1988; Muthén & Muthén, 1998, 2009)與 AMOS(Arbuckle, 1995, 2003)等四大種;其中,以 LISREL 程式的發展歷史最悠久,其次是 EQS 和 MPLUS,最後才是 AMOS。

表 1-1 所列舉的即是上述四大程式所提供的適配度檢定指標的比較。基本上,這些電腦軟體程式的功能大同小異,各有千秋,讀者可以針對各種電腦軟體程式所提供的功能和特色,選擇自己所喜歡的軟體來使用,並花時間去熟練它即可,倒不一定需要精熟全部的電腦軟體程式。惟本書所舉的實徵例子,均是以 LISREL 程式的 SIMPLIS 語法為主;對此 SIMPLIS 語法不熟悉的讀者,可從筆者的《潛在變項模式:SIMPLIS 的應用》(余民寧,2006a)一書中,事先熟悉 SIMPLIS 語法的使用;或者,讀者也可以先預習本書第 2 章的簡介說明,以求快速瞭解及掌握整個 SEM 方法學的梗概,並初步回顧 SIMPLIS 語法的用途,以作為學習本書後續章節的準備。

除此之外,Ferrer、Hamagami 與 McArdle(2004)亦提供許多成長模型的說明,以及舉例說明多種電腦程式的應用結果。

表 1-1　四大程式的各種適配度指標之比較

適配度指標	AMOS	EQS	LISREL	MPLUS
Default model chi-square	✓	✓	✓	✓
Independence model chi-square	✓	✓	✓	✓
Saturated model chi-square		✓	✓	✓
Satora-Bentler scaled chi-square		✓	✓	✓
Yuan-Bentler AGLS F-statistic		✓		
Yuan-Bentler residual-based F-statistic		✓		
Yuan-Bentler corrected AGLS		✓		
AGLS corrected comparative fit index		✓		
Akaike's information criterion（AIC）	✓	✓	✓	✓
Consistent AIC（CAIC）	✓	✓	✓	
Bayes information criterion（BIC）	✓			✓
Sample-size adjusted BIC				✓
Comparative fit index（CFI）	✓	✓	✓	✓
Goodness-of-fit index（GFI）		✓	✓	
Adjusted goodness-of-fit index（AGFI）		✓	✓	
Incremental fit index（IFI）	✓	✓	✓	
Normed fit index（NFI）	✓	✓	✓	✓
Non-normed fit index（NNFI）		✓	✓	
Parsimony normed fit index（PNFI）	✓		✓	
Relative fit index（RFI）	✓		✓	
Root mean square error of approximation（RMSEA）	✓	✓	✓	✓
Tucker-Lewis index（TLI）	✓			✓

註：✓表示有提供此項指標。

四、網路資訊

　　為了能夠即時獲取有關LGM方面的研究訊息，下列各種出版軟體的官方網址，均有提供各種寶貴的參考訊息，有興趣的讀者可以自行連結上網查詢：

　　http://www.mvsoft.com

http://www.ssicentral.com/lisrel/

http://www.statmodel.com/mplus/

http://www.spss.com/amos/

第四節 本書結構與導讀

　　本書分成二篇，詳細介紹「潛在成長模型」（LGM）方法學，並透過LISREL程式／SIMPLIS語法的運用，以及實徵例子的分析說明，深入淺出地討論LGM如何應用到探究「成長與改變」的研究議題上。

　　本書主要分成兩大篇，第一篇是基礎篇，包含第 1 章到第 4 章，重點在介紹LGM的各種基本模型及其實徵例子，第二篇為進階篇，包含第 5 章到第 12 章，重點則在介紹 LGM 的各種變例及特殊問題的處理。最後一章第 13 章則為本書的總結。

　　在此，本節先簡單扼要地介紹各章的重點，以作為本書的導讀。至於詳情介紹，則需直接參見各章的內容說明。

　　第一篇「基礎篇」，包含第 1 章到第 4 章。各章的重點如下：

　　第 1 章「導論」，主要在討論研究長期改變趨勢的重要性、潛在成長模型的發展概況、相關的研究資訊，以及本書的導讀。

　　第 2 章「LGM 的背景知識」，主要在討論學習 LGM 所需要的背景知識，本書並以 LISREL 程式中的 SIMPLIS 語法，作為實徵資料分析的工具。

　　第 3 章「潛在成長模型簡介」，主要在討論潛在成長模型的基本概念與建構方式。

　　第 4 章「LGM 的基礎應用」，主要在討論各種基礎的 LGM 的概念、設定與實徵分析例子，以作為第二篇的進階模型的基礎。

　　第二篇「進階篇」，包含第 5 章到第 12 章。各章的重點如下：

　　第 5 章「多變量潛在成長模型」，主要在討論將單變量的 LGM，延伸擴展到多變量的 MLGM，並介紹其中的幾個變例模型的應用概況。

　　第 6 章「自我迴歸潛在軌跡模型」，主要在討論將 LGM 應用到時間數列的資料分析上，並結合傳統的 AR 模型而成為 ALT 模型，並說明其應用概況。

　　第 7 章「次序性成長模型」，主要在討論 LGM 應用到次序性類別變項的資料分析上，並舉例說明其中的應用概況。

　　第 8 章「片段性成長模型」，主要在討論 LGM 應用到不等速率成長變化的重複測量資料分析上，並舉例說明其中的應用概況。

　　第 9 章「改變面向間的因果模型」，主要在討論改變面向之間若具有因果效果或交互作用存在時，LGM 該如何設定與處理的應用問題。

　　第 10 章「LGM 與多層次模型間的關係」，主要在討論 MLM 的概論，它與 LGM 之間有什麼地方是相同的？有什麼地方是不同的？並做一清楚扼要的比較和描述。

　　第 11 章「潛在成長混合模型」，主要在討論當異質性的潛在類別存在時，LGM 如何應用到這類研究資料的問題處理，本章特舉一個 MPLUS 程式分析結果為例作為說明。

　　第 12 章「非線性潛在成長模型」，主要在討論非線性成長趨勢下的 LGM 該如何設定及分析的問題，並舉例說明其應用概況。

　　最後，第 13 章「LGM 的未來——代結論」，主要在討論 LGM 的未來可能發展趨勢，以作為本書的總結。

LGM 的背景知識

　　潛在成長模型（LGM）可以被看成是結構方程式模型（structural equation modeling, SEM）的一種特例（Preacher, Wichman, MacCallum, & Briggs, 2008），並且是屬於一種進階的 SEM 方法學技術（余民寧，2006a）。因此，在熟練 LGM 方法學之前，「工欲善其事，必先利其器」，我們還是需要先回顧一下背景知識，以奠定學習 LGM 的良好基礎。

　　由於 LGM 是一種進階的 SEM 方法學技術，所以，筆者在後續章節裡，均假設讀者都已具備 SEM 的基礎知識。若讀者沒有學習過 SEM，將無法瞭解本書所擬討論的內容。由於坊間出版關於 SEM 的書籍眾多，任何一本都可以作為初學者學習 SEM 的基礎。若讀者曾研讀過筆者所著的《潛在變項模式：SIMPLIS 的應用》（余民寧，2006a）一書，而且也曾練習過 LISREL/SIMPLIS 語法的話，則本章所述的內容，可以快速地幫助讀者回憶起學習 LGM 所需的 SEM 背景知識；若讀者已嫻熟 SEM 的基礎知識，則可以直接進入下一章，正式開始學習 LGM 的方法學及其應用。

第一節　測量模型的回顧

　　在 SEM 的方法學中，主要是在介紹兩類模型：一為「測量模型」（measurement models），另一為「結構模型」（structural models）。本節先回顧測量模型的概念，下一節再回顧結構模型的概念。

　　測量模型，是指一組明顯的觀察變項（observed variables）和一組潛在變項（latent variables）之間，所形成的數學方程式或數學關係模型。基本上，它是整個結構方程式模型方法學的核心基礎，當測量模型無法被研究資料所支持時，後續針對結構模型的探索，是沒有意義的；反之，在進行結構模型的建構之前，必須先滿足「潛在變項的測量模型是被研究資料所支持」的條件。

　　在測量模型中，明顯的觀察變項也稱作「指標變項」（indicator variables），係用來表示可以直接測量得到、觀察得到，以及可以用數據量化出來的變項，通常都是研究者所關心的測量變項，它有兩種用途：作為自變項（independent variables）或預測變項（predictive variables）使用時，可用英文字母大寫 X 或小寫 x 符號來表示；而作為依變項（dependent variables）或效標變項（criterion variables）使用時，則可用英文字母大寫 Y 或小寫 y 符號來表示。而在所繪製的路徑關係圖（path diagram）或因果模型圖（causal relationship map）中，係以長方形（rectangles）或正方形（squares）的圖形符號，來代表這些測量變項的涵義。

　　在測量模型中，潛在變項係用來表示不可以直接測量得到、無法直接觀察得到，及只能用推論方式間接得出的變項，通常都是研究者所關心的研究「因素」（factors）或「潛在構念」（latent dimensions），它也有兩種用途：作為相依的（dependent）潛在變項角色使用者，又稱為「內衍變項」（endogenous variables），通常都以希臘字母 η 來表示；而作為獨立的（independent）潛在變項角色使用者，又稱為「外衍變項」（exogenous variables），通常則以希臘字母 ξ 來表示。而在所繪製的路徑關係圖或因果模型圖中，係以橢圓形（ellipses）或圓形（circles）的圖形符號，來代表這些潛在變項的涵義。

　　典型的測量模型圖解及其各種變形，可以圖 2-1 來說明（Schumacker & Lomax, 1996, pp. 65-66）。其中，圖 2-1（a）為定義一個獨立的潛在變項之測量模型；圖 2-1（b）為定義一個相依的潛在變

項之測量模型；圖 2-1（c）為定義兩個獨立的潛在變項之間具有關聯性或共變數關係的測量模型；圖 2-1（d）為定義兩個獨立的潛在變項之間具有關聯性或共變數關係，且又允許兩個觀察變項的各自測量誤差（measurement error）之間，亦具有關聯性或共變數關係的測量模型；圖 2-1（e）則為定義兩個獨立的潛在變項之外，又定義出第三個潛在變項的測量模型，該模型又特別稱作「二階的驗證性因素分析模型」（second-order confirmatory factor analysis model）。換句話說，各種測量模型及其變形的圖解，均脫離不了圖 2-1 所示的各種圖形模型。

由圖 2-1 可知，獨立的潛在變項之測量模型，可以是單向的、相關聯的或定義出更高階的潛在變項。其實，最陽春型的測量模型〔如圖 2-1（a）和（b）所示〕，即包括潛在變項、觀察變項和測量誤差三者的結合，這種模型亦可稱作「驗證性因素分析」（confirmatory factor analysis, CFA）模型，其路徑係數即代表觀察變項與潛在變項之間的相關係數〔即因素負荷量（factor loadings）〕，而路徑係數的平方即代表每個觀察變項測量到潛在變項的信度係數（reliability coefficients），而路徑係數平方的和即是所謂的「特徵值」（eigenvalue），即代表某個潛在變項被一組觀察變項所解釋到或測量到的變異數；而衍生出來的測量模型〔如圖 2-1（c）、（d）和（e）所示〕，則擴張了原始陽春型的測量模型，再加入允許潛在變項之間有相關存在，或者允許觀察變項之測量誤差之間也有相關存在等可能變例，以及將潛在變項當成觀察變項看待，再進行一次因素分析，進而抽取出更高一層次的因素結構，故名之為「二階的驗證性因素分析」。所以，SEM 發展至今，已衍生出多種變例，LGM 即是其中一種變例的應用。

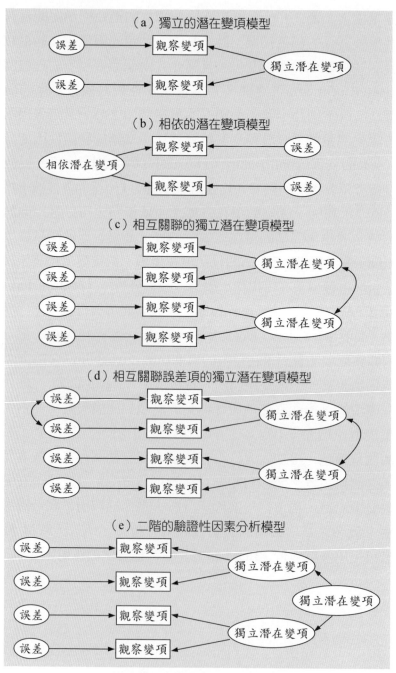

圖 2-1　五種基本測量模型的路徑關係圖

陽春型的測量模型，可以矩陣符號所示的數學方程式表示如下：

$$\mathbf{y} \quad = \quad \mathbf{\Lambda_y} \quad \mathbf{\eta} \quad + \quad \mathbf{\varepsilon} \qquad （公式 2\text{-}1）$$

$$
\begin{bmatrix} y_1 \\ y_2 \\ y_3 \\ \vdots \\ y_p \end{bmatrix}
=
\begin{bmatrix}
\lambda_{y_{11}} & \lambda_{y_{12}} & \lambda_{y_{13}} & \cdots \lambda_{y_{1m}} \\
\lambda_{y_{21}} & \lambda_{y_{22}} & \lambda_{y_{23}} & \cdots \lambda_{y_{2m}} \\
\lambda_{y_{31}} & \lambda_{y_{32}} & \lambda_{y_{33}} & \cdots \lambda_{y_{3m}} \\
\cdots \\
\lambda_{y_{p1}} & \lambda_{y_{p2}} & \lambda_{y_{p3}} & \cdots \lambda_{y_{pm}}
\end{bmatrix}
\begin{bmatrix} \eta_1 \\ \eta_2 \\ \eta_3 \\ \vdots \\ \eta_m \end{bmatrix}
+
\begin{bmatrix} \varepsilon_1 \\ \varepsilon_2 \\ \varepsilon_3 \\ \vdots \\ \varepsilon_p \end{bmatrix}
$$

$$\quad (p\times 1) \qquad\qquad (p\times m) \qquad\qquad (m\times 1) \quad (p\times 1)$$

$$\mathbf{x} \quad = \quad \mathbf{\Lambda_x} \quad \mathbf{\xi} \quad + \quad \mathbf{\delta} \qquad （公式 2\text{-}2）$$

$$
\begin{bmatrix} x_1 \\ x_2 \\ x_3 \\ \vdots \\ x_q \end{bmatrix}
=
\begin{bmatrix}
\lambda_{x_{11}} & \lambda_{x_{12}} & \lambda_{x_{13}} & \cdots \lambda_{x_{1n}} \\
\lambda_{x_{21}} & \lambda_{x_{22}} & \lambda_{x_{23}} & \cdots \lambda_{x_{2n}} \\
\lambda_{x_{31}} & \lambda_{x_{32}} & \lambda_{x_{33}} & \cdots \lambda_{x_{3n}} \\
\cdots \\
\lambda_{y_{q1}} & \lambda_{y_{q2}} & \lambda_{y_{q3}} & \cdots \lambda_{y_{qn}}
\end{bmatrix}
\begin{bmatrix} \xi_1 \\ \xi_2 \\ \xi_3 \\ \vdots \\ \xi_n \end{bmatrix}
+
\begin{bmatrix} \delta_1 \\ \delta_2 \\ \delta_3 \\ \vdots \\ \delta_q \end{bmatrix}
$$

$$\quad (q\times 1) \qquad\qquad (q\times n) \qquad\qquad (n\times 1) \quad (q\times 1)$$

從公式 2-1 中的 $\mathbf{\Lambda_y}$ 和公式 2-2 中的 $\mathbf{\Lambda_x}$ 可知，它們分別是 $(p\times m)$ 階和 $(q\times n)$ 階的矩陣，也就是說，p 個觀察變項 y 均被 m 個潛在變項 η 測量到（或者說，m 個潛在變項 η 對 p 個觀察變項 y 的迴歸分析），且 q 個觀察變項 x 也都被 n 個潛在變項 ξ 測量到（或者說，n 個潛在變項 ξ 對 q 個觀察變項 x 的迴歸分析）。因此，典型上，$\mathbf{\Lambda_y}$ 和 $\mathbf{\Lambda_x}$ 矩陣都預設為完整的測量（這種做法，即是傳統的「探索性因素分析」）。但事實上，如果我們的理論假設所建構的因素結構，已經明確知道哪一個觀察變項是在測量哪一個（或多個）潛在變項的話，則我們僅需要設定該觀察變項與該潛在變項之間的路徑係數（或關係）即可，其餘，凡理論假設沒有測量到的係數（或關係），則一律設定

為「0」，表示不去估計該係數（或關係）（這種做法，即是當代的「驗證性因素分析」）。這兩種測量模型的區別，如圖 2-2 所示；從圖 2-2 中路徑係數的繪製，以及其相對應的矩陣結構中元素的有無，即可得知某個路徑係數是否需要去估計：通常，在沒有理論依據之下，預設值為全部估計〔如圖 2-2（a）所示，即探索性因素分析的完整測量，每個觀察變項都被所有的潛在變項測量到〕；但在有理論依據之下，研究者僅需估計理論假設所提出的路徑係數（或關係）即可〔如圖 2-2（b）所示，即驗證性因素分析的局部測量，每個觀察變項僅被理論假設所建構的某個特定潛在變項測量到〕，研究者僅需去「驗證」（confirm）所提出的路徑關係是否存在即可，沒有理論依據的路徑關係則可以省略不去估計。

在測量模型（公式 2-1 和公式 2-2）中，除了 $\mathbf{\Lambda}_y$ 和 $\mathbf{\Lambda}_x$ 兩個矩陣外，還有三個矩陣是用來代表它們的共變數矩陣，分別為：$\mathbf{\Phi}$、$\mathbf{\Theta}_\varepsilon$ 和

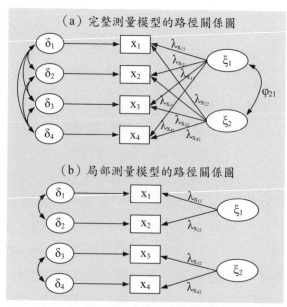

圖 2-2　完整測量與局部測量下的測量模型路徑關係圖

Θ_δ。其中，Φ 為一個 $(n \times n)$ 階的矩陣，代表 n 個獨立的潛在變項 ξ 之間的變異數－共變數矩陣（variance-covariance matrix），其中，對角線元素為每個獨立的潛在變項的變異數，而非對角線元素則為獨立的潛在變項兩兩之間的共變數；Θ_ε 為一個 $(p \times p)$ 階的矩陣，代表 p 個觀察變項 y 的測量誤差之間的變異數－共變數矩陣，其中，對角線元素為每個觀察變項 y 的測量誤差的變異數，而非對角線元素則為觀察變項 y 的測量誤差兩兩之間的共變數；Θ_δ 為一個 $(q \times q)$ 階的矩陣，代表 q 個觀察變項 x 的測量誤差之間的變異數－共變數矩陣，其中，對角線元素為每個觀察變項 x 的測量誤差的變異數，而非對角線元素則為觀察變項 x 的測量誤差兩兩之間的共變數。上述三個矩陣（即 Φ、Θ_ε 和 Θ_δ），在通用的 LISREL 軟體程式中，均會自動計算出來。如以圖 2-2 為例，這三個矩陣的內容，可以分別表示如下：

$$\Phi = \begin{bmatrix} \varphi_{11} & \\ \varphi_{21} & \varphi_{22} \end{bmatrix} \quad \text{或 } \Phi = \begin{bmatrix} \varphi_{11} & \\ 0 & \varphi_{22} \end{bmatrix}$$

$$\text{（完整測量）} \qquad\qquad\qquad \text{（局部測量）}$$

$$\Theta_\varepsilon = \begin{bmatrix} \theta_{\varepsilon_{11}} & & & \\ \theta_{\varepsilon_{21}} & \theta_{\varepsilon_{22}} & & \\ \theta_{\varepsilon_{31}} & \theta_{\varepsilon_{32}} & \theta_{\varepsilon_{33}} & \\ \theta_{\varepsilon_{41}} & \theta_{\varepsilon_{42}} & \theta_{\varepsilon_{43}} & \theta_{\varepsilon_{44}} \end{bmatrix} \quad \text{或 } \Theta_\varepsilon = \begin{bmatrix} \theta_{\varepsilon_{11}} & & & \\ \theta_{\varepsilon_{21}} & \theta_{\varepsilon_{22}} & & \\ 0 & 0 & \theta_{\varepsilon_{33}} & \\ 0 & 0 & \theta_{\varepsilon_{43}} & \theta_{\varepsilon_{44}} \end{bmatrix}$$

$$\text{（完整測量）} \qquad\qquad\qquad\qquad \text{（局部測量）}$$

$$\Theta_\delta = \begin{bmatrix} \theta_{\delta_{11}} & & & \\ \theta_{\delta_{21}} & \theta_{\delta_{22}} & & \\ \theta_{\delta_{31}} & \theta_{\delta_{32}} & \theta_{\delta_{33}} & \\ \theta_{\delta_{41}} & \theta_{\delta_{42}} & \theta_{\delta_{43}} & \theta_{\delta_{44}} \end{bmatrix} \quad \text{或 } \Theta_\delta = \begin{bmatrix} \theta_{\delta_{11}} & & & \\ \theta_{\delta_{21}} & \theta_{\delta_{22}} & & \\ 0 & 0 & \theta_{\delta_{33}} & \\ 0 & 0 & \theta_{\delta_{43}} & \theta_{\delta_{44}} \end{bmatrix}$$

$$\text{（完整測量）} \qquad\qquad\qquad\qquad \text{（局部測量）}$$

在上述的 Θ_ε 和 Θ_δ 矩陣中，除了對角線元素是觀察變項的測量誤差之變異數，必須估計外，其餘非對角線元素，則可視研究者所提出的路徑關係模型而調整其路徑係數：若有理論假設依據者，則必須估計其共變數（如完整測量的模型）；若無理論假設依據者，則可以省略估計其共變數，而改以「0」代替（如局部測量的模型）。

第二節　結構模型的回顧

結構模型，係指一組獨立的潛在變項（independent latent variables）對一組相依的潛在變項（dependent latent variables）之間，所形成的預測關係模型或數學方程式。其中，扮演影響其他潛在變項的「因」（cause）角色之獨立的潛在變項，又稱為「外衍變項」；而扮演被其他潛在變項影響的「果」（effect）角色之獨立的或相依的潛在變項，則稱為「內衍變項」。通常，在所繪製的路徑關係圖（或因果模型圖）中，都是以橢圓形或圓形的圖形符號來表示潛在變項，並以希臘字母符號 η 來表示內衍變項，而以希臘字母符號 ξ 來表示外衍變項。

典型的結構模型圖形及其各種變形，可以圖 2-3 來說明（Schumacker & Lomax, 1996, p. 69）。其中，圖 2-3（a）為定義一個獨立的潛在變項（即外衍變項）對一個相依的潛在變項（即內衍變項）之預測（prediction）模型；圖 2-3（b）為定義兩個相依的潛在變項（即內衍變項）之間的相互預測關係（reciprocal relationship）模型；圖 2-3（c）為定義兩個具有相關聯之獨立的潛在變項（即外衍變項），聯合對一個相依的潛在變項（即內衍變項）之預測模型；圖 2-3（d）為定義一個獨立的潛在變項（即外衍變項）對一個相依的潛在變項（在此，扮演內衍變項的角色）之預測關係，且該相依的潛在變項（在此，扮演外衍變項的角色）又對另一個相依的潛在變項（即內衍變項）具

有預測關係之模型。換句話說，各種結構模型及其變形的圖解，也均
脫離不了圖 2-3 所示的各種圖形模型。

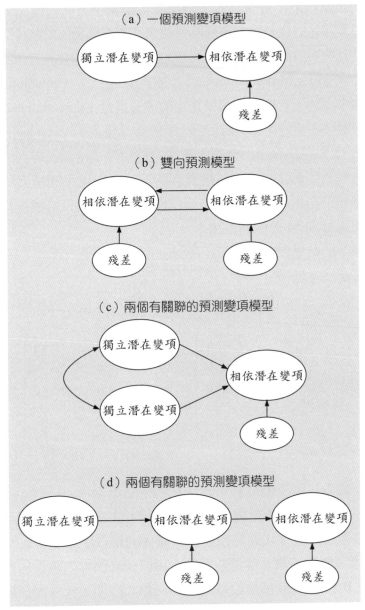

圖 2-3　四種基本結構模型的路徑關係圖

　　由圖 2-3 可見，在結構模型中，外衍變項之間可以是無關的或是相關聯的（端視理論假設依據而定）；而外衍變項對內衍變項之間的關係必須是單向的；最後，內衍變項對內衍變項之間的關係，則可以是相互預測關係的或是單向預測關係的（亦端視理論假設依據而定）。此外，唯有扮演內衍變項角色之相依的潛在變項，才會具有所謂的「預測誤差」（errors of prediction）或「方程式誤差」（equation errors）〔在本書中，為了有別於測量模型中的測量誤差（measurement errors）之稱呼，從本節起，均稱呼此預測誤差為「殘差」（residuals 或 disturbance）〕，它代表內衍變項中無法被外衍變項所預測得到的部分，亦即是方程式所無法預測到或解釋到的部分。所以，SEM 發展至今，結構模型也已衍生出多種變例，而 LGM 也可以融入結構模型的架構裡，一起進行 SEM 變例的應用。

　　陽春型的結構模型，可以矩陣符號所示的數學方程式表示如下：

$$\boldsymbol{\eta} = \mathbf{B}\boldsymbol{\eta} + \boldsymbol{\Gamma}\boldsymbol{\xi} + \boldsymbol{\zeta} \qquad （公式 2-3）$$

$$
\begin{bmatrix} \eta_1 \\ \eta_2 \\ \eta_3 \\ \vdots \\ \eta_m \end{bmatrix} =
\begin{bmatrix} 0 & \beta_{12} & \beta_{13} & \cdots \beta_{1m} \\ \beta_{21} & 0 & \beta_{23} & \cdots \beta_{2m} \\ \beta_{31} & \beta_{32} & 0 & \cdots \beta_{3m} \\ \cdots & & & \\ \beta_{m1} & \beta_{m2} & \beta_{m3} & \cdots 0 \end{bmatrix}
\begin{bmatrix} \eta_1 \\ \eta_2 \\ \eta_3 \\ \vdots \\ \eta_m \end{bmatrix} +
\begin{bmatrix} \gamma_{11} & \gamma_{12} & \gamma_{13} & \cdots \gamma_{1n} \\ \gamma_{21} & \gamma_{22} & \gamma_{23} & \cdots \gamma_{2n} \\ \gamma_{31} & \gamma_{32} & \gamma_{33} & \cdots \gamma_{3n} \\ \vdots & & & \\ \gamma_{m1} & \gamma_{m2} & \gamma_{m3} & \cdots \gamma_{mn} \end{bmatrix}
\begin{bmatrix} \xi_1 \\ \xi_2 \\ \xi_3 \\ \vdots \\ \xi_n \end{bmatrix} +
\begin{bmatrix} \zeta_1 \\ \zeta_2 \\ \zeta_3 \\ \vdots \\ \zeta_m \end{bmatrix}
$$

$\quad(m \times 1) \qquad\qquad (m \times m) \qquad (m \times 1) \qquad\qquad (m \times n) \qquad\qquad (n \times 1) \qquad (m \times 1)$

　　從公式 2-3 中的 **B** 和 **Γ** 可知，它們分別是 $(m \times m)$ 階和 $(m \times n)$ 階的矩陣，也就是說，**B** 是指 m 個潛在變項 η 本身除外，m 個潛在變項 η 與 m 個潛在變項 η 之間的相互預測關係的路徑係數矩陣，而 **Γ** 則是指 m 個潛在變項 η 被 n 個潛在變項 ξ 預測到之關係的路徑係數矩陣。典型上，**B** 和 **Γ** 矩陣都預設為完整的測量，亦即，任何潛在變項兩兩之間都存有某種預測關係。但事實上，研究者必須依賴自己的理論假

設建構，進而從中決定哪些潛在變項之間的關係是需要估計的，哪些
關係是不必估計的。因此，凡理論假設建構已經明確知道哪一個潛在變
項 ξ（即外衍變項）是在預測哪一個（或多個）潛在變項 η（即內衍變
項）時，或者某些潛在變項 η（在此，扮演外衍變項的角色）也預測到
其餘的潛在變項 η（即內衍變項）的話，則研究者必須設定該等潛在變
項之間的路徑係數，表示必須使用電腦軟體程式去估計它們；其餘，凡
理論假設建構所沒有預測到的潛在變項之間的關係，則一律設定該路徑
係數為「0」，表示可以不必去估計它們。所以，整個結構模型的工作
重點，即是在估計理論所假設存在的路徑係數，而忽略不重要（即假設
不存在的）的關係，以驗證理論假設的建構是否存在或成立。

在結構模型（公式 2-3）中，除了 **B** 和 **Γ** 兩個矩陣外，還有一個
矩陣是用來代表預測方程式的殘差共變數矩陣，它即是：**Ψ**。其實，**Ψ**
為一個 $(m \times m)$ 階的矩陣，代表 m 個預測關係或方程式的殘差 ζ 之間
的變異數－共變數矩陣；其中，對角線元素為每個殘差的變異數，代
表每個預測方程式未被解釋到或預測到的變異數，而非對角線元素則
為殘差兩兩之間的共變數。上述三個矩陣（即 **B**、**Γ** 和 **Ψ**），在通用
的 LISREL 軟體程式中，均會自動計算出來。茲以圖 2-4 所示的結構模
型為例，說明這三個矩陣的表示方法如下：

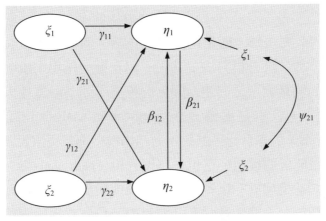

圖 2-4　結構模型的路徑關係圖

$$\mathbf{B} = \begin{bmatrix} 0 & \beta_{12} \\ \beta_{21} & 0 \end{bmatrix} \quad \mathbf{\Gamma} = \begin{bmatrix} \gamma_{11} & \gamma_{12} \\ \gamma_{21} & \gamma_{22} \end{bmatrix} \quad \mathbf{\Psi} = \begin{bmatrix} \Psi_{11} & \\ \Psi_{21} & \Psi_{22} \end{bmatrix}$$

在上述的 **B** 矩陣中，除了對角線元素不必估計外，其餘非對角線元素，則須視研究者所提出的結構關係路徑之有無而調整：若有理論假設依據者，則必須估計其路徑係數；若無理論假設依據者，則可以不必估計，而改以「0」代替。而在 **Γ** 矩陣中，所有的元素都必須視研究者所提出的結構關係路徑之有無而決定：若有理論假設依據者，則必須估計其路徑係數；若無理論假設依據者，則可以不必估計，而改以「0」代替。而在 **Ψ** 矩陣中，除了對角線元素必須估計（即每個預測方程式的殘差之變異數必須估計）外，其餘非對角線元素，則須視研究者所提出的理論假設建構而定：若理論假設允許殘差之間有相關存在的話，則必須估計殘差與殘差之間的共變數；若理論假設不允許殘差之間有相關存在的話，則可以不必估計其共變數，而改以「0」代替。

第三節　路徑關係圖

整個 SEM 方法學，即是指完整地包括「測量模型」與「結構模型」在內的一種統計分析方法。其中，測量模型是用來說明潛在變項與其觀察到的測量變項之間連結關係的模型（如：驗證性因素分析模型即是一例），它也是迴歸分析（regression analysis）和因素分析（factor analysis）的綜合應用結果；而結構模型則是用來說明潛在變項彼此之間連結關係的模型，它也是路徑分析（path analysis）的衍生應用結果。它們都是建立在以相關係數矩陣或變異數－共變數矩陣為分析基礎的一種統計方法，在當今社會科學及行為科學的應用研究中，

有逐漸取代迴歸分析、因素分析和路徑分析的使用之趨勢，而成為專門用來驗證理論假設建構是否成立的一種新興多變量統計學技術（Hair, Black, Babin, & Anderson, 2010）。

在 SEM 方法學中，不論是使用何種電腦軟體程式，除了都有提供繪製結構方程式模型路徑關係圖的功能外，均不約而同地使用下列共同的符號來表示此方法學中的重要概念。簡單地說，在 SEM 的路徑關係圖（或因果模型圖）中，正方形或長方形的圖示，即表示明顯的（manifest）變項之意；而圓形或橢圓形的圖示，即表示潛在的（latent）變項之意。至於測量誤差和殘差等項，本書則仍保留使用希臘字母來表示，不另外增加任何圖形符號，雖然它們也是潛在的。但是，下列方程式之內的各種關係（relationships），均以單箭頭的直線（straight lines）來表示，因為它代表著直接的路徑關係之意：(1)表達潛在變項之間彼此關係的結構係數；(2)表達潛在變項與觀察變項之間關係的因素負荷量；(3)表達測量誤差與觀察變項之間的關係；以及(4)表達預測方程式之殘差與潛在變項（即內衍變項）之間的關係。而方程式彼此之間的關係以雙箭頭的曲線（curved lines）來表示者，即代表著共變數或相互關聯之意：(1)獨立潛在變項（即外衍變項）之間的共變數關係；(2)預測方程式的殘差之間的共變數關係；以及(3)測量誤差之間的共變數關係。茲將前二節所述的圖示符號，以及八個常用的矩陣及其元素代號，一併歸納陳述於表 2-1 和表 2-2，以讓讀者容易一目了然。

因此，將測量模型與結構模型二者結合起來，即可繪製出一份完整的結構方程式模型路徑關係圖（或因果模型圖）。在完整的 SEM 裡，具有單向因果影響關係的模型，又稱作「不可逆模型」（recursive models）；而具有雙向因果影響關係或回饋效果的模型，又稱作「可逆模型」（nonrecursive models）。其中，「不可逆模型」會比「可逆模型」較常被使用，但遇到模型辨識問題而無法進行參數估計時，則修改「不可逆模型」成為「可逆模型」，也是問題解決的策略之一。

表 2-1　常用的 SEM 矩陣符號及其說明

希臘字母	矩陣符號	元素代號	程式代碼	矩陣類型
測量模型：				
Lambda-X	$\mathbf{\Lambda_x}$	λ_x	LX	迴歸
Lambda-Y	$\mathbf{\Lambda_y}$	λ_y	LY	迴歸
Theta-delta	$\mathbf{\Theta_\delta}$	θ_δ	TD	變／共
Theta-epsilon	$\mathbf{\Theta_\varepsilon}$	θ_ε	TE	變／共
結構模型：				
Gamma	$\mathbf{\Gamma}$	γ	GA	迴歸
Beta	$\mathbf{B}$	β	BE	迴歸
Phi	$\mathbf{\Phi}$	ϕ	PH	變／共
Psi	$\mathbf{\Psi}$	ψ	PS	變／共
Xi（或 Ksi）	—	ξ	—	向量
Eta	—	η	—	向量
Zeta	—	ζ	—	向量

註：「變／共」表示變異數—共變數矩陣。

表 2-2　常用的 SEM 圖示符號及其說明

圖示符號	代表涵義
⬭	觀察不到的（潛在）變項
▭	測量得到的觀察變項
⟶	單方向的路徑影響關係
⟷	雙方向的相互關聯關係
▭ ← ⬭	潛在變項對觀察變項之迴歸分析的路徑影響關係
⬭ ⟶ ⬭	潛在變項對潛在變項之迴歸分析的路徑影響關係
⬭ ↙	潛在變項之預測方程式的殘差
⟶ ▭	觀察變項之測量誤差

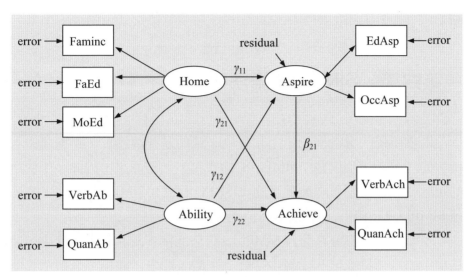

圖 2-5 完整的結構方程式模型路徑關係圖

　　從圖 2-5 可知，我們可以仿同路徑分析的做法，分別計算各種因果路徑的效果量。其中，直接效果（direct effect）是以路徑係數來直接表示，而間接效果（indirect effect）則是以路徑所通過之潛在變項間的路徑係數之乘積和來表示。例如，以圖 2-5 為例，針對各種潛在變項之間的效果量計算，可以表示如下：

Home→Aspire ＝直接效果（即 γ_{11}）
Ability→Aspire ＝直接效果（即 γ_{12}）
Home→Achieve ＝直接效果（即 γ_{21}）＋經由 Aspire 的間接效果（即 $\gamma_{11} \times \beta_{21}$）
Ability→Achieve ＝直接效果（即 γ_{22}）＋經由 Aspire 的間接效果（即 $\gamma_{12} \times \beta_{21}$）
Aspire→Achieve ＝直接效果（即 β_{21}）

　　上述各路徑係數及各效果量大小的計算，均可由電腦軟體程式自

動執行，並且上述的因果模型圖亦可由電腦軟體程式自動繪製出來。

第四節　SIMPLIS 語法簡介

　　本書所舉的實徵例子（尤其是第一篇的基礎篇裡），係追隨筆者所著的《潛在變項模式：SIMPLIS 的應用》一書而來，因此，所使用的電腦軟體程式語言為簡易版的 LISREL 程式：SIMPLIS 語法，亦即是 SIMPLE LISREL 之意。

　　本節分兩個部分來簡介 SIMPLIS 語法的撰寫及其涵義。其中，語法檔中的各項指令若有出現中括號〔 〕者，即表示該指令是選擇性的（optional）指令，其餘沒有加註中括號者，則表示該指令是必需的（required）指令；指令行中若有出現斜體字者，即表示該斜體字是必須由使用者輸入的檔名；所有變項名稱均需以八個以內的英文字母或（及）其他符號的組合來撰寫。

一、語法範例

[Title]

! ----------------------

Observed Variables: [from File *filename*]

Covariance Matrix: [from File *filename*]

Sample Size:

Latent Variables:

Relationships:

[Method=Unweighted Least-Squares]

[Number of Decimals=3]

[Iterations=100]

[Options: [RS WP AD=OFF]]

[LISREL Output]

[Path Diagram]

End of Problem

二、指令說明

基本上，SIMPLIS 語法的組成，分成下列幾個區塊，並且最好按照其出現的順序來撰寫：

Title（optional）

Observed Variables

Covariance Matrix

Sample Size

Latent Variables（optional）

Relationships（optional）

LISREL Output（optional）

End of Problem（optional）

除 Title 和 End of Problem 指令區塊外，其餘皆是必要的指令區塊；並且，各指令皆需以輸入完整的英文字母為代表，大小寫均可。其中，在各指令區塊之後，又各自有許多次指令提供選擇；但筆者建議，語法檔中，最好每次都需要包括 Title 和 End of Problem 兩項選擇性指令，以方便閱讀和辨識之用。各區塊中的詳細指令內涵，讀者可以逐行參閱使用者手冊（Jöreskog & Sörbom, 1993）（或 SIMPLIS 程式中的 Help 功能選項）。

（一）Title

1. 為選擇性指令，可有可無，但筆者建議最好是選擇使用，並且，至少每一組別（*group*）都要有一個 Title 指令行。

2. 在 Title 指令行的後面，可以輸入多列的文字說明，但筆者建議，最好以本程式所欲執行之資料來源、研究目的、模型假設、估計方法，或其他特別需要註記的說詞，來作為輸入的語詞最為理想。

3. 下列的指令保留字不可以出現在 Title 指令行裡：
   Observed Variables 或 Labels（因為該兩者屬於 SIMPLIS 的正式指令）
   DA、Da、dA 或 da（因為該四者屬於 LISREL 的正式指令）

4. 為免混淆起見，Title 指令行可以驚嘆號（!）或斜線與星號的組合（/*）作為起始字母，凡出現在此二符號之後的任何文字或符號，皆會被程式視為是註解（comments）的意思。

（二）Observed Variables 或 Labels

1. 為必要指令，其後出現的文字即為所欲分析的觀察變項名稱，每個變項名稱的命名規則：限八個英文字母以內，大寫或小寫英文字母皆可。由於 LISREL 程式與中文系統是相容的，因此，變項名稱以中文輸入亦可，但只能限定在四個中文字以內（一個中文字所佔的空間，相當於是兩個英文字母的大小）。

2. 變項名稱出現的次序，必須符合所輸入的資料次序，或與之相對應。

3. 若遇連續性的變項，也可以數字或字母來編號，並用破折號（-）來連貫前後的變項數。例如，欲輸入 123 個變項名稱，下列的輸入格式皆可：

VAR1 - VAR123

x1 - x123

1 - 123

YVAR1 - YVAR123

'AVE COST' SES EDU LONG YVAR4 - YVAR52 HT WT AGE IQ x5 - x71

4. 變項名稱必須是唯一的（unique），不可以重複出現。

5. 變項名稱如果是由兩個以上的文字所組成，且中間有空格時，則必須以單引號（如：'AVE COST'）括住此變項名稱。

（三）Data

1. 可供輸入的資料格式與內容如下：

Raw data（原始資料檔）

Covariance matrix（共變數矩陣）

Covariance matrix and means（共變數矩陣和平均數）

Correlation matrix（相關係數矩陣）

Correlation matrix and standard deviations（相關係數矩陣和標準差）

Correlation matrix, standard deviations, and means（相關係數矩陣、標準差，和平均數）

2. 輸入資料以共變數矩陣或相關係數矩陣為主，輸入時，只要輸入下三角形矩陣和對角線矩陣的元素即可。例如：

Covariance Matrix

38.60

13.63 16.96

24.62　8.00 27.22

　5.60　4.81　6.27 6.16

或

Covariance Matrix: 38.60 13.63 16.96 24.62 8.00 27.22 5.60 4.81 6.27

6.16

3. 也可以從外部資料檔讀入。例如：

Correlation Matrix from File *filename*

筆者認為使用者把程式指令與資料矩陣分開輸入，會比較方便程式讀取外部資料、偵錯或更新語法之用。

4. 也可以輸入平均數和標準差向量值。例如：

Means: 1.051 2.185 3.753

或

Means

1.051 2.185 3.753

Standard Deviations: 0.984 1.107 0.893

或

Standard Deviations

0.984 1.107 0.893

或

Standard Deviations from File *filename*

5. 也可以輸入漸進共變數矩陣和漸進變異數，以供WLS和DWLS估計法使用。例如：

Asymptotic Covariance Matrix from File *filename*

或

Asymptotic Variances from File *filename*

（四）Sample Size

1. 為必要指令，主要功能是界定樣本的大小，以便計算標準誤、估計參數的 t 值、適配度考驗值，及修正指標值之用。

2. 下列表示方法皆可：

Sample Size

768

或

Sample Size 768

或

Sample Size=768

或

Sample Size: 768（請注意：在冒號後面，不是前面，必須空一格）

或

Sample Size is 768

（五）Latent Variables 或 Unobserved Variables

1. 為選擇性指令，作為命名潛在變項之用，名稱必須與 Observed Variables 中之變項名稱不同。
2. 若模型中沒有潛在變項的話，則此指令可以省略不寫。

（六）Relationships、Relations 或 Equations

1. 為選擇性指令，其目的是用來界定各路徑（或因果）關係。
2. 輸入格式如下：等號左邊的變項為「果變項」（TO *variables*），等號右邊的變項為「因變項」（FROM *variables*）。

   TO *variables*=FROM *variables*
3. 連續性的變項名稱的輸入，可使用 - 號來連貫。例如：

   TO *variables*=X1 - X26

   或

   Y1 - Y12=FROM *variables*
4. 基本上，每一個因果關係即須寫成一列關係式，但共同的因或果變項，可以寫在一起，並以空格來區隔，或以 - 號來連貫（連續性的變項才可以）。

5. 通式：

varlist1=varlist2

（七）Paths

1. 為選擇性指令，是上述 Relationships 的另一類表示法，但表示方法稍有不同，其表達方式與數學方程式的涵義相同。
2. 輸入格式如下：單箭號左邊的變項為「因變項」（FROM *variables*），單箭號右邊的變項為「果變項」（TO *variables*）。

   FROM *variables* -> TO *variables*
3. 其他格式規定如上述 Relationships 的語法。

（八）Scaling the Latent Variables

1. 為選擇性指令，其目的是用來界定各潛在變項的測量單位。
2. 通常都是將潛在變項的測量單位界定成與參考變項的標準分數之變異數相同的數值，亦即是 1。例如：

   READING=1*Verbal

   此即表示：潛在變項 Verbal 對測量變項 READING 的路徑參數不予估計，並且固定為 1（亦即將 Verbal 的測量單位界定為與 READING 相同的測量單位）。
3. 又例如：

   WRITING=Verbal

   此即表示：潛在變項 Verbal 對測量變項 WRITING 的路徑參數將予以估計，並且會將 Verbal 加以標準化，並於 SS（standardized solution，將潛在變項量尺化為變異數為 1 的標準化變項，但測量變項仍然保持原始的測量單位）、SC（standardized completely，則將潛在變項與測量變項二者皆予以標準化）的輸出結果檔中（LIS-REL Output）呈現該標準化的路徑參數估計值。

（九） Starting Values

1. 為選擇性指令，其目的是用作各路徑參數的起始估計值。
2. 輸入格式如下：以小括號括住所欲輸入的起始值。例如：

   READING=1*Verbal

   WRITING=(1)*Verbal

   此即表示：在第一列公式中將路徑參數固定為 1，不予估計，而在第二列中則是以 1 作為起始估計值，開始估計。讀者必須特別留意固定值（setting values）與起始值（starting values）語法的不同表示方式。

（十） Error Variances 和 Covariances

1. 為選擇性指令，其目的是設定各誤差估計值為固定之用。
2. 基本上，X 變項之測量誤差、Y 變項之測量誤差與結構方程式之殘差三者，預設值均為自由參數，亦即都會被程式估計出來。若使用者擬不予估計時，則必須將其固定如下：

   Let the Error Variance of Var1 be *a*（*a* 為 0 或任何一個固定數值）

   或

   Set the Error Variance of Var1 equal to *a*

   或

   Let the Error Variances of Var1 - Var20 be *a*

   或

   Set the Error Variances of Var1 - Var20 to *a*

3. 基本上，上述各誤差（即 X 變項之測量誤差、Y 變項之測量誤差與結構方程式之殘差）之間的共變數，都被預設為零相關，而不予以估計。若使用者擬放寬（set free）該等誤差間的共變數估計時，則只允許放寬兩個 X 變項間、兩個 Y 變項間、一個 X 變項與

一個 Y 變項間，及兩個內衍潛在變項間之殘差項的共變數而已，但不准放寬一個內衍潛在變項與一個 X 變項（或一個 Y 變項）間誤差的共變數。輸入格式如下：

Let the Errors between Var1 and Var2 Correlate

或

Set the Error Covariance between Var1 and Var2 Free

或

Let the Errors between Var1 - Var20 and Var31 - Var42 Correlate

或

Set the Error Covariances of Var1 - Var20 and Var31 - Var42 Free

4. 在多群組（multigroups）的研究問題裡，有時候，第一群組的測量變項之誤差間的共變數需要放寬估計，但在第二群組以後的群組則不允許估計，此時，使用者亦可將其固定如下：

Let the Error Covariance between Var1 and Var2 to 0

（十一）Uncorrelated Factors

1. 為選擇性指令，其目的是設定外衍潛在變項之間為零相關之用。
2. 基本上，外衍潛在變項之間的相關係數為自由參數，程式會自動估計。若使用者擬設定為零相關或直交因素（orthogonal factors）的話，輸入格式如下：

Set the Covariances of Ksi1 - Ksi5 to 0

或

Set the Correlations of Ksi1 - Ksi5 to 0

（十二）Equality Constraints

1. 為選擇性指令，其目的是設定各估計參數值為相等之用。
2. 設定路徑係數為相等之輸入格式如下：

Set the Path from Var1 to Var2 Equal to the Path from Var3 to Var4

或

Set Path from Var1 to Var2=Path from Var3 to Var4

Set Path Var1 -> Var2=Path Var3 -> Var4

Set Var1 -> Var2=Var3 -> Var4

或

Let the Path from Var1 to Var2 be Equal to the Path from Var3 to Var4

Let Path from Var1 to Var2=Path from Var3 to Var4

Let Path Var1 -> Var2=Path Var3 -> Var4

Let Var1 -> Var2=Var3 -> Var4

3. 設定誤差變異數為相等之輸入格式如下：

Set the Error Variances of Var1 and Var2 Equal

或

Let the Error Variances of Var1 and Var2 be Equal

或

Equal Error Variances: Var1 - Var6

通式為：

Equal Error Variances: *varlist*

4. 在多組群（multigroups）的研究問題裡，後繼群組的模型中，原本已經被固定或被設限的參數，也可以視研究需求而予以放寬估計，此時其輸入格式如下：

Path

Var1 -> var2

或

Relationships

Var2=Var1

同理，原本已被固定或設限的測量變項之誤差變異數，也可以被放寬估計如下：

Set the Error Variance of Var1 Free

或

Let the Error Variance of Var1 be Free

（十三）Options

1. 為選擇性指令，其目的是提供輸出結果的內容設定之用。
2. 基本上，其範圍涵蓋下列的功能及指令：

Print Residuals

Wide Print

Number of Decimals=*n*

Method of Estimation=Generalized Least Squares

Admissibility Check=off

Iterations=*n*

Save Sigma in File *filename*

或寫成如下格式：

Options: RS WP ND=3 ME=GLS AD=OFF IT=60 SI=*filename*

3. RS 為 Print Residuals 的縮寫，主要目的是列印各參數估計的誤差值或殘差值、適配的共變數或相關係數矩陣、標準化殘差值的 Q 型圖。
4. WP 為 Wide Print 的縮寫，主要目的是設定報表列印出來的寬度，預設值為 80 個欄位，最長可設為 132 個欄位。
5. ND 為 Number of Decimals 的縮寫，主要目的是設定小數點以下出現的位數，預設值為 2，最大值為 9。
6. ME 為 Method of Estimation 的縮寫，主要目的是設定所需要執行的參數估計方法，這些方法如下列所示，各種方法只要以縮寫字母方式來表示即可：

Instrumental Variables（IV）

Two-Stage Least Squares（TSLS）

Unweighted Least Squares（ULS）

Generalized Least Squares（GLS）

Maximum Likelihood（ML）

Generally Weighted Least Squares（WLS）

Diagonally Weighted Least Squares（DWLS）

在 Method of Estimation 中，TSLS 和 IV 兩種方法使用的是非遞迴式的估計程序（non-iterative procedure），且非常快速收斂，通常都是用來計算起始值，以供作其他方法之用；而其餘的 ULS、GLS、ML、WLS 和 DWLS 等方法，則是使用遞迴式的估計程序（iterative procedure），以逐步縮小某種適配函數（fit function）為手段，終於達到連續改善參數的估計值為止（即達到收斂為止）。但是，使用 WLS 方法時，還需要使用者一起輸入樣本變異數和共變數或相關係數的漸近共變數矩陣（asymptotic covariance matrix），而使用 DWLS 方法時，則還需要使用者一起輸入樣本變異數和共變數或相關係數的漸近變異數（asymptotic variance），有關漸近共變數矩陣和漸近變異數的計算，可由 PRELIS 語法中獲得，再儲存成外部檔案供 LISREL 程式讀取之用。因此，當沒有提供漸近共變數矩陣和漸近變異數時，SIMPLIS 語法的一般預設方法為 ML；但當漸近共變數矩陣被程式讀取時，其預設方法則為 WLS；而當漸近變異數被程式讀取時，則預設方法便為 DWLS。

7. AD 為 Admissibility Check 的縮寫，主要目的是在檢查估計值的適當性，當估計值出現不合理值時，會自動在某一定量（預設值為 20）的遞迴估計後，即停止程式的參數估計。換句話說，程式在遞迴估計二十次後，若還沒有獲得合理、適當的估計值的話，則即使讓程式繼續遞迴估計下去，亦不會獲得令人滿意的結果，因此程式會自動停止估計，並出現下列的警告訊息，以表示該模型未通過適當性資格檢查，它可能是一個不良的模型：

F＿A＿T＿A＿L　E＿R＿R＿O＿R: Admissibility test failed. AD 所檢查的項目，通常為：LY 和 LX 矩陣是否為滿秩（full column ranks）且沒有列元素值均為 0 的情況，以及所有共變數矩陣是否均為正定值（positive definite）（即共變數矩陣的行列式值大於 0）。當出現上述警告訊息時，使用者通常需要進一步檢查模型或資料是否即是所期望的，如果仍然是所期望的，但適當性資格檢查（AD = 20）仍然沒通過，則使用者可以試圖放寬檢查遞迴次數的預設值要求，例如：可設定大於 20 或更大的數目，或設定成關閉（off）的狀態，不去檢查估計值的合理性或適當性。

8. IT 為 Maximum Number of Iterations 的縮寫，主要目的是在設定參數估計時，允許程式使用遞迴估計的最大次數。預設值為 20，最多可以放寬至設定為參數估計數目的三倍數量。

9. SI 為 Save Sigma 的縮寫，主要目的在儲存適配的共變數矩陣（稱作 Sigma，即 $\hat{\Sigma}$）於一個外部檔案，以供後續使用。其格式如下所示：

Save Sigma in File *filename*

或

Options: ... SI=*filename*

（十四）Cross-Validation

1. 為選擇性指令，其目的是在驗證兩組之間的效度。
2. 基本上，必須先儲存前一群組（即建模樣本）的適配共變數矩陣於一個外部檔案，再呼叫輸入該外部檔案，以便與驗證樣本的共變數矩陣進行計算交叉驗證指數之用。做法如下例所示：

Save Sigma in File *SIGMA*

整個交叉驗證做法的範例如下：

Cross-Validating Example for Illustration

Observed Variables from File *validation-sample-variable-names*

Correlation Matrix from File *validation-sample-correlation-matrix*

Asymptotic Covariance Matrix from File *validation-sample-by-WLS-method*

Sample Size *validation-sample-size-n*

Crossvalidate File *SIGMA*

End of Problem

3. 輸出結果即可顯示該交叉驗證指數（CVI）值及 90%的信賴區間
估計值。輸出結果的範例如下：

CROSS-VALIDATION INDEX(CVI)=0.56

90 PERCENT CONFIDENCE INTERVAL FOR CVI=(0.42; 0.71)

（十五）LISREL Output

1. 為必要性指令，其目的是在輸出資料分析結果。

2. 基本上，SIMPLIS 語法的輸出結果，是以方程式（equation）的形
式來呈現，而 LISREL 程式的輸出結果，則是以矩陣（matrix）的
形式來呈現。SIMPLIS 語法的輸出結果是預設的功能，若欲獲得
LISREL 格式的輸出結果，則必須在 SIMPLIS 語法中加入下列指
令：

LISREL Output

3. 通常，在上述指令之後，若無出現任何次指令，則輸出結果會與
SIMPLIS 的結果完全相同。若欲獲得其他更多的訊息，則必須在
上述指令之後加入以兩個字母的縮寫來表示各種不同輸出內容的
次指令。其格式如下：

LISREL Output: **SS SC EF RS MI** SE VA MR FS PC PT

各縮寫字母的涵義如下：

SS 表示列印潛在變項的標準化估計值（standardized solution）

SC 表示列印完整的（含觀察變項和潛在變項）標準化估計值
（completely standardized solution）

EF 表示列印整體和間接效果、標準誤和 t 值（total and indirect effects, standard errors, and t-values）

RS 表示列印矩陣形式的殘差值、適配的共變數或相關係數矩陣、標準化殘差值的 Q 型圖（residuals in matrix form, fitted covariance or correlation matrix, and Q-plot of the standardized residuals）

MI 表示列印修正指數（modification index）

SE 表示列印標準化殘差值（standardized residuals）

VA 表示列印變異數和共變數（variances and covariances）

MR 表示相當於 RS 和 VA 的指令功能

FS 表示列印因素分數迴歸（factor scores regression）

PC 表示列印參數估計值之間的相關係數（correlations of parameter estimates）

PT 表示列印技術支援訊息（technical information）

（十六）Path Diagram

1. 為選擇性指令，其目的是在列印出整個資料分析的因果模型圖或路徑關係圖。

2. 本項指令必須出現在 Observed Variables 指令列之後，End of Problem 指令列之前，輸入格式如下。

Path Diagram

若本指令省略時，即表示不輸出所分析之因果模型圖。筆者建議最好每次分析時，均陳列此行指令，它有協助偵測 SIMPLIS 語法撰寫有無錯誤的作用：當語法表達正確時，程式一定可以輸出路徑關係圖；而當程式無法輸出路徑關係圖時，即表示若不是語法撰寫有誤，即是數值的演算邏輯有誤（如：分子除以一個數值為 0 的分母，或因為進位誤差而致違反演算邏輯程序等）。

（十七）End of Problem

1. 為選擇性指令，其目的是在結束整個程式的分析工作。
2. 輸入格式必須是在整個程式的最後一列，尤其是在多群組研究問題裡，本指令只能出現在最後一個群組指令中的最後一列，而不是出現在每一個群組指令中的最後一列。

　　由於 SIMPLIS 語法的簡易性，致使輸出結果的訊息不如 LISREL 程式之多。因此，筆者建議初學者或 SIMPLIS 語法的愛用者，在每次撰寫語法檔時，至少需把下列的輸出指令加在語法中，以補充說明 SIMPLIS 語法之預設輸出結果的不足資訊：

LISREL Output: SS SC EF RS MI

　　如此一來，使用者不僅擁有 LISREL 程式所提供的充足資訊，同時亦具有 SIMPLIS 語法簡便易學、親和使用與圖形表徵結果等優點。

潛在成長模型簡介

　　國外介紹當代「縱貫性資料分析」方法學的教科書或主題專書很多，但多半都是使用傳統的統計分析方法，這不是本書所欲介紹、探索的重點。本書所擬介紹的當代「潛在成長模型」（LGM）方法學，係指來自 Meredith 與 Tisak（1984, 1990）最初的提議方法「潛在曲線分析」（latent curve analysis），以及後繼學者們（McArdle, 1986, 1991; McArdle & Epstein, 1987; Muthén, 1991）陸續改良的模型。雖然，名為「潛在曲線分析」，但事實上，模型中的成長率，卻不一定都是呈現曲線關係（即二次式以上的關係）的，也有可能是呈現直線關係的；因此，在本書中，統一以「潛在成長模型」稱呼之。當然，它包括所有的曲線和直線的成長模型在內。

　　雖然，文獻上出現許多篇介紹 LGM 方法學的論文（如：Byrne & Crombie, 2003; Chan, 1998; Curran, 2000; Curran & Hussong, 2003; Hancock & Lawrence, 2006; Singer & Willett, 2003, chap. 8; Willett & Sayer, 1994），但這些導論性簡介的論文都不太適合初學者閱讀，尤其是連結構方程式模型（SEM）方法學都沒有基礎者；因此，若要從頭開始到深入瞭解 LGM 方法學的話，則非閱讀專書著作不可。筆者認為 Bijleveld、van der Kamp、Mooijaart、van der Kloot、van der Leeden 與 van der Burg（1998）合著的專書，以及 T. E. Duncan、Duncan、Strycker、Li 與 Alpert（1999）的著作，約可說是最早有系統介紹當代「潛在成長模型」方法學的專書。隨後，Taris（2000）補充寫了一本有關如何學習「縱貫性資料分析」方法的前

傳，使得學習「縱貫性資料分析」的背景知識與方法更完備。但是，能夠鉅細靡遺介紹數學模型，並且引用實例分析講解清楚的總其成大作，還是非 Bollen 與 Curran（2006）及 T. E. Duncan、Duncan 與 Strycker（2006）著作的第二版莫屬；這兩本著作，此刻乃成為國際上學習 LGM 方法學的經典作品。由於這兩本經典作品的內容偏向數學模型的介紹與探討，對於非主修數學的學習者而言，閱讀起來仍然有一點點吃力；因此，Preacher、Wichman、MacCallum 與 Briggs（2008）補充寫了一本比較淺顯易懂的專書，專供非主修數學的學習者閱讀學習。

本書即是參考以上諸著作，以及許多文獻評閱的心得，所歸納彙整而成的一本專題著作，同時擬以深入淺出的案例說明，逐步詳細介紹當代的 LGM 在「縱貫性資料分析」的應用情形，並作為國內學術研究者（含博碩士研究生、大學教授及學者專家等）擬欲學習 LGM 方法學的教科書或參考書使用。而本章的目的，即在扼要介紹整個 LGM 的梗概、模型建構及路徑關係圖的表徵，以作為後續各章節討論的基礎。

第一節　一般性概論

基本上，社會科學的研究性質不像自然科學的研究一樣，研究變項可以那麼輕易地被研究者進行實驗操弄或控制。因此，有許多社會科學家都承認，社會科學或行為科學若欲探索「成長與改變」的問題，最佳的方式莫過於在研究設計中介入「時間」因素；所以，「貫時性資料」（至少橫跨前測與後測兩個時間點的資料蒐集，絕對會比橫斷面的資料，更能用來推測兩個變項之間是否真的具有因果關係）的建立和蒐集，對傳統的縱貫性資料分析而言，便成為一個十分重要的研究設計方式。

傳統上，學者們也都同意，研究若要進行因果推論的話，勢必要先滿足三個條件：(1)共變關係（covariation）：必須假設兩個變項之間

具有顯著的相關（correlation）存在，若沒有相關存在，是不可能有因果關係的推論的；(2)事件發生的時間順序（temporal order of events）：亦即，擬扮演假設的因變項（causal variables）事件，必須發生在擬扮演假設的果變項（effect variables）事件之前；(3)沒有虛假效果干擾（non-spuriousness）：也就是說，其他會影響果變項解釋的外在因素，都可以被排除掉或被控制住（Blalock, 1964; Bollen, 1989; Gollob & Re-ichardt, 1987; Kessler & Greenberg, 1981; Menard, 1991）。但是，傳統上所慣用的統計分析方法〔如：自我迴歸模型（autoregressive models）或殘差改變模型（residual change models）〕，都有其缺點和使用條件的限制（Meredit & Tisak, 1990; Rogosa, Brandt, & Zimowski, 1982; Rogosa & Willett, 1985; Stoolmiller & Bank, 1995），更重要的是，它們反映不出因為「時間消逝」（passage of time）所造成的「成長」變化趨勢。所以，能夠克服此問題的方法學，自然而然地便會受到大家的矚目，而 Meredit 與 Tisak（1990）所提出的「潛在曲線分析」便是如此。

　　因此，當代的潛在成長模型（LGM）有一個基本假設，即是把「改變」與「時間消逝」（至少在研究者所關注的某段時間範圍內）之間，看成是具有某種系統的關聯性（Burchinal & Appelbaum, 1991）。而 LGM 應用 SEM 的方法學〔尤其是其中的驗證性因素分析（CFA）方法〕，引用潛在變項的概念，來說明此觀察到的改變組型（pattern of change）與時間消逝之間具有關聯，且可以被估算出其數值大小。當然，在 SEM 架構下，應用這種 LGM 方法學，還有一個假設前提，那就是假設大約在同一時間內取得每個個體的資料，且取得資料的每一段時間間隔，也是每一個體都保持一致的。典型的「縱貫性貫時資料」（longitudinal panel data）設計〔即針對同一批受試者蒐集多波段（multiple waves）同一批變項資料的做法〕，即是這種方法學取得分析資料的常用設計方法。

　　Willett（1989）及 Willett 與 Sayer（1994）曾評論這種多波段資料蒐集的好處，計有：(1)可以提升研究發現的品質；(2)心理學理論可以

針對「成長」問題，提出適當的數學函數的描述；(3)可以針對成長內有關個體間的差異（interindividual differences）問題，提出合理的假設檢定；(4)可以針對與成長有關的背景變項因素，一起進行關聯性的探索；與(5)成長測量的精確性與信度大小，會隨著測量波數（number of waves）的增加，而呈現快速單調遞增的函數關係。換句話說，縱貫性資料不僅可以提高假設檢定的統計考驗力（statistical power），也可以提供研究者進行橫斷面資料與兩波段資料所無法做到的各種假設檢定的可能性；而 LGM 的應用潛力，不僅可以針對個體內（*intra*individual）〔即個人內（within person）〕的跨時間改變問題進行假設檢定，同時，也還可以針對個體內改變的個體間（*inter*individual）〔即個人間（between person）〕的差異情形進行探索，它不僅以能夠探索成長與改變問題的模型特色取勝，更以能進一步探索改變的前因（antecedents）和後果（consequents）等彈性功能，而令人讚嘆不已。因此，本書在第一篇裡，即先介紹這種資料假設下的 LGM 方法學。

在LGM方法學的架構下，多半都是用來探索和檢定下列的待答問題：

1. 跨時間的平均趨勢的形狀為何？
2. 起始狀態能否預測改變速率？
3. 兩組或多組的成長軌跡之間是否有差異存在？
4. 平均趨勢的改變速率或曲線程度可否預測重要的結果？
5. 與跨時間的改變之間呈現系統性關聯的變項有哪些？
6. 關於成長軌跡的理論假設都可獲得觀察資料的佐證嗎？
7. 在成長軌跡的形狀中，是否有顯著的個體間差異存在嗎？
8. 某個跨時間改變的變項會與另一個跨時間改變的變項之間，呈現相關嗎？

除了本書第一篇的基礎 LGM 介紹外，當個體資料取得的次數不同，或每次取得資料的時間間隔不一致時，前述的LGM便不能適用，此時則需改用不同的成長曲線模型，才能適合分析這類的成長資料

（如：Bryk & Raudenbush, 1987; Hui & Berger, 1983; Kleinbaum, 1973）。當個體資料不在相同時間間隔內取得時，LGM 雖然還可以適用（Muthén & Muthén, 2009），但是，在估計這類模型參數時，就得加上一些特殊的條件限制才行。

此外，當研究者所關注的研究變項的改變與時間消逝之間沒有關聯時，SEM 方法學雖然仍可以適用（亦即，此時的任何一個次序變項都可以當作基礎函數使用，來分別針對不同的時間點進行差異探索），但如果改變真的與時間消逝之間不具有系統性關聯時，模型其實會失去它們作為成長曲線的解釋效力，而研究跨時間的個別軌跡也就變得不太有意義了，此時，若改用重複測量的迴歸方法〔如：一般化估計方程式（generalized estimating equations, GEE）〕，也許會比較適合一點（Liang & Zeger, 1986）。因此，本書在第二篇裡，也會介紹這種特殊情況下的進階 LGM 方法學。

第二節　縱貫性研究設計

基本上來分，縱貫性資料（longitudinal data）是指某一組研究單位（如：事物、個人、公司行號、企業組織、地區、國家等）橫跨一系列的時間點，而被研究者蒐集到所關注的某筆變項資料而言；而橫斷面資料（cross-sectional data），則是指僅在單一特別關心的時間點上，所蒐集到該筆關注的變項資料而已。因此說來，橫斷面資料只是縱貫性資料的一個片段、一個子集合，或一個特例而已。

縱貫性資料的蒐集，通常都需要透過「縱貫性研究設計」（longi-tudinal research design）來進行。縱貫性研究的參與者〔在本書中，均假設以「個人」（person）為參與者或受試者，當然，分析的對象也有可能是事、物、公司、組織機構或國家等單位〕，通常都會被研究者要求，針對研究所關注的問題（如：行為和態度方面的問題），分別

在數個時間點（occasions in time）上提供這方面的評估訊息。這些蒐集資料的時間點，通常也被稱作是研究的「階段」（phases）或「波段」（waves）。時間點的數目，通常都很小——在行為和社會科學領域中，縱貫性研究通常僅使用兩波段或三波段的設計而已；而波段與波段之間的時間間隔，少者可從數秒、數分鐘、數天、數週到數個月不等，多者甚至可達數十年不等，端視研究目的和問題需求而定；而參與者的人數多寡，則通常都是使用大樣本，從至少 200 人到數萬人不等。

底下所述，即是考量到研究目的（係相關研究或因果研究？）、基本設計方法、資料蒐集的波段數多寡、波段之間的時間間隔多長、測量變項多寡、跨時間的測量次數多寡，以及受試樣本大小等因素，所擬定的七種基本縱貫性研究設計方式（Hsiao, 1986; Kessler & Greenberg, 1981; Markus, 1979; Menard, 1991; Nesselroade & Baltes, 1979; Taris, 2000; van de Pol, 1989）。而本書所談的 LGM，僅適合作為其中幾種資料的分析方式。

一、同時性橫斷面研究（simultaneous cross-sectional study）

在這種研究設計方式裡，係把「年齡」（age）因素考量在資料蒐集裡，亦即是，針對所關注的研究問題，同時蒐集不同（跨）年齡層樣本資料的一種橫斷面研究。在這種設計裡，「年齡」是關鍵因素，它雖然不是真正的縱貫性設計，無法產生「跨時間改變」的真正資料，但卻可以提供跨時間的發展或成長問題的局部瞭解，也可以提供跨年齡層樣本間的差異比較。

這種設計方式，會產生許多威脅推論效度（validity of inferences）的缺點，例如：不同年齡層樣本組內，都有各自不同的歷史環境經驗存在，這種情況自然會造成跨年齡層間的組別差異；因此，「年齡效

果」（age effects）會與「發展效果」（development effects）產生混淆，而導致無法分辨造成因果關係的真正歸屬原因所在。

二、趨勢研究（trend study）

這種研究設計方式，有時又稱作「重複的橫斷面研究」（repeated cross-sectional study），係指在兩個或多個時間點裡，執行兩個或多個橫斷面研究之謂。在這種設計裡，通常會針對所關注的橫斷面研究問題，進行不同年齡層樣本的抽樣，但為了使關注的研究問題能夠進行跨時間的比較，通常也都會使用一份共同問卷，在各個橫斷面研究裡進行調查。當前，國際上知名的大規模教育成就評比測驗，如：「國際數學與科學教育成就趨勢調查」（Trend of International Mathematics and Science Study, TIMSS）和「國際學生評量計畫」（Programme for International Student Assessment, PISA），即是這方面研究設計的典型例子。

在這種研究設計裡，研究者所關注的焦點，通常都不會放在關心個人層次（individual level）的改變問題上，因此，比較不適合用來探索因果順序或發展組型的研究問題；反而是，它的主要優點是放在探究集體層次（aggregate level）的改變問題上。因此，在抽樣單位（sampling units）立場上，趨勢研究可說是一種橫斷面研究，而在研究單位（research units）立場上，趨勢研究則是一種縱貫性研究。

三、時間數列分析（time-series analysis）

這種研究設計方式，主要是針對同一組參與者，進行多個時間點的重複測量，測量的時間間隔可以不一致，但每個個體都有跨時間的多次測量結果，因此，這種設計方式得以進行個人內改變（intra-individual change）問題的評估研究。如果這種設計方式也啟用不同年齡組設計在內的話，那麼，關於個人內發展的組間差異問題，也可以一併

探究。時間數列分析一詞，通常係指針對一群數量有限的受試者，使用一小簇的變項數目，來進行大量時間點的多次測量的一種資料蒐集方法；同時，它也是一種統計分析技術，在進行股市分析或期貨分析上，常常會用得到。

四、介入效果研究（intervention study）

　　這種研究設計方式，最典型的代表例子，即是實驗研究法中的「前後測控制組設計」（pretest-posttest control group design）（Campbell & Stanly, 1963）。在此設計中，有一組樣本當實驗組，另一組樣本則當控制組，而研究者所擬探索的某種介入方案〔或稱實驗處置（treatment）或操弄（manipulation）〕的效果，即是在比較兩組樣本在前後測分數之間的差異。這種做法，即是先比較實驗組與控制組在前測分數的差異，然後以隨機分派（random assignment）方式，將受試樣本隨機分派到這兩組，隨後介入某種實驗操弄，當這兩組樣本在後測分數有差異時，即可歸因於實驗操弄的有效。因此，這種設計方法，也稱作「真實驗法」（true experimental design），它被認為是專門用來探究「因果關係」問題的有力工具。

　　然而，在調查研究法（survey research）裡，研究者想要隨機分派受試者樣本到兩組的做法，根本是不可行的、不可能的，甚至是不必要的，因為在此研究方法下，許多實驗操弄是研究者無法進行的、掌控的或干預的。例如，在研究單親家庭下子女藥物濫用的問題時，研究者所採用的「實驗組」（假設界定為因為父母喪偶而成的單親家庭子女），很可能在一開始即與所採用的「控制組」（假設界定為因為父母離婚而成的單親家庭子女），在分組的定義上即存有某種潛在差異（如：年齡），此時，若研究的問題（如：收入）恰與此潛在差異有關聯的話，就必須使用統計控制方法〔如：淨相關（partial correlation）和共變數分析（analysis of covariance, ANCOVA）〕，將此差異的

干擾效果排除掉，否則，調查研究是無法獲得真正、有效的統計推論結果的；常見的「不等組的控制組設計」（non-equivalent control group design）（Cook & Campbell, 1979）方法，便是準實驗設計（quasi-experimental design）和調查研究法中，最常用、也最普遍的一種設計方法。

五、貫時性研究（panel study）

這種研究設計方式，主要是針對某一組特殊的參與者，固定使用同一份問卷（questionnaires）工具，重複地訪問他們，以進行長期追蹤的一種資料蒐集方式。簡單地說，即是針對同一批受試者，在跨時間的多次重複測量中，都詢問同一份問卷調查工具所要蒐集的變項資料；例如，我們可以針對某一批樣本（假設目前為四年級），每隔兩年，即蒐集有關這批樣本的學習成長資料，一直到他們十二年級畢業時。當前，知名的貫時性研究，至少有美國的「國家教育縱貫研究」（National Education Longitudinal Study, NELS），以及臺灣的「臺灣教育長期追蹤資料庫」（Taiwan Education Panel Survey, TEPS）為代表。

「縱貫性貫時資料」（longitudinal panel data）的蒐集與建立，是運用 LGM 方法學所必備的後勤工作。這種貫時性研究之所以會受到重視，至少有下列兩個原因：(1)針對微觀層次（micro level）（即抽樣單位），即可蒐集到研究者所關注的「改變」問題的貫時性資料，並且，只要運用適當的統計模型（如：下一節所簡述的 LGM，以及本書後續各章所欲介紹的各種方法），即可探索該改變量與其他研究變項之間的關聯性；因此，貫時性研究設計可讓研究者得以窺探跨時間的關係，而非只有單一時間點上的關係而已；(2)資料蒐集成本的考量：執行一次五波段貫時性研究（five-wave panel study）的資料蒐集成本，會比執行五次個別橫斷面研究的資料蒐集成本來得低，而且，維護貫時性研究樣本有效性的成本，也會比每一次橫斷面研究都需要重新抽取隨機

樣本的成本還低。因此，這類的長期縱貫性研究，會愈發受到重視而成為學術研究的顯學。

六、追溯研究（retrospective study）

上述前瞻性的（prospective）縱貫性研究（如：貫時性研究和介入效果研究）有個限制，那就是需要至少兩波資料蒐集完畢後，才能進行資料分析的工作。有時，兩波資料的蒐集之間可能相隔數年或數十年不等，這不僅需要研究者要有耐心等待，更讓這種前瞻性的縱貫性研究比起橫斷面研究來，更是所費不貲（Powers, Goudy, & Keith, 1978）。因此，一種改良式的研究設計方式，即是讓參與者能夠「現在」（now）就告訴研究者他們「過去」（in the past）的行為或感受是什麼，而蒐集此類的縱貫性資料，即可滿足縱貫性研究的需求，這種方法即稱作「追溯研究」。

追溯研究的設計方式，與前述的縱貫性研究之間，並沒有太大的不同，差別只在於「向參與者詢問其過去的資料」，亦即是詢問追溯性問題（retrospective questions）。因此，在問卷中向一群受試者詢問一些追溯性問題，即可迅速又輕易地蒐集到受試者過去所發生的事情資訊。看起來，這種追溯研究至少不必讓研究者等很久，即可快速蒐集到多波的資料，是一種簡便的縱貫性研究設計方式。

但是，這種追溯研究有個很大的缺點，那就是所蒐集的資料不太可靠，亦即資料的信度不高。有許多學者批評這種研究設計所蒐集到的資料，既不可靠、又不正確，連資料本身也都隱含相當高成分的報告性錯誤（reporting errors）和記憶性錯誤（memory errors）（Bernard, Killworth, Kronenfeld, & Sailer, 1984; Schwarz & Sudman, 1994; van der Vaart, 1996）。因此，如何改善這種研究所蒐集資料的精確性，便成為這種研究的一項當務之急的任務。

幸好，有學者提出一種有效的改善策略，那就是要求受試者在回

憶某段過去的經驗時，係根據某件明顯、精確發生的個人事件（如：結婚時、生第一個小孩時）或大眾事件（如：美國的 911 恐怖攻擊事件、臺灣的 921 大地震）當作「陸標事件」（landmark events），作為回憶相關事件時的參考座標，以減少因為回憶事件時沒有精確標定參考時間而產生的記憶性錯誤，並增進所蒐集資料的精確性（Loftus & Marburger, 1983）。後來的學者（Freedman, Thornton, Camburn, Alwin, & Young-DeMarco, 1988）也相繼改良提出一種蒐集資料的新策略：「生命史行事曆」（life history calendar, LHC），企圖以兩個向度的行事曆，一個向度記錄事件發生的「時間」，另一個向度記錄發生的「事件本身」，來蒐集記錄多重事件同時發生的回憶性資料。這些策略都已經被證實能夠大幅改善所蒐集的回憶性資料的精確性，因此，也逐漸成為追溯研究的主流設計方法之一。

七、世代研究（cohort study）

　　這種研究設計方式，主要是指同一段時間間隔內經驗過同一事件的一整群人，研究其深受某些特殊歷史事件影響的一種資料蒐集方式（Ryder, 1965）。最常用的世代（cohort）類型，即是所謂的「出生世代」（birth cohort）──意指在同一年代出生的所有人，如：我們常聽到 1950 年世代是戰後嬰兒潮世代、1960 年世代是嬉皮搖滾風世代等。當然，其他重要的生命事件（如：結婚時、初入就業市場時、初診為罹患愛滋病或癌症時），亦可以作為世代研究的劃分依據。

　　世代研究的最大特色，即是此一相同年代出生的所有人，都會遭遇相同的歷史事件（如：二次世界大戰）的影響，因此，不同世代的人遭受不同歷史事件的影響程度，很自然地應該也會不一樣。所以，在跨世代的研究裡，研究者需要特別留意兩個概念不能與世代的研究變項有關，否則，研究結果的解釋很容易受到干擾與誤導：一為「年齡」（age），另一為「期間」（period）。因為，這些概念的測量都

與「時間」有關，都與「世代」的概念有所重疊，因此，容易造成研究結果在解釋上的困難、混淆與不確定性的產生，即使研究者使用其他條件限制（如：更嚴格地界定測量時間範圍）或統計控制方法（如：共變數分析），仍然無法消除這種世代研究結果的解釋困難的事實。

Rodgers（1982）曾建議，以研究變項所隱含的真實概念測量，來代替年齡、期間和世代的近似概念測量，比較能夠克服這種世代研究結果解釋困難的事實。例如，如果年齡被拿來當作「智能發展」的代表變項的話，不如直接使用「智力測驗」來對受試者進行測量，反而更能彰顯出「智能發展」的概念；這種做法不僅能使結果的解釋更直接、明朗，也可以使年齡、期間和世代三者變項間的線性相依（linear dependency）問題得以解決。當然，這種建議會使測量變項的取得成本增加（如：使用多題智力測驗的成本，一定比只使用世代的單一年齡變項的成本還高）；其次，這種建議僅適用在前瞻性的研究裡，如果僅是針對數十年前取得的資料再度分析的話，這項策略是不適用的。

總之，針對某種特殊歷史事件所造成的影響進行研究，世代研究是有其重要之處。只要研究者能夠仔細釐清、定義好變項的測量概念，並且確定跨研究之間的變項資料皆是如此測量的，那麼，不論是個別的橫斷面研究、介入效果研究、貫時性研究或趨勢研究等方法，都可以被合併起來一起進行世代研究分析。

第三節　LGM 的建構

基本上而言，LGM是結構方程式模型（SEM）中的驗證性因素分析（CFA）方法的一種應用（Preacher, Wichman, MacCallum, & Briggs, 2008），也算是一種進階的 SEM 方法學技術（余民寧，2006a）。因此，在「工欲善其事，必先利其器」的道理之下，讀者先行回顧本書第 2 章所述的 SEM 梗概，並且瞭解本章所擬介紹有關 LGM 的基本概

念與理論架構之後，方能有助於研讀本書第 4 章的各章節內容。

一、跨時間改變的測量概念

多數的縱貫性研究，都把研究焦點放在探討「改變」及其「預測」的問題上。而跨時間改變（across-time change）的概念，也多半都是以各波段研究所蒐集到的資料平均數差異（mean differences）來進行檢定的。例如，透過自律學習（self-regulated learning）可以改進學生的學業成就嗎（趙珮晴、余民寧，2012；趙珮晴、余民寧、張芳全，2011）？像這樣的研究案子，縱貫性研究的方法即可針對「某些事件（如：要不要針對學生實施自律學習的教學）是否會對研究所關心的某個效標變項（如：學生的學業成就）具有影響」的問題，提供一個明確、具體且具有價值的研究見解，附帶的研究結果也會顯示人們是如何組織或重塑他們對遭受環境和事件影響的解釋方式（Berger & Luckman, 1966; Gergen, 1977; Mortimer, Finch, & Kumka, 1982）。

但是，人們所擬研究的概念化測量變項，卻有可能在跨時間的過程中，本身即自然地改變它自身的意義。例如，Patterson（1993）對青少年的反社會行為（antisocial behaviors）發展的研究，即是一例。他認為青少年的反社會行為，會隨著年齡的增長而不斷地改變，每一次的改變，都顯示出不同質與量涵義的變化，研究者還能說是在跨時間裡都檢定到相同一件事嗎？此外，還有一例，我們能說 15 歲時測量到的認知能力（如：推理、空間取向、語文、數字，或知覺速度等），會與在 65 歲時測得的相同認知能力，都具有一樣的內涵意義嗎？由此可見，顯然地，人們在跨時間的過程裡，會重組他們對某個相同測量變項意義的解釋，因而導致測量本質上的意義確實也會發生改變。

因此，即使研究者在跨時間研究中，對重塑某個概念變項不感興趣，至少也要去檢查所擬探究的潛在變項概念，是否還代表同一個概念意義穩定的向度或因素。所以在深入探討 LGM 的建構之前，基本

上，有四種跨時間穩定性（across-time stability）的概念需要釐清（Mortimer, Finch, & Kumka, 1982）：

1. 結構不變性（structural invariance）：意指某個調查研究現象的本質，是持續、不變的。例如，定義在同一向度內的人格建構（personality construct），其向度內的成分屬性之間的相關，應該能跨時間而都維持一個相同、不變的組型；換句話說，結構不變性所要求的條件，即是研究所關注的潛在變項概念的因素結構（factor structure），在各波段研究中都要保持相同、一致性的結構。因此，若有一個特殊的潛在變項概念，它在第一波的測量裡，即顯示出是由三個題目測量到兩個相關因素所組成的因素結構的話，那麼，在後續的各波段測量中，也都必須獲得相同的因素結構（即三個題目測量到兩個相關因素），如此才能說該潛在變項概念所測量的「結構不變性」獲得肯定；不然，若此條件不吻合時——亦即無法獲得相同的因素結構的話，則說是此發展概念是不連續的，或者說是結構（structural）〔或質性（qualitative）、或構圖（configural）〕改變了（Baltes & Nesselroade, 1973; Gergen, 1977; Schaie, Willis, Jay, & Chipuer, 1989）。

2. 常模穩定性（normative stability）：意指在某個研究所關注的屬性上，個人的等級（ranks）或差異（differences）是維持不變的（Kagan, 1980）。例如，我們常會針對一群受試者在這個屬性上的測量，求出其在跨時間之間的相關，而此相關通常即被稱作是「自我相關」（autocorrelations）。其中，強烈的（高的）正自我相關，即表示在此屬性上得低（或高）分的個人，與其他人的相對得分比較起來，在後續各波段的測量裡，仍然會保持同樣的相對位置，亦即仍然得低（或高）分；相反地，弱的（低的）正自我相關，即表示個人在此研究中的相對位置，已經隨著時間而明顯改變了。當然，這種比較只有在此屬性的測量意義在跨時間中仍維持不變的前提下，才會有意義。所以，若要宣稱某個概念具

有「常模穩定性」的話，則它的結構不變性假設必須要先被滿足才行。因此，一位謹慎的研究者，在跨時間的研究裡，必先去檢定概念的結構不變性假設是否成立，之後，才會去考慮常模穩定性的問題。

3. **自比穩定性**（ipsative stability）：意指在跨時間研究中，屬性的排序在個人內維持一致性（intraindividual consistencies）或改變的情況（Emmerich, 1968）。它指的是在跨時間裡，屬性在個人內的排序位置或行為屬性的相對強度，維持一致或改變的程度，通常都以每一位受試者的屬性在兩個時間點上的等級相關係數（rank-order correlation coefficients）來表示；例如，某研究者可以檢定兒童偏好數種不同品牌的花生醬的穩定性，或者，個人特殊特質（如：智力、道德、運動能力）的明顯性。舉例來說，Helwig 與 Myrin（1997）想檢定職業興趣的穩定性問題，在一個十年期的研究裡，他們調查某個家庭橫跨三代的人口，結果發現有相當高的「自比穩定性」存在，因此結論說橫跨三代人口的職業偏好是會慢慢改變的，這反映出這個家庭的移動，從一個鄉下、農場的背景，慢慢轉移到一個郊區的環境。

4. **層次穩定性**（level stability）：意指在跨時間裡，某個現象的程度或大小維持一致不變（Baltes & Nesselroade, 1973）。跨時間點上的層次穩定性，可以團體平均數的改變量來衡量，例如，某一群成年人的平均身高沒變；層次穩定性也可以在個人層次上測量，例如，個別受試者在跨兩個時間點上的智力測驗分數沒變。就像常模穩定性一樣，層次穩定性的檢定，也是需要先假設所要比較的概念在跨時間上是維持結構不變的。

在上述四種基本的穩定性概念裡，結構不變性、層次穩定性、常模穩定性三者較常見於縱貫性研調查究裡，反而，處理自比穩定性的研究問題較少見，至少在社會科學與行為科學裡是不常見的。雖然如此，這四種改變和穩定性的類型都可能單獨發生或存在，彼此間未必

有所關聯。讀者只要釐清有這四種不同的改變或穩定性類型存在即可，這將有助於對縱貫性研究結果的解釋。

二、基本的 LGM 建構

當讀者瞭解上述「跨時間改變」的涵義之後，接下來，即可就研究所欲探索的某個測量變項，針對其跨時間改變的現象，開始進行數學模型的表徵工作。

通常，在貫時性研究中，研究者常會針對某個研究變項或結果變項（假設為 y 變項），進行多次（或多波段）的重複測量（repeated measures）。因此，LGM 針對此重複測量所欲表徵的潛在變項概念，其實並非是一個心理學建構（psychological construct），而是 y 變項隨著時間改變的組型（patterns）或面向（aspects）；常見的做法都是以兩個因素來表徵此組型或面向，並且以因素負荷量（factor loadings）來界定 y 變項在跨時間中的變化趨勢（trend over time）。這兩個因素包括：(1)截距因素（intercept factor）：即用來表徵當測量時間為 0（即剛開始測量）時，結果變項（y）的起始狀態（initial status）或起始值（initial value）；(2)斜率因素（slope factor）：即用來表徵結果變項（y）隨時間改變的線性改變率（rate of linear change），亦即各次重複測量時間點上因素負荷量大小的變化趨勢。因此，隨著研究者的理論假設不同，研究者可以任意（當然，也是根據某種理論假設）設定此兩因素與重複測量的 y 變項之間的因素負荷量，以反映出 y 變項具有某種成長改變的組型或趨勢，之後，再針對所蒐集的資料進行分析後，即可檢定出某種研究假設的改變組型或趨勢是否成立。所以，LGM 將會有許多的彈性變形，以符合研究者檢定所擬探索各種複雜問題之研究假設的需求。

基本上來說，LGM 是 CFA 模型的一種應用形式；在 SEM 的習慣術語上，都是以全 y 模型（all-y model）來表徵，並且所使用的潛在變

項均被當成是「內衍變項」（endogenous variables）來看待。因此，它的基本資料模型（data model）構造，主要是由兩個部分所組成：即「共變數結構」（covariance structure）和「平均數結構」（mean structure）兩部分。

若以矩陣符號來表示，基本的 LGM 資料模型可以公式 3-1 來表示如下：

$$\mathbf{y} = \boldsymbol{\tau}_y + \boldsymbol{\Lambda}_y \boldsymbol{\eta} + \boldsymbol{\varepsilon} \qquad (公式\ 3\text{-}1)$$

$$\begin{bmatrix} y_1 \\ y_2 \\ y_3 \\ \vdots \\ y_p \end{bmatrix} = \begin{bmatrix} \tau_1 \\ \tau_2 \\ \tau_3 \\ \vdots \\ \tau_p \end{bmatrix} + \begin{bmatrix} \lambda_{y_{11}} & \lambda_{y_{12}} & \lambda_{y_{13}} & \cdots \lambda_{y_{1m}} \\ \lambda_{y_{21}} & \lambda_{y_{22}} & \lambda_{y_{23}} & \cdots \lambda_{y_{2m}} \\ \lambda_{y_{31}} & \lambda_{y_{32}} & \lambda_{y_{33}} & \cdots \lambda_{y_{3m}} \\ \cdots \\ \lambda_{y_{p1}} & \lambda_{y_{p2}} & \lambda_{y_{p3}} & \cdots \lambda_{y_{pm}} \end{bmatrix} \begin{bmatrix} \eta_1 \\ \eta_2 \\ \eta_3 \\ \vdots \\ \eta_m \end{bmatrix} + \begin{bmatrix} \varepsilon_1 \\ \varepsilon_2 \\ \varepsilon_3 \\ \vdots \\ \varepsilon_p \end{bmatrix}$$

$$(p \times 1) = (p \times 1) + (p \times m)(m \times 1) + (p \times 1)$$

其中，$\mathbf{y}$ 即是研究所關注的某個重複測量 p 次的觀察變項（y）向量，$\boldsymbol{\tau}_y$ 是該 p 次重複測量的平均數（或稱截距項）向量，$\boldsymbol{\eta}$ 代表 m 個改變面向（或組型）的潛在變項向量，$\boldsymbol{\Lambda}_y$ 則是 m 個潛在變項對 p 個觀察變項的因素負荷量矩陣，而 $\boldsymbol{\varepsilon}$ 則是 p 個觀察變項的測量誤差（measurement errors）〔或稱干擾項（disturbance terms）〕。通常，為了模型辨識的理由，$\boldsymbol{\tau}_y$ 的數值都是設定為 0。

現在，假設只有兩個改變面向的潛在變項存在，則其 LGM 資料模型即可表示如下：

$$y_{ti} = \lambda_{1t}\eta_{1i} + \lambda_{2t}\eta_{2i} + \varepsilon_{ti} \qquad (公式\ 3\text{-}2)$$

其中，資料 y_{ti} 係表示個人 i 在時間點 t 上的測量分數，它是由兩個潛在變項（即 η_{1i} 和 η_{2i}）和一個測量誤差（即 ε_{ti}）所構成的一條線性函數

關係。

　　接著，這兩個潛在變項也可以被看成是由兩個潛在平均數（latent means）（即 α_1 和 α_2）和兩個個別離均差（deviations from the means）（即 ζ_{1i} 和 ζ_{2i}）所組成的一條線性函數關係，即：

$$\eta_{1i} = \alpha_1 + \zeta_{1i} \qquad\qquad\text{（公式 3-3）}$$

$$\eta_{2i} = \alpha_2 + \zeta_{2i} \qquad\qquad\text{（公式 3-4）}$$

上述這兩個潛在變項 η_{1i} 和 η_{2i}，常被稱作「隨機係數」（random coefficients），而殘差項 ζ_{1i} 和 ζ_{2i}，代表離開 η_{1i} 和 η_{2i} 平均數的個別離均差，有時候則被稱作「隨機效果」（random effects）。

　　由公式 3-1 可知，我們可以從中導出一個共變數結構（公式 3-5）和一個平均數結構（公式 3-6）的數學模型來，其內涵均不同於資料模型（公式 3-1）所示的內涵，它們均是由求解模型參數估計值的過程中，所推導出來的數學方程式，且均不包含個人在因素（如：截距項和斜率項因素）上的測量分數。其中，利用矩陣原理（matrix theory），求取公式 3-1 的變異數和共變數矩陣，即可獲得所謂的「共變數結構」，它是指這個重複測量 p 次的觀察變項的母群體變異數和共變數矩陣，是由一組模型參數所形成的函數關係，可以表示如下：

$$\boldsymbol{\Sigma} = \boldsymbol{\Lambda}_y \boldsymbol{\Psi} \boldsymbol{\Lambda'}_y + \boldsymbol{\Theta}_\varepsilon \qquad\qquad\text{（公式 3-5）}$$
$$(p \times p) = (p \times m)(m \times m)(m \times p) + (p \times p)$$

其中，$\boldsymbol{\Sigma}$ 代表可觀察到 $p \times p$ 階的變異數和共變數矩陣，$\boldsymbol{\Lambda}_y$ 為 $p \times m$ 階的因素負荷量矩陣，$\boldsymbol{\Psi}$ 為 $m \times m$ 階的因素變異數和共變數矩陣，而 $\boldsymbol{\Theta}_\varepsilon$ 則為 $p \times p$ 階的誤差變異數和共變數矩陣（Bollen, 1989）。

　　另外，利用矩陣原理，求取公式 3-1 的期望值，即可獲得所謂的「平均數結構」，它是指這個重複測量 p 次的觀察變項的母群體平均

數向量，是由另一組模型參數所形成的函數關係，可以表示如下：

$$\mu_y = \tau_y + \Lambda_y \alpha$$
$$(p \times 1) = (p \times 1) + (p \times m)(m \times 1) \qquad （公式 3-6）$$

其中，μ_y 代表可觀察到 $p \times 1$ 階的母群體平均數向量，τ_y 為 $p \times 1$ 階的截距項向量，而 α 則為 $m \times 1$ 階的潛在變項平均數向量。在基本的LGM中，τ_y 的元素通常被設定為 0（但也有例外情況），因而可以衍生出簡化的資料模型和平均數結構。因此，在基本的LGM中，研究者所關心的參數估計問題，便是放在求解 Λ_y、Ψ、和 Θ_ε 三個矩陣和一個 α 向量的方法上；而求解出 Λ_y 矩陣中的行向量，即是研究者所熟知和關心的「基礎曲線」（basis curves）或「潛在成長向量」（latent growth vectors）（Singer & Willett, 2003）。

第四節　路徑關係圖的表徵

為了說明第三節所述 LGM 的圖解概念，筆者試著舉例針對公式 3-1 所隱含的概念，以一個路徑關係圖（path diagram）來表徵其圖解概念。

假設有一個研究者所關心的觀察變項 Y，以相同時間間隔的步伐，重複進行測量五次，獲得 Y_1 到 Y_5 等五個變項資料。此時，Y 變項的改變情形，可以用兩個基礎曲線（即截距項因素和斜率項因素）來表徵其函數關係，並且得知因素負荷量矩陣 Λ_y 中只有兩個行向量的數值。這個問題的「概念性路徑關係圖」假想圖，如圖 3-1 所示。

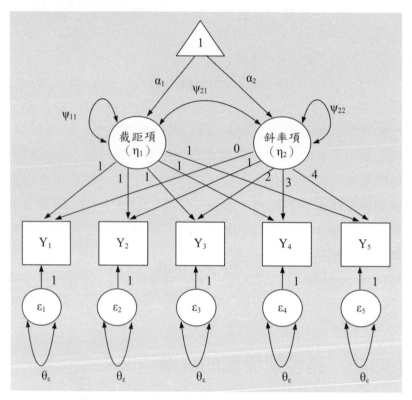

圖 3-1　一個基本的 LGM 概念性路徑關係圖

（含隨機截距項、隨機線性斜率項，及截距／斜率共變數參數）

　　由圖 3-1 可知，截距項的因素負荷量均固定為 1，代表有一個穩定的常數對重複測量的影響，而斜率項的因素負荷量則均固定在一個線性穩定進展的數值上，代表有一個隨時間改變而線性成長的趨勢。雖然，傳統上都把斜率項的因素負荷量起始值固定在從 0 開始，並且逐步增加 1 算起（如：本例的 0、1、2、3、4 設定方式，即由 0 開始，並逐步增加 1），但在實徵的資料分析上，卻未必一定需要如此設定，研究者可斟酌資料實況與理論假設的依據或需求，彈性設定這些數值，甚至，引入第三個潛在因素，以反映出多項式的成長面向，也都是有可能存在的一種新模型設定方式（讀者可以參見第 4 章所示的各種應

用實例）。

　　另外，研究者若關心這兩個潛在變項因素（即截距項因素和斜率項因素）之間是否有關聯的話，則可以設定這兩者之間有一個共變數關係（或相關係數）存在，並進而估計此共變數參數（或相關係數）（即 ψ_{21}），以用來表徵改變的成長率是否與起始狀態之間有所關聯；但是，如果研究者無此問題需求，或者研究問題顯示這兩者之間是獨立的情況，則研究者也可以將此共變數參數設定為 0，以表示截距項因素和斜率項因素之間無關。一般情況下，現有的 SEM 電腦程式軟體均會例行、自動地估計出這兩個因素本身的變異數，不論研究者是否有假設這兩個因素之間有無關聯存在，每次進行 LGM 分析時，我們也都需要估計並呈現出這兩個因素的變異數（即 ψ_{11} 和 ψ_{22}）。在圖 3-1 的圖示中，我們習慣以雙箭頭的箭號，來代表兩個變項之間的共變數關係（或相關係數），或者代表變項本身與本身之間的共變數關係，亦即是變項本身的變異數。

　　此外，在圖 3-1 裡，還有一個三角形符號，它代表常數 1，而連結此三角形到這兩個基礎因素（即截距項因素和斜率項因素）的路徑係數，即表示後兩者對此常數進行迴歸分析，所以，其結果即表示截距項因素和斜率項因素的平均數（即 α_1 和 α_2）。還有，因為本例只針對一個觀察變項 Y 進行同步間隔的五次重複測量，在沒有其他干擾變項存在的情況下，即可認定每一次測量的測量誤差是不會隨時間而改變，因此，假設每一次測量的測量誤差均為相等，且各次測量誤差彼此之間也無關聯存在〔即變異數同質性假設（homoscedasticity hypothesis）成立〕，這也是合理的，所以就會有五個數值均相等的誤差變異數估計值（即 θ_ε）被估計出來。當然，在實徵的資料分析現況上，此變異數同質性假設未必每一次都成立，因此，研究者得視資料實況與理論假設的依據或需求，彈性放寬此誤差變異數的設定方式，允許各次重複測量的測量誤差都具有各自不相同的誤差變異數數值，這種彈性設定方式也是一種可能的存在模型（讀者可以參見第 4 章所示的各種應

用實例）。

依照 SEM 方法學的慣例，圖 3-1 中的方形符號代表觀察變項，圓形符號代表潛在變項，三角形符號代表常數，數字表示固定參數（fixed parameters），希臘字母符號代表待估計的自由參數（free parameters），單箭頭代表迴歸權重（regression weights），而雙箭頭代表變異數（兩個方向均指向變項本身）或共變數（兩個方向分別指向兩個變項）。因此，我們可以矩陣符號，重新表徵出在基本的 LGM 中，最需要去設定估計的幾種矩陣，以及其待估計的參數如下：

$$\mathbf{\Lambda_y} = \begin{bmatrix} 1 & 0 \\ 1 & 1 \\ 1 & 2 \\ 1 & 3 \\ 1 & 4 \end{bmatrix} \qquad （公式 3-7）$$

$$\mathbf{\Psi} = \begin{bmatrix} \psi_{11} & \\ \psi_{21} & \psi_{22} \end{bmatrix} \qquad （公式 3-8）$$

$$\mathbf{\alpha} = \begin{bmatrix} \alpha_1 \\ \alpha_2 \end{bmatrix} \qquad （公式 3-9）$$

$$\mathbf{\Theta_\varepsilon} = \begin{bmatrix} \theta_\varepsilon & & & & \\ 0 & \theta_\varepsilon & & & \\ 0 & 0 & \theta_\varepsilon & & \\ 0 & 0 & 0 & \theta_\varepsilon & \\ 0 & 0 & 0 & 0 & \theta_\varepsilon \end{bmatrix} \qquad （公式 3-10）$$

針對上述這四個公式中的待估計參數符號，其所代表的文字意義可以解釋如下：$\mathbf{\Lambda_y}$ 通常被設定為固定值，代表研究者所擬探究的假設軌跡（hypothezised trajectories），其中各行向量的因素負荷量元素，

即代表所假設的改變面向：第一行的元素都被設定為 1，代表每一個截距項在跨多次的重複測量中均保持一致，而第二行的元素被依序從 0 設定到 4，用以代表研究者所假設的等時間距離的線性成長率。Ψ 矩陣內含截距項因素的變異數（即 ψ_{11}）和斜率項因素的變異數（即 ψ_{22}），以及這兩個因素之間的共變數（即 ψ_{21}）。α 向量，其元素即是常數（1）對改變面向（即截距項與斜率項）進行預測的迴歸係數，因此，可被解釋為是截距項的平均數（即 α_1）和斜率項的平均數（即 α_2），特別是，α_2 可被看成是結果變項隨著每個測量時間單位改變的期望改變量（expected change）。最後，Θ_ε 中的元素，代表每次重複測量的測量誤差（或稱干擾項）的變異數與彼此間的共變數，它們均用來表示測量變項的變異數中無法被假設的潛在曲線所解釋到的測量誤差的變異部分；如果研究者有假設變異數同質性存在的話，那麼，Θ_ε 中的對角線元素都是被限定為一致的干擾項變異數（即 θ_ε），而非對角線元素則被一律設定為 0（就像公式 3-10 一樣），以代表干擾項在跨時間上是無關聯的。當然，如果變異數同質性假設不成立時，Θ_ε 內的非對角線元素就不需要如此設定，它可以開放估計，也就是允許各干擾項在跨時間之間是具有相關存在的。

總之，在一個基本的、陽春的 LGM 典型應用例子裡，不管研究者所使用的重複測量次數有多少，一定都會有六個基本參數需要被估計，它們包括：平均的截距項和斜率項（即 α_1 和 α_2）、截距項和斜率項的變異數和共變數（即 ψ_{11}、ψ_{22} 和 ψ_{21}），以及經過多次的重複測量後仍維持一致的干擾項變異數（即 θ_ε）。除此之外，其餘的參數可以被固定為 0，或設定成與某種特殊改變組型一致的數值，只要研究者的研究問題夠特殊，基本的 LGM 都還可以延伸出各種變形，以適應各種資料結構、理論假設或研究問題之所需。本書將在後續的第一篇第 4 章及第二篇裡，陸續介紹各種 LGM 的應用例子。

第五節　關於 LGM 的其他注意事項

上述幾節的介紹，是有關陽春型的 LGM 的基本概念。除此之外，它與 SEM 方法學一樣，仍有許多其他事項值得注意和提醒，這些事項將與使用者能否妥善應用 LGM 於實徵資料裡有密切關係。

一、關於重複測量的次數與時間量尺的問題

在 LGM 中，有個常被詢問到的問題，那就是重複測量的次數要幾次才夠？欲回答這個提問，基本上，要看研究的時間（time）和成本（cost）而定。

先從模型適配所需要的最低自由度為 1（即 $df = 1$）來看，對一個具有 m 個多項式成長因素（m polynomial growth factors）的模型而言，它所需要最少的重複測量次數，至少必須是 $m + 1$ 次，不管其干擾項變異數有無被設限為跨時間均相等。假設我們所欲估計的參數只有因素平均數、因素變異數（或共變數），和干擾項變異數等三者的話，則上述 $m + 1$ 次的公式基本要求，永遠會成立。一個模型具有自由度至少為 1，也是必要的模型適配〔即過度辨識模型（overidentified model）〕條件之一，因為如果資料矩陣所提供的獨立元素個數少於等於待估計的自由參數個數的話，模型根本是無法辨識的〔請參見余民寧（2006a）及 Bollen（1989）有關模型辨識問題的討論〕。

上述至少是 $m + 1$ 次重複測量次數的基本要求，真的是足夠嗎？根據實務經驗的需求，Stoolmiller（1995）認為以建立直線成長模型而言，蒐集四到五波段的重複測量資料是足夠的。MacCallum、Kim、Malarkey 與 Kiecolt-Glaser（1997）也認為，若欲建立直線型的成長模型的話，至少需要四或五次的重複測量才夠，但如果所欲建構的模型

更複雜的話，則需要更多次數的重複測量才夠。例如，欲檢定平行處理潛在成長模型（parallel process latent growth curve model）（參見第 4 章第十節所述）中斜率項因素之間的共變數是否具有統計考驗力（power）時，Hertzog、Lindenberger、Ghisletta 與 von Oertzen（2006）即建議至少需要使用六次的重複測量資料才夠，當然，它也可以隨著效果大小（effect size）、樣本大小（sample size）或成長曲線的信度（growth curve reliability）（即被成長面向所解釋到的總變異數百分比）的考量，而彈性調整其所需重複測量次數的多寡。但就一般資料分析的角度來看，重複測量的次數是愈多愈好──亦即，愈多的資料可以產生愈多有價值的資訊，它絕非壞事；然而，即使是最精簡的直線成長模型，當實際上使用超過六次以上的重複測量資料時，過多的資訊也常常會造成模型難以適配的窘境。因此，筆者的建議「適當就好」，亦即，在大樣本的前提下，使用有限次數（如：四到五次）的重複測量資料，最能夠獲得一個適配的成長趨勢模型。最終，無論重複測量次數的使用多寡，最重要的還是重複測量的次數必須包括整個研究者所關注問題焦點的整個時間框架（即從問題的發生開始，到後續的演變情形結束為止）。

此外，從公式 3-7 和圖 3-1 來看，測量的時間（time）點，是以能反應出直線改變（linear change）的趨勢來進行資料編碼的，通常，都是將發生在第一個時間點上的測量編碼為 0（即 $\lambda_{1,2} = 0$）；而截距項上的編碼（即都是編碼為 1），通常是為了將它解釋成「起始狀態」（initial status）之用的，但若有其他研究問題考量的需求時，也可以設定成其他不同的組型。

基本上，關於測量時間點的編碼原則，是依據研究者的研究問題需求和理論假設而定。例如，當研究者所關注的焦點是最後一波測量的時間點時（如：藥物濫用復健治療計畫的結束），公式 3-7 中的 Λ_y 矩陣的編碼，也可以改變成將最後一波測量的時間點設定為 0，再依序回推回去把前幾波的測量編碼都設定成負值，如公式 3-11 所示：

$$\Lambda_y = \begin{bmatrix} 1 & -4 \\ 1 & -3 \\ 1 & -2 \\ 1 & -1 \\ 1 & 0 \end{bmatrix} \qquad （公式 3-11）$$

在公式 3-11 中，斜率項的因素負荷量是會直線地遞增，但截距項則定義在第五波，也就是最後一波的測量時間點上。同樣地，我們也可改用以「月數」而不是「年數」的方式，來針對時間點進行編碼，則公式 3-11 中斜率項參數的編碼，也可以線性轉換成如公式 3-12 所示：

$$\Lambda_y = \begin{bmatrix} 1 & 0 \\ 1 & 12 \\ 1 & 24 \\ 1 & 36 \\ 1 & 48 \end{bmatrix} \qquad （公式 3-12）$$

　　基本上，不論是公式 3-7、公式 3-11 或公式 3-12，時間點的編碼都是一種線性轉換式的編碼而已，在進行實徵資料分析後，結果只會影響到對斜率項因素參數估計值的解釋，但對整個模型的適配情形則沒有任何影響。事實上，從矩陣原理來看，因素負荷量矩陣的線性轉換，是不會影響到模型適配度的，雖然，有時候 Λ_y 矩陣在經過轉換後，會比較好解釋其參數估計值的結果涵義（Biesanz, Deeb-Sossa, Papadakis, Bollen, & Curran, 2004; Hancock & Lawrence, 2006; Mehta & West, 2000; Rogosa & Willett, 1985; Stoel, 2003; Stoel & van den Wittenboer, 2003; Stoolmiller, 1995; Willett, Singer, & Martin, 1998）。

　　重點是，無論怎麼轉換時間點的編碼方式，時間量尺（time scale）的零點（zero point）的選定，都必須選定在一個有意義的測量時間點

上，因為這個時間點的選定，會影響到我們對平均截距項、截距項變異數，和截距項／斜率項共變數參數估計值解釋的時間起始位置（Rogosa & Willett, 1985）。Stoel（2003）和 Stoel 與 van den Wittenboer（2003）即認為，選定一個以自然起點（natural origin）為開始的成長過程，我們解釋起截距項參數的涵義時才會有意義；如果測量時間點的起點是隨機選取的話，則應該要避免任何涉及到截距項有關聯的參數值的解釋。同樣地，時間量尺的測量單位的選定，也要以能夠獲得最大化解釋力作為基本考量（Biesanz, Deeb-Sossa, Papadakis, Bollen, & Curran, 2004），在某些情況下，這也許會包括在同一種模型裡同時選擇使用兩個時間測量單位（如：年齡和波段）（McArdle & Anderson, 1990）。

最後，測量時間點的時間間隔也可以是不等距的。例如，假設某個長期縱貫性資料是從 2001 年開始蒐集資料的，接著是 2003 年、再來是 2007 年，最後到 2008 年結束，此時的測量時間間隔即為 2、4、1，因此，公式 3-7 的編碼可以表示成如公式 3-13 所示：

$$\Lambda_y = \begin{bmatrix} 1 & 0 \\ 1 & 2 \\ 1 & 6 \\ 1 & 7 \end{bmatrix} \qquad \text{（公式 3-13）}$$

也就是說，公式 3-13 中的因素負荷量矩陣仍然顯現出直線改變的特色，其中的斜率項因素負荷量之間的間隔，其實只是反映出測量時間點之間的時間間隔而已，也還算是一種直線轉換關係。當然，它設定 2001 年作為基準線，是為起始年，因此，編碼為 0，而隨後的測量時間點則是經過二年、六年和七年之後的事，因此，編碼為 2、6 和 7 不等。若遇到非直線的模型（nonlinear models）時〔如第 4 章第十三節的多項式潛在曲線模型（polynomial latent curve models）〕，則往往因

為改變快速發生的緣故，而需要縮短測量時間點之間的時間間隔，而在研究期間內至少蒐集到五波以上的重複測量資料，這也會方便精確地估計改變的參數值大小，並且也可以避開波數不足所造成的估計問題。

　　總之，絕對沒有一套標準可以適用到全部。關於重複測量的波數要幾波才夠、兩波之間的時間間隔要多久、測量時間的單位為何，以及測量時間原點的選置等提問，都可能會因為不同的研究問題而有所不同，無法以一套放諸四海皆準的答案來回答。對此議題感興趣的讀者，可以繼續深入閱讀 Biesanz、Deeb-Sossa、Papadakis、Bollen 與 Curran（2004）、Curran 與 Willoughby（2003）、Hancock 與 Choi（2006）、Schaie（1986）以及 Stoolmiller（1995）等人的論文。

二、關於非同時間點測量的問題

　　針對 Λ_y 矩陣中因素負荷量的概念，基本上，我們無法以所熟悉的 SEM 方法學中固定參數的概念來做推理或詮釋。不論時間點是如何被編碼的，Λ_y 矩陣的內容所代表的涵義，即是「時間的函數」（functions of time）。舉例來說，斜率項因素負荷量的數值大小，即表示以時間來預測各種模型背景的效果量大小。有許多 LGM 的應用，都過度簡化一個假設，即是將每個個體資料的蒐集都視為是在同一個時間點上進行測量的（Mehta & West, 2000）。這樣測得的資料，即是所謂的「時間結構化資料」（time-structured data）（Bock, 1979）。但事實上，可以不必如此。因為在相同時間點上蒐集到所有受試者的資料，只會產生一個共同的 Λ_y 矩陣，而在大多數應用情境裡，卻不是如此。在不一樣時間點測到個別的資料裡，或在相同時間點測量到不同年齡層受試者的資料裡，之前所述的陽春型 LGM 並無法完全適用。就如底下即將談論到的，當個別資料是在不同時間點測量到的情境裡，有兩種用來估計成長模型的主要策略，均可允許在因素負荷量中有個別差異存

在。

首先，當所有人的資料並非在同一時間進行測量得到時，我們必須考慮使用其他的測量替代方案（Allison, 1987; T. E. Duncan, Duncan, Strycker, Li, & Alpert, 1999; McArdle & Bell, 2000; McArdle & Hamagami, 1991; B. O. Muthén, Kaplan, & Hollis, 1987）。例如：我們可以考慮使用多群組分析（multiple-groups analysis）策略來取代，而讓每個群組裡均有各自的 Λ_y 矩陣，只是將所有群組資料均放在一起同時進行估計其參數而已。在實際的做法上，我們可以將同一測量時間點所蒐集到的個人資料放在同一族群裡，分組存放，然後再使用同一套模型來適配所有的群族資料。如此一來，凡只在時間點一、三、五和六進行測量的所有個人資料，均可放在群組 1 來估計；而只在時間點一、二、四和五進行測量的所有個人資料，則可放在群組 2 來估計。最後，再將這兩個群組資料，放在同一個模型架構下，一起進行模型適配度分析和求解其各別矩陣裡的參數。

其次，當不同測量時間點太多，而無法讓多群族分析也獲得滿意的解答時，還有另一種更普遍化的多群組分析策略可以使用，但是，它必須使用到只有 Mx 和 Mplus 程式才具有的特殊功能（Hamagami, 1997; Neale, Boker, Xie, & Maes, 2003）。這兩種程式的特別之處，即是它們可以針對每一個別的斜率項因素負荷量，新增一個稱作「定義變項」（definition variables）或「個別資料向量」（individual data vector）的功能，即一種內含每一個別固定數值的特殊參數向量設定方式，來分別求解估計每一群組的參數。一個典型的特殊範例，即是包含年齡因素在內的某個長期縱貫性研究，該研究又稱作「跨個人間的年齡量化研究」（scaling age across individuals）（Mehta & West, 2000）。由於 Mx 和 Mplus 程式不是本書所擬討論的對象，因此，筆者建議對此感興趣的讀者，可以直接閱讀與該程式使用有關的相關文獻。

三、關於假設的問題

一般來說，LGM 多半都是使用最大概似值估計法（maximum likelihood estimation, MLE）來估計參數的。這種估計法的背後，會隱含有幾個基本假設（assumptions），多半都與潛在變項（如：截距項、斜率項和干擾項）的統計分配有關，這些假設必須先被滿足，才能確保後續的參數估計沒有問題。

MLE 估計方法的最基本假設，即是多變量常態分配（multivariate normal distribution），亦即，在本章第三節所述的公式 3-2 到公式 3-4 中，我們必須假設它們的殘差項和干擾項的平均數為 0，各波段中同一受試者的重複測量之間的誤差項的平均數也為 0，且不論是各波段內或波段間的所有殘差項間的共變數也為 0，且公式 3-2 的殘差間和隨機截距項和斜率項間之所有共變數也為 0。換句話說，當我們使用 MLE 估計法時，我們必須先假設所蒐集的資料是來自符合多變量常態分配的母群體，因此，上述這些假設都必須先成立才行〔參見 Bollen 與 Curran（2006）對此常態分配的假設，有更詳細的說明〕。

此外，Byrne 與 Crombie（2003）亦提出另外三項額外的假設，亦即是認為成長軌跡必須是直線的（linear）、干擾項（即測量誤差項）之間必須跨測量時間點而呈現無相關存在，以及干擾項的變異數必須跨測量時間點而保持相等一致。事實上，它們並不是 LGM 或 MLE 估計法的假設，他們兩人所持的直線性假設（assumption of linearity），指的是針對成長軌跡的直線性而言，而不是針對因素負荷量的直線性。從技術層次來說，這也不算是一種假設，而是整個研究下待解的核心假說（central hypothesis）。有兩種方法可以檢定這種直線性的假說，即是去比較某個直線成長模型與絕對適配下基準線模型之間，或者去比較某個直線成長模型與相對於未指定軌跡模型（unspecified trajectory model）（參見本書第 4 章第七節所述）之間的適配度差異，即可得知直線性的假說是否成立。至於，他們兩人所持的另兩個假設〔即獨立

性（independence）和干擾項的變異數同質性（homoscedasticity）〕，其實，也只是 LGM 模型敘列中常見的設定問題而已，並非什麼特別必要的假設。事實上，隨著資料型態、研究問題需求和使用模型的不同，能夠放寬估計各種不同的測量時間點特定的干擾項變異數，往往被視為是 LGM 的一種優勢，尤其是在使用 LGM 搭配自我迴歸分析（auto-regressive analysis）策略時，更是需要放寬這種假設（Curran & Bollen, 2001; McArdle, 2001）。

四、關於參數估計與缺失值資料如何處理的問題

傳統上，SEM 方法學都使用 MLE 估計法去估計參數，因此，會假設研究者所蒐集到的資料，都符合多變量常態分配的基本假設，並且，也要求所提供分析的資料必須是完整的、連續性變項資料。如果所蒐集的資料不是呈現如此的結構，一般研究者都會使用整列刪除法（listwise deletion）或內插法（imputation methods），去刪除或補滿某筆有缺失值（missing value）的資料。所以，我們輸入電腦程式分析的樣本變異數／共變數矩陣（即 $\mathbf{S}$ 矩陣）和樣本平均數向量（即 $\bar{\mathbf{y}}$），一定都是符合 $p \times p$ 階數且滿秩（full rank）結構的資料矩陣，其中的 p 是指 p 次重複測量的變項。我們即是使用這兩個樣本資料矩陣（即 $\mathbf{S}$ 和 $\bar{\mathbf{y}}$），去逼近模型參數所表徵的母群體共變數（即 $\mathbf{\Sigma}$）和平均數向量（即 $\mathbf{\mu}$）（如公式 3-5 和公式 3-6 所示）。

在使用 MLE 估計法下，參數估計的任務，即是去求解下列對數近似值函數（log likelihood function）的最大值解，即是我們所要的參數解：

$$\ln L = -\frac{1}{2}\sum_{i=1}^{N}\{p\ln 2\pi + \ln|\mathbf{\Sigma}| + (\mathbf{y}_i - \mathbf{\mu})'\mathbf{\Sigma}^{-1}(\mathbf{y}_i - \mathbf{\mu})\} \qquad （公式 3-14）$$

Jöreskog（1967）在其擴張上述公式以求解參數的演算過程中，已經顯

示當下列的差異函數（discrepancy function）達到最小值時，$\ln L$ 即可以達到最大：

$$F_{ML} = \ln|\mathbf{\Sigma}| - \ln|\mathbf{S}| + tr[(\mathbf{S} - \mathbf{\Sigma})\mathbf{\Sigma}^{-1}] + (\overline{\mathbf{y}} - \mathbf{\mu})'\mathbf{\Sigma}^{-1}(\overline{\mathbf{y}} - \mathbf{\mu}) \quad （公式 3-15）$$

因此，在給定的 $\mathbf{S}$ 矩陣和 $\overline{\mathbf{y}}$ 向量之下，MLE 估計法即是去求解一組參數向量值，使得模型所隱含之 $\mathbf{\Sigma}$ 和 $\mathbf{\mu}$，能夠逼近 $\mathbf{S}$ 和 $\overline{\mathbf{y}}$，並且使得差異函數 F_{ML} 值愈小愈好；所以，凡是能夠滿足此條件的解，即是我們所要的解答（筆者附註：當 $\mathbf{\Sigma} = \mathbf{S}$，且 $\mathbf{\mu} = \overline{\mathbf{y}}$ 時，即表示模型能夠完全複製出原始資料矩陣來，此時，$F_{ML} = 0$ 即為最小值；但在一般的實際估計情況下，我們只能要求 F_{ML} 值愈小愈好而已，通常 $F_{ML} \geq 0$）。

　　理論上，當我們想要獲得一個愈小的 F_{ML} 值，這個差異函數其實是假設我們所使用的資料是完整的樣本資料，以至能夠提供樣本的 $\mathbf{S}$ 矩陣和 $\overline{\mathbf{y}}$ 向量，供作估計參數之用。但是，在實作上，社會科學的研究常碰到有缺失值資料（missing data）的情況出現，不論該缺失值是出現在個人的局部資料沒有蒐集到（如：空白未填答），或出現在某個時間點測量上剛好沒有蒐集到某些人的資料（如：某些人在該場次測量時剛好缺席），都會讓研究者所蒐集到的資料矩陣有所殘缺，嚴重的話，甚至造成資料矩陣內有線性相依（linear dependence）的現象，而致無法求取參數估計值來。幸好，我們可以改用上述的多群組分析策略，來解決此缺失值資料的窘境，而讓 MLE 估計法仍然可以使用下去（T. E. Duncan & Duncan, 1995; Marini, Olsen, & Rubin, 1979; McArdle & Hamagami, 1992; B. O. Muthén, Kaplan, & Hollis, 1987）。例如，當某些人只在測量時間點一、二、三和五波段上測量資料，而有的只在測量時間點一、三、四和五波段上有測量資料，則我們可用多群組分析技術來解決此問題，將各組資料矩陣放在一起求解，以解出 F_{ML} 的最小值解，完成我們所需的估計各組參數的問題。

　　但是，當遇到非同時間點測量的組數太多時，即使使用上述建議

的多群組分析技術，也無法完全克服這項因為缺失值資料太多導致參數估計無法精確的難題。尤其是在長期縱貫性資料分析裡，研究者的資料一定會出現完全隨機缺失（missing completely at random, MCAR）或只是隨機缺失（missing at random, MAR）的情形。此時，最好是改用完全訊息最大概似（full information maximum likelihood, FIML）估計法，來獲得比 MLE 更有效率且較少偏誤的估計值。所謂的 FIML 估計法，即是在求解下列對數函數的最大值而已：

$$\ln L = -\frac{1}{2}\sum_{i=1}^{N}\{p_i\ln 2\pi + \ln|\mathbf{\Sigma}_i| + (\mathbf{y}_i - \mathbf{\mu}_i)'\mathbf{\Sigma}_i^{-1}(\mathbf{y}_i - \mathbf{\mu}_i)\} \qquad (公式 3-16)$$

其中，$\mathbf{y}_i$ 是個人 i 所測得的資料向量部分，$\mathbf{\mu}_i$ 和 $\mathbf{\Sigma}_i$ 是個人 i 測得的模型平均數向量和共變數矩陣（但其中的行與列元素值都是分別對應到個人 i 的資料）（Arbuckle, 1996; Wothke, 2000）。當研究者的資料真的出現完全隨機缺失（MCAR）或只是隨機缺失（MAR）時，使用 FIML 估計法會比運用內插法或整列刪除法來處理缺失值資料的 MLE 估計法，來得更有效率且較少偏誤，且能產出一個不偏估計值（unbiased estimates）（Allison, 2002; Neale, 2000; Rubin, 1976）。當與配對刪除法（pairwise deletion）與整列刪除法以及內插法比較起來，FIML 估計法顯示出具有較低的收斂失敗、較高的估計效能、較低的偏誤，和較精確的模型拒絕率等特色（Enders & Bandalos, 2001）。這兩種估計方法的特色是相似的，事實上，當資料沒有缺失值時，它們是等值的（equivalent）。對於 FIML 演算法和其他方法之間的比較感興趣的讀者，可以進一步參考 Enders（2001）之論文的詳細說明。

　　在 SEM 方法學中，用來估計參數的方法，除了最常使用的 MLE 估計法外，還有概化最小平方法（generalized least squares, GLS）、加權的最小平方法（weighted least squares, WLS）、E-M 演算法（E-M algorithm），和不受常態分配假設限制法（asymptotically distribution free, ADF）等方法可以使用，但是它們都需要輸入完整的資料矩陣才行，

亦即，它們必須使用配對刪除法或整列刪除法和各種內插法，把缺失值資料刪除或填補。但是，問題是這些刪除法（配對或整列）都會造成局部訊息的喪失，甚至，配對刪除法還會威脅到共變數矩陣缺乏正定值（positive definite）而無法進行參數估計。若是真的遇到有缺失值資料時，這些方法還是無法有效地派上用場，這時，若改用 FIML 估計法，至少會比它們更具優勢，因為：(1)它使用現有的資料訊息來估計參數；(2)它不需要大樣本資料；(3)它只需要求出參數估計值的漸近共變數矩陣（asymptotic covariance matrix）的倒數，即可獲得參數標準誤（standard errors）的估計值。幸好，在當今的 SEM 軟體程式（包括 AMOS、Mplus、Mx、EQS 和 LISREL 等）中，都已經將 FIML 估計法納入當成基本的配備方法，使用者只要適當挑選，即能運用此 FIML 估計法。例如，當我們使用原始資料（raw data）當作輸入時，LISREL 程式即會自動執行該估計方法。當然，使用 FIML 估計法也會有個缺點，那就是當資料有缺失時，整列的 MLE 適配度指標（fit indices）即不會提供給使用者參考，這是唯一的主要缺點。關於缺失值資料議題的深入討論，讀者可以參考 Allison（1987, 2002）的論文。

五、關於模型檢定與選擇的問題

在當代的實徵科學研究裡，界定和檢定所提出的模型是否如理論所預測者，是一件很基本的任務。因此，在發展一套模型來適配觀察資料的研究中，所界定的模型要能精確地反映出預測或者重要的成長理論所隱含的涵義，是一件相當重要且基本的事（Collins, 2006; Curran, 2000; Curran & Hussong, 2003; Curran & Willoughby, 2003）。

在某個既定理論的可行模型裡，我們只要評估模型參數（包括截距項和斜率項的平均數以及改變面向之間的變異數和共變數）的統計顯著性和實質顯著性，即可檢定出LGM的假設是否成立。例如，我們也可以透過信賴區間的檢定方法，把某個參數估計值除以其標準誤，

如果這項比值超過 2.00（大樣本情況下的精確數值為 1.96）的話，那麼，我們即可說該參數估計值已達 $\alpha = 0.05$ 的統計顯著水準。這是一項比較非正式的統計顯著性的檢定方法。至於，實質顯著性的檢定方式，則需要考慮到研究背景的各種條件和因素而定。

在 SEM 方法學中，整個模型是否適配的問題，應該先被評估出來。事實上，整體適配度指標指出模型具有良好的適配時，它才是我們進一步去解釋參數估計值意義的先決條件。在多變量常態分配和完美適配的虛無假設下，$\widehat{F}_{ML} \times (N - 1)$ 會呈現自由度為 $df = [p(p + 3)/2] - q^*$ 的卡方分配（χ^2 distribution），其中，p 為變項數目，且 q^* 為模型自由參數的有效個數。這項卡方分配值，便是我們用來計算各種適配度指標的基礎，足供我們檢定模型的預測和觀察資料之間是否吻合的問題。在各種適配度指標中，首推「均方根近似誤」（root mean square error of approximation, RMSEA）這項適配度指標最為好用（Browne & Cudeck, 1993），它也被收錄在當今各種 SEM 的軟體程式中：

$$RMSEA = \sqrt{\frac{\max\left\{\left(\widehat{F}_{ML} - \dfrac{df}{N - 1}\right), 0\right\}}{df}} \qquad （公式 3\text{-}17）$$

公式 3-17 根號中的分子項，是模型不適配（model misfit）的估計值（即母群中的差異）；因此，整個根號的涵義即是反映出每個自由度的母群模型誤差估計值，所以，我們期望它的數值愈小愈好。RMSEA 指標會比較受到青睞的原因，是因為它是反映出母群不適配的估計值，而不光只是樣本的不適配測量值而已。更重要的，我們也可以建立 RMSEA 指標的信賴區間（confidence intervals），以一個區段的數值，而不是一個點的數值，來更精確地檢定模型是否真的適配。

由於以卡方分配值為基礎的所有適配度指標，都會有遭遇接近特異值矩陣（near-singular matrices）（Browne, MacCallum, Kim, Andersen,

& Glaser, 2002）、違反分配假設（violations of distributional assump-tions）（Curran, West, & Finch, 1996），和受限於大樣本 N（large N）（Tucker & Lewis, 1973）等難題，因此，我們通常都會被建議去同時檢定 **S** 和 $\hat{\Sigma}$ 元素之間的殘差值。而基於殘差值分析所建立起來的適配度指標「標準化均方根殘差」（standardized root mean square residual, SRMR），即是用來表示殘差值大小的一項摘要數值。SRMR 是觀察到的相關係數矩陣與模型隱含的相關係數矩陣之間的平均的平方絕對差異值（average squared absolute difference）的開根號，因此，它也與 RMSEA 一樣，我們也是期望它的數值愈小愈好。雖然，在大多數的 SEM 軟體程式中，RMSEA 和 SRMR 都是輸出的預設值，但是，SRMR 只用來評估共變數結構（covariance structure）的適配度而已，它對平均數結構（mean structure）的不適配情形並不敏感。關於這一點特性，讀者也應該要知道。

另一類適配度指標，是指適當界定的虛無模型（null model）獲得適配後，該界定模型所反映出增值適配度（incremental fit）的指標。這類指標的一個典型代表，即是如下所示的「非正規化適配指標」（nonnormed fit index, NNFI）（Bentler & Bonett, 1980; Tucker & Lewis, 1973）：

$$NNFI = \min\left\{\left(\frac{\dfrac{\chi_0^2}{df_0} - \dfrac{\chi_k^2}{df_k}}{\dfrac{\chi_0^2}{df_0} - 1}\right), 1\right\} \qquad （公式 3-18）$$

其中，χ_0^2 和 df_0 是根據虛無模型計算而得的卡方值和自由度，而 χ_k^2 和 df_k 是根據研究所感興趣模型計算而得的卡方值和自由度。根據研究顯示，NNFI 指標被證實在違反資料分配假設的情況下，具有相對較高的強韌性（robustness）（Lei & Lomax, 2005）。所以，在針對各種 LGM 的介紹與實徵例子的檢定說明裡，本書大多會陳報 χ^2、RMSEA、NNFI

與 SRMR 等指標，以作為判讀各種模型是否適配的參考標準。

　　除了單獨評估模型檢定的問題外，模型選擇（model selection）的方法，也可以被用來作為檢定寄宿模型（nested model）或非寄宿模型（nonnested model）兩者間的相對適配程度之用。當有某個模型（假設為 A 模型）的估計參數，是另外一個模型（假設為 B 模型）的估計參數的子集合時，我們即可說 A 模型寄宿在 B 模型裡；換句話說，如果我們針對 B 模型的某些參數加以設限（set constraints）後，即可產生 A 模型的話，即可說是 A 模型寄宿在（nested within）B 模型裡。當研究者的資料有出現局部缺失時，某些適配度指標（如：GFI、SRMR 等）即無法被計算出來（Enders, 2001），因此，在模型間沒有差異的虛無假設之下，我們可以利用完整資料間的卡方差異值（$\Delta\chi^2$）或不完整資料間的 $-2\ln L$ 差異值，作為模型選擇的判讀依據，該差異值本身即呈現出卡方次數分配，且其自由度為兩個模型估計參數個數間之差值。若是針對沒有寄宿關係的模型而言，我們則可以使用訊息量為基礎的模型選擇效標〔如：AIC 指標（Akaike information criterion）和 BIC 指標（Bayesian information criterion）〕，以作為模型選擇的判讀標準。

六、關於統計考驗力的問題

　　與推論統計指標是諸多統計應用時所關注的焦點一樣，對 LGM 的應用而言，統計考驗力（statistical power）絕對是其中一項重要的議題。統計考驗力係指正確拒絕一個錯誤的虛無假設的機率值。在 LGM 的應用背景中，虛無假設即是研究者所關注的潛在成長模型，所以，統計考驗力即為該模型將會被拒絕的機率值，如果它在母群中是不正確的話。然而，LGM 在母群中，不會永遠是絕對正確的，因此，一個較高的統計考驗力將可確保被拒絕的模型是良好適配的，但不是完美適配的。當然，拒絕一個適配的模型，並不是實務上所希望的結果，但卻是我們使用模型適配度的近似值比檢定（likelihood ratio test）法的

先天限制。在實務應用上，除了這項模型適配度的近似值比檢定法外，我們還可以應用諸如前一節所述的各種適配度指標，來作為檢定模型假設的參考方法。

MacCallum、Browne 與 Sugawara（1996）提出一種計算統計考驗力（給定樣本大小）或所需最小樣本數（給定期望的統計考驗力大小）的方法，這種方法包含使用到 RMSEA 的適配度指標。研究者通常會根據 RMSEA 數值的大小，判別是良好適配（good fit）（即 ε_0）或不良適配（poor fit）（即 ε_A），以選擇虛無或對立假設哪一者是成立的。例如，進行精確適配（exact fit）的檢定，即包括做決定選擇 $\varepsilon_0 = 0.00$（精確適配）或 $\varepsilon_A = 0.08$（中度適配）的其中一者；而進行一個接近適配（close fit）的檢定做法，則可能包括做選擇 $\varepsilon_0 = 0.05$（接近適配）或 $\varepsilon_A = 0.10$（無法接受的適配度）的決定。他們在論文中亦提供 SAS 程式的程式編碼，以供使用者在既定的統計考驗力水準、模型自由度，和一組以 RMSEA 數值來定義虛無與對立假設是否適配的條件下，計算出要拒絕一個不適配模型時所需要的最低樣本數。反之，在既定的樣本數大小和模型自由度下，他們所提供的程式編碼，也可以協助計算出檢定一組虛無與對立假設的統計考驗力水準為何。

除了應用統計考驗力去拒絕一個不良適配的模型外，我們也有必要瞭解統計考驗力在檢定非零參數估計值的做法。這種統計考驗力如何在 LGM 背景下來應用，仍是有待開發研究之必要議題。Hertzog、Lindenberger、Ghisletta 與 von Oertzen（2006）即發現，在應用平行處理潛在成長模型（參見第 4 章第十節的說明）時，欲檢定斜率項共變數的統計考驗力大小，即需視效果量大小（effect size）、重複測量的次數、成長曲線的信度值，和樣本大小等因素而定。

LGM 的基礎應用

在當前適用於縱貫性資料分析的方法中，LGM 的應用算是當紅炸子雞。而 LGM 所適用的資料屬性，非貫時性研究（panel study）、介入效果研究（intervention study）及重複測量（repeated measures）的實驗設計研究莫屬。這些資料都有個共同特徵，那就是：針對同一批受試者（假設有 N 個人）的某些（假設有 P 個）屬性變項（如：智力、人格特質、家庭背景、學業成就、外顯行為，或人口變項），每隔一段時間（如：每一小時、每天、每週、每月、每年、每二年或每四年為一週期），即進行測量、蒐集該批資料一次〔稱作「一次波段的測量」（one-wave measurement）〕，如此重複進行預計的 m 次波段的測量，直到研究期程結束為止；換句話說，以如此方式蒐集而得的樣本資料結構，即為一個 $(N \times P) \times m$ 階的矩陣、或一個 $N \times (P \times m)$ 階的矩陣、或 m 個 $N \times P$ 階的矩陣，全看研究者未來的資料分析需求，以決定採用其中的某一種資料結構作為分析的依據。

第一節　範例資料的準備

由於長期縱貫性資料的建置不易，國內可供公開下載使用的資料庫並不多。本書為了教學示範起見，茲以中央研究院、教育部、國家教育研究院（2004-2007）和國科會（2000-2008）所共同資助，並由中央研究院、

社會學研究所和歐美研究所共同負責規畫與執行的一項全國性長期調查資料庫——「臺灣教育長期追蹤資料庫」（Taiwan Education Panel Survey, TEPS），作為本書示範分析的資料來源。讀者若欲使用該資料庫，只要向中央研究院調查研究專題中心「學術調查研究資料庫」（http://srda.sinica.edu.tw）提出申請，即可公開下載使用。

TEPS資料庫，係自2001年開始到2007年為止，每隔兩年即針對第一波（2001）抽樣學生進行一次調查，前後總共針對同一批樣本學生進行四波調查〔受試樣本分別在其就讀七年級（國一）、九年級（國三）、十一年級（高二）及十二年級（高三）時接受測量〕（張苙雲，2008）。每次調查，除了要求被抽樣的受試學生填寫問卷外，還會同時要求受試學生接受「綜合分析能力」等測驗。在「綜合分析能力測驗」中，「一般分析能力」分項測驗比較接近於智力測驗；而「數學、語文與自然科學」分項測驗則比較屬於學科成就測驗；因此，「綜合分析能力測驗」即包括智力測驗與成就測驗兩種範疇的測驗內容。

當初，中央研究院的負責團隊設計如此的測驗，其目的即是考量：(1)測驗的目的在瞭解學生一般的學習能力，因此，應該避免死背記憶的題目，而是要強調學生思考活用知識的能力；(2)測驗題項應該盡量跳脫課程的限制（也就是 curriculum free），避免涉及過於專門的領域，盡可能使所有題項的內容，都是各種學校的學生有接觸過的；(3)測驗題項必須多元化，亦即，包含語文、自然科學與數學，以及類似一般智力測驗的題型，以瞭解學生在各種領域下思考及解決問題的綜合分析能力（楊孟麗、譚康榮、黃敏雄，2003）。因此，如此的測驗橫跨四波段的測量結果（亦即重複測量四次），我們方能根據受試學生從國一到高三階段的測驗分數變化，看出其「綜合分析能力」（內含智力與學習成就兩部分）的成長與變化結果。

本書第一篇所舉的範例資料來源，均以 TEPS 資料庫為代表。筆者選取全體樣本 2,939 名受試學生從第一至第四波綜合分析能力測驗分數（資料庫中的題目代碼：w1all3p、w2all3p、w3all3p、w4all3p），

作為「學習能力」（learning capability）的測量指標（本章範例從 TEPS
資料庫擷取的 SPSS 資料檔，呈現在本書所附的光碟裡）。表 4-1 所
示，即為此批受試學生的四波測驗分數之共變數矩陣、平均數與標準
差。圖 4-1 所示，即為這四波綜合分析能力測驗成績的分佈圖。在本
章裡，即以表 4-1 作為起點，逐一詳細說明 LGM 的各種基礎性實徵應
用過程，並以該表的資料作為後續討論分析時的實際輸入資料。本書
所舉的範例資料原始檔、相關係數矩陣、共變數矩陣、SIMPLIS 程式
語法檔、參數估計結果檔及路徑關係圖檔等，均呈現在隨書所附的光
碟裡，供讀者參考使用。

表 4-1　四波測驗分數之共變數矩陣、平均數與標準差（全體樣本，N = 2,939）

觀察變項	y_1	y_2	y_3	y_4	平均數	標準差
第一波綜合分析能力（y_1）	0.747				0.4451	0.8642
第二波綜合分析能力（y_2）	0.748	1.208			1.2943	1.0993
第三波綜合分析能力（y_3）	0.783	1.077	1.461		1.9546	1.2086
第四波綜合分析能力（y_4）	0.842	1.173	1.355	1.916	1.9850	1.3842

註：1. y_1 至 y_4 分別為各波綜合分析能力測驗結果，再運用試題反應理論（item response
theory, IRT）的三參數對數型模型（three parameter logistic model, 3PLM）所估計
出來的受試者能力估計值（即 IRTθ 能力值）。表中，「平均數」欄即為各波受
試樣本的 IRTθ 能力值的平均值，「標準差」欄即為各波受試樣本 IRTθ 能力值的
標準差；而共變數矩陣中的每個元素值均達 $\alpha = 0.01$ 的統計顯著水準。
2. 本共變數矩陣的計算，係採整列刪除法（listwise deletion），刪去缺失值者後所
計算而得，故表中計算各變項的有效人數未必等於總人數（N = 2,939）。

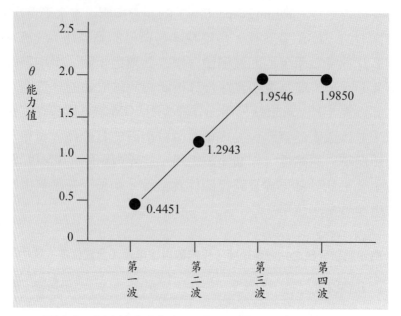

圖 4-1　各波綜合分析能力測驗成績的標準分數分佈圖

第二節　零基模型

　　我們可以針對表 4-1 所示的資料，開始進行 LGM 的設定、參數估計及模型檢定等工作。但是，筆者要重申一個資料探索性分析的基本概念，那就是：一筆資料可能同時適配多種模型，也就是說，我們可以運用多種模型來試探同一筆資料，以檢定、比較或挑選其中最能詮釋資料分析結果的一種或數種模型，達成模型與資料適配度（model-data fit）的檢定目的，並作為詮釋資料分析結果的依據。茲針對表 4-1 的資料為例，逐一探討可能適配於它的各種 LGM 應用模型於後。

　　針對一項長期縱貫性資料的分析工作，首先，即是提出一個最陽

春、最基礎的模型，稱作「零基模型」（null model）。它的目的通常是為了作為各種假設模型之間的比較基礎之用。在典型的 SEM 方法學應用中，零基模型通常是假設測量變項之間沒有可資用來預測的關係存在，此時，只有變異數參數（variance parameters）需要被估計，並且也沒有假設有潛在變項的存在。然而，在 LGM 方法學中，零基模型卻被假設為跨時間而沒有發生改變（no change over time）的情況，且在平均數層級（mean level）上也沒有產生整體變異的一種基本模型（Widaman & Thompson, 2003）。此時，只有平均數層級〔即截距項（intercept），α_1〕和一個共同的測量誤差變異數（即 θ_ε）需要被估計。茲以表 4-1 的資料為例，逐一說明如下：

$$\Lambda_y = \begin{bmatrix} 1 \\ 1 \\ 1 \\ 1 \end{bmatrix} \qquad （公式 4-1）$$

$$\Psi = [0] \qquad （公式 4-2）$$

$$\alpha = [\alpha_1] \qquad （公式 4-3）$$

$$\Theta_\varepsilon = \begin{bmatrix} \theta_\varepsilon & & & \\ 0 & \theta_\varepsilon & & \\ 0 & 0 & \theta_\varepsilon & \\ 0 & 0 & 0 & \theta_\varepsilon \end{bmatrix} \qquad （公式 4-4）$$

其中，Λ_y 是一個 4×1 的向量，每個元素值代表我們在截距項因素中，四波測量到的固定因素負荷量數值。在本模型中，因為我們假設跨時間都沒有發生改變，所以，斜率項因素（slope factor）也就可以不予考慮而被省略掉。因此，Ψ 是一個 1×1 的矩陣，代表截距項變異數，在

本模型中不被估計，並且被固定為 0。而 $\boldsymbol{\Theta}_\varepsilon$ 是一個 4×4 的對角線矩陣，並且將所有的元素值都限制為相等，此舉係因為變異數同質性假設（assumption of homoscedasticity）的緣故；也就是說，為了方便估計與討論起見，若無特別強調的話，本書會將各波的測量誤差變異數都假設為相等。但在實際的做法上，研究者得依據理論假設的不同，開放假設它們彼此都不相等，每一波的測量誤差變異數都需要被估計，並且允許其數值都不相等。最後，$\boldsymbol{\alpha}$ 是一個 1×1 的矩陣，代表截距項的母群體平均數估計值（即 α_1）。

如果零基模型已經被確定不適配所使用的分析資料（常常會如此，因為 χ^2 值很容易因為大樣本而達顯著水準）時，通常即表示有一個截距項變異數會被估計，並且有一個線性的斜率項是存在的，它應該被考慮進來作為「跨時間改變」（change over time）的因素代表；此時，根據事前理論依據所假設的預測變項，便可加進來作為針對截距項和斜率項做預測。

本章後續各節所述，即是以這個簡化版的兩個參數估計模型為零基模型，作為與後述各種假設模型比較的基礎，以及作為計算NNFI值的基準。

第三節　隨機截距模型

接著，便是提出另一種改良的模型，稱作「隨機截距模型」（random intercept model, RIM）。它是 LGM 中最簡單的一種，這個模型的特色，即是假設僅有截距項存在的一種模型。在LGM中，隨機截距模型相當於單因子的驗證性因素分析（CFA）模型加上一個平均數結構（mean structure）（即 α_1），且設定所有的因素負荷量數值固定為 1.0，並且假設所有的測量誤差變異數（即 θ_ε）的數值皆相等。這個模型的參數估計矩陣，如同公式4-1至公式4-4所示，惟其中的 $\boldsymbol{\Psi} = [\psi_{11}]$，

相當於整體層級上的個別間變異（即截距項變異數）。

　　茲以表 4-1 資料為例，針對本「隨機截距模型」提出一個概念性的路徑關係圖，如圖 4-2 所示，並進行一次 LGM 實徵資料分析（其 SIMPLIS 程式語法 spl 檔、參數估計結果 OUT 檔，及路徑關係圖 PTH 檔等，均請參見本書所附光碟中的 Random Intercept Model 資料夾），其扼要結果如表 4-2 和圖 4-3 所示。

　　由圖 4-3 所示及其參數估計可知，$\chi^2_{(11)} = 9936.15$ 達顯著水準（即 $p < 0.0001$），RMSEA $= 0.554$，NNFI $= 0.48$，SRMR $= 0.25$，均顯示本模型並不適配表 4-1 所示的各波資料，這表示隱含一個線性的斜率項因素的存在是可能的，它也許可以被考慮進來詮釋圖 4-1 所顯現的直線趨勢。

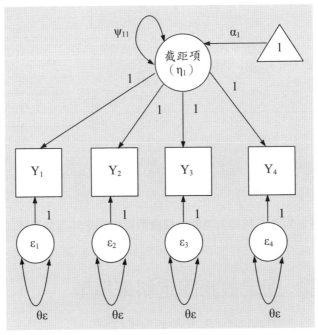

圖 4-2　隨機截距模型的概念性路徑關係圖

表 4-2　隨機截距模型分析的扼要結果

待估計參數	估計值，（估計標準誤），t 值
平均截距項（$\hat{a}_1$）	1.42, (0.02), 74.03
截距變異數（$\hat{\psi}_{11}$）	0.87, (0.03), 30.50
誤差變異數（$\hat{\theta}_\varepsilon$）	0.86, (0.01), 66.39
χ^2	9936.15
df	11
p-value	0.0000
RMSEA	0.554
NNFI	0.48
SRMR	0.25

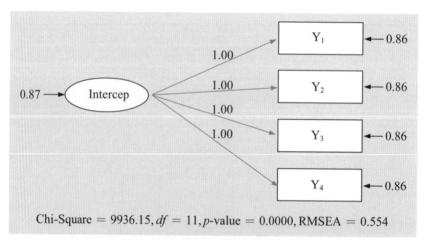

Chi-Square $= 9936.15, df = 11, p$-value $= 0.0000,$ RMSEA $= 0.554$

圖 4-3　四波綜合分析能力測驗的隨機截距模型之路徑關係圖（原始解）

第四節　固定截距固定斜率模型

接上節所述，為了改善隨機截距模型的不適配，我們接著進一步
假設只有單一的平均截距項參數（即 $\hat{a}_1$）和一個線性斜率項參數（即
$\hat{a}_2$）是存在的、是需要被估計的，並且它們被假設為是固定值，不含

改變的其他內在變異成分。這種改良模型即稱作「固定截距固定斜率模型」（fixed intercept, fixed slope model, FIFSM）。

在本模型中，我們對斜率項參數的表示，是指在 Λ_y 中增加一個行向量，並且將它的數值編碼登錄如下：(1)第一波的編碼為 0，代表它是測量的起始點；(2)第二波以後，則可隨時間的演進，依序增加 1，如此編碼下去，以反映出資料是呈現線性成長的關係（參見公式 4-5）。其餘待估計的矩陣參數，如截距項和斜率項因素、它們的變異數和共變數，以及它們的平均數估計值等，則分別如公式 4-6 到公式 4-8 所示。其中，需要特別說明的是，由於截距項和斜率項兩者被假設成固定值，因此，它們的變異數和共變數亦被同步限制為 0，所以，Ψ 矩陣中會包含 0 在內；此外，如同零基模型一樣，為了方便估計、解釋與討論起見，我們亦假設「變異數同質性假設」是成立的，因此，Θ_ε 矩陣中的對角線元素都相同，亦即各波測量誤差變異數（即各 θ_ε）均為等值的。

$$\Lambda_y = \begin{bmatrix} 1 & 0 \\ 1 & 1 \\ 1 & 2 \\ 1 & 3 \end{bmatrix} \qquad （公式 4\text{-}5）$$

$$\Psi = \begin{bmatrix} 0 & \\ 0 & 0 \end{bmatrix} \qquad （公式 4\text{-}6）$$

$$\alpha = \begin{bmatrix} \alpha_1 \\ \alpha_2 \end{bmatrix} \qquad （公式 4\text{-}7）$$

$$\Theta_\varepsilon = \begin{bmatrix} \theta_\varepsilon & & & \\ 0 & \theta_\varepsilon & & \\ 0 & 0 & \theta_\varepsilon & \\ 0 & 0 & 0 & \theta_\varepsilon \end{bmatrix} \qquad （公式 4\text{-}8）$$

　　茲以表 4-1 資料為例，針對本「固定截距固定斜率模型」提出一個概念性的路徑關係圖，如圖 4-4 所示，並進行一次LGM實徵資料分析（其 SIMPLIS 程式語法 spl 檔，及參數估計結果 OUT 檔等，均請參見本書所附光碟中的 Fixed Intercept Fixed Slope Model 資料夾），其扼要結果如表 4-3 所示。

　　由 FIFSM.OUT 的報表結果可知，由於 PSI 矩陣為非正定值（not positive definite），且適配共變數矩陣（Fitted Covariance Matrix）亦為非正定值，因此，導致無法啟動遞迴估計程序，整個程式無法估計出結果而被迫停止。

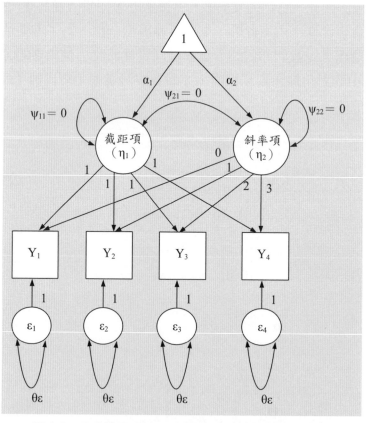

圖 4-4　固定截距固定斜率模型的概念性路徑關係圖

表 4-3　固定截距固定斜率模型分析的扼要結果（依 FIFSM_1.OUT 報表所示）

待估計參數	估計值，（估計標準誤），t 值
平均截距項（$\hat{\alpha}_1$）	0.63, ?, ?
平均斜率項（$\hat{\alpha}_2$）	0.53, ?, ?
誤差變異數（$\hat{\theta}_\varepsilon$）	3.33, ?, ?
χ^2	?
df	?
p-value	?
RMSEA	?
NNFI	?
SRMR	?

　　如果本模型取消使用全 y 模型（all y-models）的設定（雖然 LGM 的方法學都是如此設定），其程式語法可見相同資料夾裡的 FIFSM_1. spl，則執行結果如表 4-3 所示。FIFSM_1.OUT 的結果報表亦顯示，由於 PHI 矩陣為非正定值而無法估計，整個分析過程因而終止。但報表中顯示，本模型中的平均截距項（即 $\hat{\alpha}_1$）和斜率項（即 $\hat{\alpha}_2$）均為正值（但未知其顯著性），表示本模型發現這四波綜合分析能力測驗的起始能力值平均為 0.63，且爾後的成長幅度即是以每波段平均增加 0.53 的能力平均值速度逐波成長，此即隱含著受試樣本在這四波綜合分析能力測驗上的能力值是呈現正向成長趨勢的。此外，本模型假設固定截距項，亦即表示該截距項的變異數（即 $\hat{\psi}_{11}$）為 0，這亦隱含著受試樣本之間的變異數比值為 0，亦即，組內相關（intraclass correlation, ICC）也是等於 0。但這顯然與事實不符；在一般情況下，每個人的能力起始值有差異，是一種合理且正常的現象，而本模型假設他們為固定值不變，因此導致本模型估計不出來，這也表示本模型不適配表 4-1 資料的證據之一。或許，改善之道為：我們把一個隱含 ICC 值不為 0 的隨機截距模型（random intercept model）考慮進來，它也許可以協助

詮釋重複測量之間容易產生的自我相關（autocorrelation）現象。所以，接著我們試圖放鬆對截距項變異數的限制，再試圖一起放鬆對截距項和斜率項變異數的限制。

第五節　隨機截距固定斜率模型

承上一節，接著，我們試圖放鬆對截距項變異數的估計限制，亦即允許各波能力起始值均有變化，且與母群體的平均值相異，也就是，我們不對截距項變異數做任何限制，我們需要估計各波能力值的平均值參數（即 $\hat{\alpha}_1$）和其變異數（即 $\hat{\psi}_{11}$）。這種改良模型即稱作「隨機截距固定斜率模型」（random intercept, fixed slope model, RIFSM）。

我們再以表 4-1 資料為例，針對本「隨機截距固定斜率模型」提出一個概念性的路徑關係圖，如圖 4-5 所示，並進行一次LGM實徵資料分析（其 SIMPLIS 程式語法 spl 檔，及參數估計結果 OUT 檔等，均請參見本書所附光碟中的 Random Intercept Fixed Slope Model 資料夾），參數估計摘要如表 4-4 所示。

由 RIFSM.OUT 的報表結果可知，由於 PSI 矩陣為非正定值（not positive definite），且適配共變數矩陣（Fitted Covariance Matrix）亦為非正定值，因此，導致無法啟動遞迴估計程序，整個程式無法估計出結果而被迫停止。

如果本模型取消使用全 y 模型（all y-models）的設定（雖然 LGM 的方法學都是如此設定），其程式語法可見相同資料夾裡的RIFSM_1.spl，則執行結果如表 4-4 所示。RIFSM_1.OUT的結果報表亦顯示，由於 PHI 矩陣為非正定值而無法估計，整個分析過程因而終止。但報表中顯示，本模型的情況大致與固定截距固定斜率模型相同。本模型中的平均截距項（即 $\hat{\alpha}_1$）和斜率項（即 $\hat{\alpha}_2$）均為正值（但未知其顯著性），表示本模型發現這四波綜合分析能力測驗的起始能力值平均為

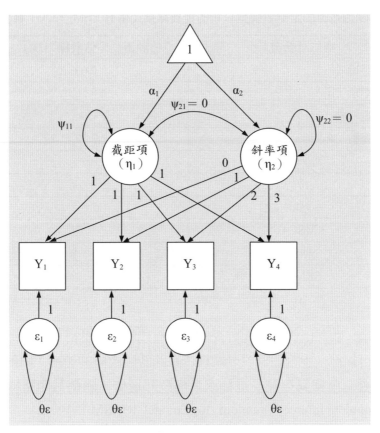

圖 4-5　隨機截距固定斜率模型的概念性路徑關係圖

0.63，且爾後的成長幅度即是以每波段平均增加 0.56 的能力平均值速度逐波成長，此即隱含著受試樣本在這四波綜合分析能力測驗上的能力值是呈現正向成長趨勢的。此外，本模型的截距項變異數（即 $\hat{\psi}_{11}$）為 1.04（但未知其顯著性），顯示個人的能力起始值有差異的假設是存在的，所以本模型理應比前一個模型適配得更好。但由於各波測量的誤差變異數（即 $\hat{\theta}_{\varepsilon}$）仍然可能存在（但未知其顯著性），這意味著本模型仍有許多改善的空間，也就是說，既然我們放鬆對截距項變異數的估計限制，當然也有可能可以放鬆對斜率項變異數的估計限制；

表 4-4　隨機截距固定斜率模型分析的扼要結果（依 RIFSM_1.OUT 報表所示）

待估計參數	估計值，（估計標準誤），t 值
平均截距項（$\hat{a}_1$）	0.63, ?, ?
平均斜率項（$\hat{a}_2$）	0.56, ?, ?
截距項變異數（$\hat{\psi}_{11}$）	1.04, ?, ?
誤差變異數（$\hat{\theta}_\varepsilon$）	2.37, ?, ?
χ^2	?
df	?
p-value	?
RMSEA	?
NNFI	?
SRMR	?

此即表示，我們既然合理允許受試樣本在起始能力估計值上有所變異，當然也可以進一步合理假設受試樣本在跨時間改變的速率（即斜率項）上，也會有所變異存在。這種改良模型即稱作「隨機截距隨機斜率模型」（random intercept, random slope model, RIRSM）。

第六節　隨機截距隨機斜率模型

因此，我們緊接著上一節所述，繼續將斜率項變異數的估計限制取消，放鬆其估計；換句話說，我們允許每一波的測量資料，彼此都具有不同的截距項和斜率項，同時，也會允許截距項和斜率項之間具有某種程度的相關存在，該相關（或共變數）的存在，或許可以被解釋成第一波的起始能力值與之後跨時間改變的成長速率之間，是具有某種程度的關聯性。這種改良模型即稱作「隨機截距隨機斜率模型」（random intercept, random slope model, RIRSM）。

在本模型中，我們允許截距項和斜率項的變異數需要估計，同時，也一起開放估計截距項和斜率項之間的共變數參數；亦即，我們需要估計下列矩陣中的元素：

$$\mathbf{\Psi} = \begin{bmatrix} \psi_{11} & \\ \psi_{21} & \psi_{22} \end{bmatrix} \qquad （公式 4-9）$$

我們再以表 4-1 資料為例，針對本「隨機截距隨機斜率模型」提出一個概念性的路徑關係圖，如圖 4-6 所示，並進行一次LGM實徵資料分析（其 SIMPLIS 程式語法 spl 檔，及參數估計結果 OUT 檔等，均

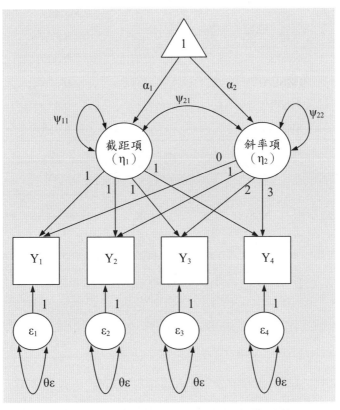

圖 4-6　隨機截距隨機斜率模型的概念性路徑關係圖

請參見本書所附光碟中的 Random Intercept Random Slope Model 資料夾），結果如表 4-5 和圖 4-7 所示。

表 4-5　隨機截距隨機斜率模型分析的扼要結果

待估計參數	估計值，（估計標準誤），t 值
平均截距項（$\hat{\alpha}_1$）	0.63, (0.02), 38.34
平均斜率項（$\hat{\alpha}_2$）	0.53, (0.01), 89.58
截距項變異數（$\hat{\psi}_{11}$）	0.55, (0.02), 26.21
斜率項變異數（$\hat{\psi}_{22}$）	0.03, (0.00), 11.69
截距項／斜率項共變數（$\hat{\psi}_{21}$）	0.12, (0.01), 22.01
誤差變異數（$\hat{\theta}_\varepsilon$）	0.34, (0.01), 54.20
χ^2	2064.43
df	8
p-value	0.0001
RMSEA	0.296
NNFI	0.85
SRMR	0.059

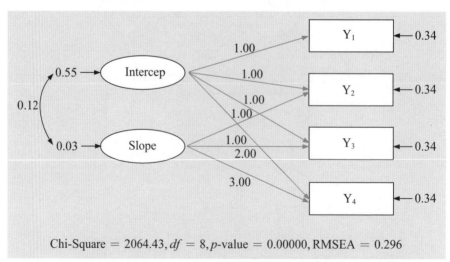

Chi-Square $= 2064.43, df = 8, p$-value $= 0.00000,$ RMSEA $= 0.296$

圖 4-7　四波綜合分析能力測驗的隨機截距隨機斜率模型之路徑關係圖（原始解）

　　雖然與前兩個模型相比起來，本模型的參數估計情形已經改善許多，不僅參數可以被估計出來，且 SIMPLIS 語法也可以呈現出路徑關係圖來，表示程式所示參數估計的語法邏輯無誤。但光是呈現出路徑關係圖，並無法表示本分析結果即是達到合理適配的結果。由圖 4-7 所示及其 RIRSM.OUT 的報表內容可知，本模型的整體適配度指標為：$\chi^2_{(8)}$ = 2064.43 達顯著水準（即 $p < 0.0001$），RMSEA = 0.296，NNFI = 0.85，SRMR = 0.059，均顯示本模型並不太適配表 4-1 所示的各波資料，由於殘差值及測量誤差值仍大，顯示本模型還有很多可以改善的空間。但由平均截距項（即 $\hat{a}_1 = 0.63$）和平均斜率項（即 $\hat{a}_2 = 0.53$）的估計值均呈現正向且達顯著的結果，且截距項／斜率項共變數（即 $\hat{\psi}_{21} = 0.12$）也是正向且顯著的估計結果來看，我們大概可以據以推理出：第一波起始能力值比較高的學生，其後續跨時間改變的成長速率也會比較高。因此，我們需要進一步修正本「隨機截距隨機斜率模型」。

第七節　未指定軌跡模型

　　由於前述殘差值及測量誤差值仍大，因此，我們需要考量將各波的測量誤差放寬估計其參數估計，以允許各波的測量結果都有一個不同數值的測量誤差存在。此外，考量到在圖 4-4 中，我們係限制斜率項（即成長速率）是固定依時間順序而呈同比率遞增（亦即限制其參數編碼為 0、1、2、3，因而程式不會估計該等參數值），但此一限制未必能符合現實資料的實際成長狀況。所以，一個比較有創意的改良方式，即是創造一個待估計的「成長速率因素」（slope factor），並將參數估計策略改變成：將第一波和最後一波的成長速率固定為 0 和 1，而允許中間的兩波成長速率得依時間改變而具有不同幅度的成長速率；也就是說，我們將固定第一波和最後一波的成長速率不估計（即設定

其值為 0 和 1），而放寬估計中間兩波的成長速率（Meredith & Tisak, 1990）。這樣的模型即是承認成長速率是一個長期變動趨勢的因素，無法由研究者事前決定其變化趨勢為何，而是需要開放讓程式去估計它們的存在；因此，此模型被稱作「完整潛在模型」（completely latent model）（Curran & Hussong, 2002, 2003; McArdle, 1989）、「完全潛在模型」（fully latent model）（Aber & McArdle, 1991），或「未指定軌跡模型」（unspecified trajectory model, UTM）（T. E. Duncan, Duncan, & Strycker, 2006; Lawrence & Hancock, 1998; Stoolmiller, 1995; Wang, 2004），因為在研究之前，研究者所關注的觀察變項在跨時間的成長速率為何，其數值並非事前可以決定的。這個模型，也成為目前最常被用來作為進行貫時性資料分析的直線 LGM 代表（余民寧，2006a）。

修正後的估計策略，我們再以表 4-1 資料為例，針對本「未指定軌跡模型」提出一個概念性的路徑關係圖，如圖 4-8 所示，並進行一次 LGM 實徵資料分析（其 SIMPLIS 程式語法 spl 檔，及參數估計結果 OUT 檔等，均請參見本書所附光碟中的 Unspecified Trajectory Model 資料夾），結果如表 4-6 和圖 4-9 所示。

由圖 4-9 所示及其 UTM.OUT 的報表內容可知，本模型的整體適配度指標為：$\chi^2_{(3)} = 29.64$，雖仍達顯著水準（即 $p < 0.0001$），但卡方值已大幅度降低，其 RMSEA = 0.055，NNFI = 1.00，SRMR = 0.029，均在在顯示本模型已經適配表 4-1 所示的各波成長趨勢的資料；換句話說，未指定軌跡模型顯示出表 4-1 所示資料，這四波綜合分析能力測驗的起始能力值平均為 0.44，且爾後的成長幅度即是以每波平均增加 1.55 的能力值速度逐波成長，此即隱含著受試樣本在這四波綜合分析能力測驗上的能力值是呈現正向成長趨勢的，其各波的成長速率分別為 0、0.55、0.97 及 1.00，各波的測量誤差變異數亦有所不同，且有逐波擴大、再縮減、再擴大的變動趨勢（即為 0.08、0.25、0.20、0.46）；此外，本模型的截距項／斜率項共變數（$\hat{\psi}_{21}$）為 0.14（其標準化相關係數值為 0.28，參見 UTM.OUT 報表內所示），亦顯示出第

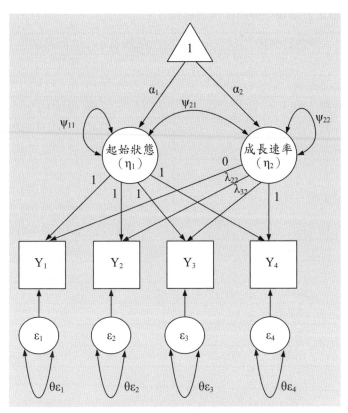

圖 4-8　未指定軌跡模型的概念性路徑關係圖

一波起始能力值比較高的學生，其後跨時間而改變的成長速率也會比較高（即截距項與斜率項之間呈現正相關 0.28 的緣故）。

　　至此，我們已經找到適配於表 4-1 所示資料的基本潛在成長模型：「未指定軌跡模型」。我們即將以此模型為根據，作為後續進一步探索其他可能延伸模型的基礎，以探索影響此成長軌跡的起始狀態和成長速率的可能因素為何：即「隨時間改變的因素」（time-variant factors）或「不隨時間改變的因素」（time-invariant factors）。

表 4-6　未指定軌跡模型分析的扼要結果

待估計參數	估計值，（估計標準誤），t 值
平均截距項（$\hat{\alpha}_1$）	0.44, (0.02), 27.87
平均斜率項（$\hat{\alpha}_2$）	1.55, (0.02), 87.17
截距項變異數（$\hat{\psi}_{11}$）	0.66, (0.02), 29.05
斜率項變異數（$\hat{\psi}_{22}$）	0.40, (0.02), 16.59
截距項／斜率項共變數（$\hat{\psi}_{21}$）	0.14, (0.02),　7.60
各波誤差變異數（$\hat{\theta}_\varepsilon$）	第一波：0.08, (0.01),　6.28 第二波：0.25, (0.01), 28.90 第三波：0.20, (0.01), 18.76 第四波：0.46, (0.02), 29.49
χ^2	29.64
df	3
p-value	0.0001
RMSEA	0.055
NNFI	1.00
SRMR	0.029

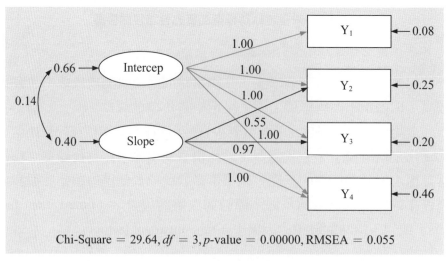

Chi-Square $= 29.64, df = 3, p$-value $= 0.00000,$ RMSEA $= 0.055$

圖 4-9　四波綜合分析能力測驗的未指定軌跡模型之路徑關係圖（原始解）

第八節 多群組分析模型

由於我們是在探索潛在的成長模型，因此，有些關心成長與發展議題的研究者（如：McArdle & Epstein, 1987），就會提出探索組別間差異的研究議題來。最典型的問題，即是探索性別間的差異是否存在的問題；換句話說，也就是在探索不隨時間改變的因素（如：性別），是否會對潛在成長模型中的截距項和斜率項造成影響的問題。

關於這項探索組別間差異的研究議題，基本上有兩種做法：(1)即針對原始樣本，根據樣本「性別」的不同，把它分割成兩個群組（groups）：一半是男性學生樣本，另一半是女性學生樣本。接著，再套用結構方程式模型方法學中的多群組分析（multiple-groups analysis, MGA）技術，同時估計這兩群組的參數；(2)即是把此分組變項（即性別）當作是一個預測變項，並用它來預測此潛在成長模型中的截距項和斜率項。關於第(2)點的做法，我們將於下一節中再來討論；本節僅針對第(1)點做法，先行討論與舉例說明如下。

表 4-7 所示，即是根據 TEPS 資料庫的「性別」變項編碼（即資料庫中的第一波題目代碼：w1s502，其編碼 1 為「男生」、2 為「女生」），將四波的綜合分析能力測驗結果，根據性別的不同，各求出其共變數矩陣、平均數與標準差。

接著，我們即以表 4-7 資料為例，針對前節所述的「未指定軌跡模型」進行一次多群組分析，其 LGM 實徵資料分析（其 SIMPLIS 程式語法 spl 檔、參數估計結果 OUT 檔，及路徑關係圖 PTH 檔等，均請參見本書所附光碟中的 Multiple Groups Analysis Model 資料夾）結果如表 4-8 所示，其路徑關係圖如圖 4-10 所示。

由圖 4-10 所示及其 MGA.OUT 的報表內容可知，本模型的整體適配度指標為：$\chi^2_{(6)} = 33.13$，雖仍達顯著水準（即 $p < 0.0001$），其

表 4-7　男女受試樣本在四波測驗分數之共變數矩陣、平均數與標準差

男性樣本（N = 1,386）	y_1	y_2	y_3	y_4	平均數	標準差
第一波綜合分析能力（y_1）	0.774				0.4845	0.8798
第二波綜合分析能力（y_2）	0.765	1.262			1.3195	1.1235
第三波綜合分析能力（y_3）	0.808	1.132	1.558		2.0515	1.2480
第四波綜合分析能力（y_4）	0.853	1.214	1.413	2.030	2.0646	1.4249
女性樣本（N = 1,420）	y_1	y_2	y_3	y_4	平均數	標準差
第一波綜合分析能力（y_1）	0.718				0.4067	0.8473
第二波綜合分析能力（y_2）	0.730	1.156			1.2697	1.0751
第三波綜合分析能力（y_3）	0.751	1.021	1.349		1.8600	1.1615
第四波綜合分析能力（y_4）	0.826	1.129	1.284	1.793	1.9072	1.3392

註：本共變數矩陣的計算，係採整列刪除法（listwise deletion），刪去缺失值者後所計算而得，故本表的男女樣本總和與表 4-1 的總人數（N = 2,939）不相等。

RMSEA = 0.057，NNFI = 0.99，SRMR = 0.036，均在在顯示本模型的多群組樣本分析結果，已經適配表 4-1 所示的各波成長趨勢的資料。從圖 4-10 和表 4-8 可知，男女樣本的路徑關係圖大致呈現相似的直線成長趨勢，但是，男女樣本的平均起始能力值（各為 0.48 和 0.41）不同，平均各波成長速率（各為 1.59 和 1.51）也不同，各波的測量誤差變異數也不同，甚至，起始能力與成長速率之間的相關係數也不同（各為 0.32 和 0.23），且均呈現男性樣本估計值大於女性樣本估計值的現象，其中，各波的測量誤差變異數有逐波先擴大、再縮小、再倍增擴大的趨勢。

此外，男女樣本的結果相較之下，其平均截距項和斜率項均為正值，且達顯著程度，同時其截距項／斜率項之共變數（$\widehat{\psi}_{21}$）分別為 0.16 和 0.12（其標準化相關係數值為 0.32 和 0.23，皆達顯著程度，參見 MGA.OUT 報表內所示），在在顯示第一波起始能力值比較高的學生，其後續跨時間成長而改變的速率也會比較高，此趨勢是男女皆相

表 4-8　未指定軌跡模型的多群組分析的扼要結果

待估計參數	估計值，（估計標準誤），t 值
男性樣本（N = 1,386）	
平均截距項（$\hat{a}_1$）	0.48, (0.02), 20.39
平均斜率項（$\hat{a}_2$）	1.59, (0.03), 57.84
截距項變異數（$\hat{\psi}_{11}$）	0.67, (0.03), 19.62
斜率項變異數（$\hat{\psi}_{22}$）	0.42, (0.04), 11.29
截距項／斜率項共變數（$\hat{\psi}_{21}$）	0.16, (0.03), 5.84
各波誤差變異數（$\hat{\theta}_\varepsilon$）	第一波：0.11, (0.02), 5.52 第二波：0.27, (0.01), 19.76 第三波：0.22, (0.02), 12.49 第四波：0.54, (0.03), 20.61
女性樣本（N = 1,420）	
平均截距項（$\hat{a}_1$）	0.41, (0.02), 18.08
平均斜率項（$\hat{a}_2$）	1.51, (0.02), 63.03
截距項變異數（$\hat{\psi}_{11}$）	0.66, (0.03), 20.53
斜率項變異數（$\hat{\psi}_{22}$）	0.37, (0.03), 11.58
截距項／斜率項共變數（$\hat{\psi}_{21}$）	0.12, (0.03), 4.55
各波誤差變異數（$\hat{\theta}_\varepsilon$）	第一波：0.06, (0.02), 3.13 第二波：0.23, (0.01), 20.21 第三波：0.17, (0.01), 13.24 第四波：0.40, (0.02), 20.19
χ^2	33.13
df	6
p-value	0.0001
RMSEA	0.057
NNFI	0.99
SRMR	0.036

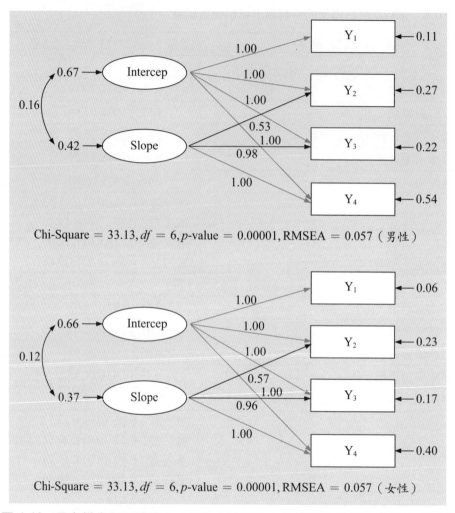

圖 4-10 男女樣本在四波綜合分析能力測驗的未指定軌跡模型的多群組分析之路徑關係圖（原始解）

同的，只是幅度大小稍微不同而已，其中，男性樣本又比女性樣本的成長改變速率較高（即前者的相關為 0.32，而後者為 0.23）。

第九節　有條件潛在成長模型

在潛在成長模型中，探討組別間成長與發展差異的議題的第二種做法，即是將此「不隨時間改變的共變數或因素」（time-invariant co-variate or factor）（如：性別），當作是一個外衍的預測變項（exogenous predictor）或第二層級的預測變項（Level 2 predictor）看待，並在單一組群的分析中，針對截距項和斜率項二者同時進行迴歸分析（regression analysis）的預測工作。這樣的預測變項，可以用來協助解釋截距項和斜率項變異數估計值中未被解釋到的個別差異部分；換句話說，我們可將截距項和斜率項變異數（即 $\hat{\psi}_{11}$ 和 $\hat{\psi}_{22}$）開放估計，並且將此預測變項用來預測此未被解釋到的個別差異部分，這種做法相當於使用類別的或連續的第二層級預測變項的預測效果。這種模型也稱作「有條件潛在成長模型」（conditional LGM）（Tisak & Meredith, 1990; Willett & Sayer, 1994），而相對的，本章第二節到第八節（不含第七節）所介紹和討論的模型，則稱作「無條件潛在成長模型」（unconditional LGM）（Singer & Willett, 2003）。

關於這項探索組別間差異的研究議題，基本上的第二種做法，即是把此分組變項（即性別）當作是一個預測變項，並且將它進行虛擬編碼（dummy coding）（即男性編碼為 1，女性編碼為 0；或，相反過來，男性編碼為 0，女性編碼為 1，也可以），並用它來預測此潛在成長模型中的截距項和斜率項。這種做法與前一節做法相比的優點是，不必將樣本分成兩組，且作為預測變項使用的「不隨時間改變的共變數或因素」可以是名義變項（如：性別）或連續變項（如：智力或人格，假設其短期間不會改變的話）；而唯一的缺點則是，研究者必須要能夠提出模型中的某些參數是跨組群間而不會改變的假設，例如，我們可能需要假設男女樣本的各波測量誤差的變異數是不變的，而不

能像第七節的未指定軌跡模型或第八節的多群組分析模型一樣，開放估計這些參數。但是，如此一來，又很有可能造成模型與資料之間的不適配情形發生。

茲以表 4-1 的資料為例，我們增加「性別」此一預測變項，並拿它來預測截距項和斜率項。此做法即是增加一個固定參數 β_1，並將它當作是性別對截距項的預測平均效果（mean effect），同時，也增加另一個固定參數 β_2，並將它當作是性別對斜率項的預測平均效果。當我們把此「不隨時間改變的共變數或因素」當作預測變項來預測斜率項時，它的效果通常可被稱作「跨層級交互作用」（cross-level interaction），因為時間（Level 1，即第一層級，如：斜率項）和此共變數（或因素）（Level 2，即第二層級，如：性別）產生交互作用，因而可以用來預測各波的重複測量（Cronbach & Webb, 1975; Curran, Bauer, & Willoughby, 2004; Kreft & de Leeuw, 1998; Raudenbush & Bryk, 2002）。這樣的跨層級交互作用，擁有與傳統迴歸分析中的調節效果（moderation effect）相同的解釋方式。

我們將「性別」變項中的男性編碼為 1，女性編碼為 0，再針對表 4-9

表 4-9　四波測驗分數與性別之共變數矩陣、平均數與標準差
　　　　（全體樣本，N = 2,939）

觀察變項	y_1	y_2	y_3	y_4	sex	平均數	標準差
第一波綜合分析能力（y_1）	0.747					0.4451	0.8642
第二波綜合分析能力（y_2）	0.748	1.208				1.2943	1.0993
第三波綜合分析能力（y_3）	0.783	1.077	1.461			1.9546	1.2086
第四波綜合分析能力（y_4）	0.842	1.173	1.355	1.916		1.9850	1.3842
性別（sex）	0.019	0.012	0.048	0.039	0.250	0.4900	0.5000

註：本表係根據表 4-1 而來，以增加一項虛擬編碼的「性別」（即男性編碼為 1，女性編碼為 0），所計算而得的共變數矩陣。由於本表亦採整列刪除法（listwise deletion），刪去缺失值者後所計算而得，故表中計算各變項的有效人數，未必等於總人數（N = 2,939）。

的資料，提出一個概念性的路徑關係圖，如圖 4-11 所示，並執行一次
「有條件潛在成長模型」的分析，其 LGM 實徵資料分析（其 SIMPLIS
程式語法 spl 檔、參數估計結果 OUT 檔，及路徑關係圖 PTH 檔等，均
請參見本書所附光碟中的 Conditional Latent Growth Model 資料夾）結
果如表 4-10 和圖 4-12 所示。

　　由圖 4-12 所示及其 Conditional LGM.OUT 的報表內容可知，本模型

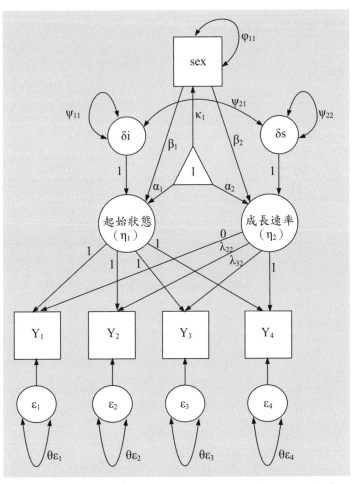

圖 4-11　有條件潛在成長模型的概念性路徑關係圖

表 4-10　有條件潛在成長模型分析的扼要結果

待估計參數	估計值，（估計標準誤），t 值
平均截距項（$\hat{\alpha}_1$）	0.41, (0.02), 18.51
平均斜率項（$\hat{\alpha}_2$）	1.50, (0.02), 66.36
平均性別（$\hat{\kappa}_1$）	0.49, (0.01), 53.12
性別對截距項效果（$\hat{\beta}_1$）	0.07, (0.03),　2.06
性別對斜率項效果（$\hat{\beta}_2$）	0.10, (0.03),　3.28
截距項殘差變異數（$\hat{\psi}_{11}$）	0.66, (0.02), 29.02
斜率項殘差變異數（$\hat{\psi}_{22}$）	0.40, (0.02), 16.52
截距項／斜率項殘差共變數（$\hat{\psi}_{21}$）	0.14, (0.02),　7.57
各波誤差變異數（$\hat{\theta}_\varepsilon$）	第一波：0.09, (0.01),　6.34 第二波：0.25, (0.01), 28.93 第三波：0.20, (0.01), 18.68 第四波：0.47, (0.02), 29.54
χ^2	50.86
df	5
p-value	0.0001
RMSEA	0.056
NNFI	0.99
SRMR	0.025

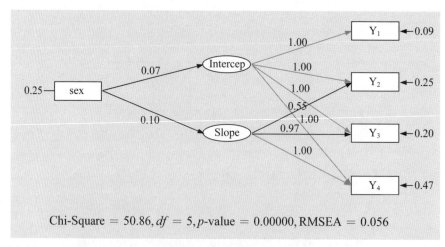

Chi-Square $= 50.86, df = 5, p$-value $= 0.00000, $ RMSEA $= 0.056$

圖 4-12　四波綜合分析能力測驗的有條件潛在成長模型之路徑關係圖（原始解）

的整體適配度指標為：$\chi^2_{(5)} = 50.86$，雖仍達顯著水準（即 $p < 0.0001$），
其 RMSEA = 0.056，NNFI = 0.99，SRMR = 0.025，均在在顯示有條
件潛在成長曲線模型的分析結果，已經適配表 4-9 所示的各波成長趨
勢的資料。由於介入預測變項的緣故，因此在未指定軌跡模型中的截
距項變異數與斜率項變異數及其間的共變數等部分，便需要被視作殘
差值變異數（residual variance）（即 $\widehat{\psi}_{11}$ 和 $\widehat{\psi}_{22}$）和殘差值共變數（re-
sidual covariance）（即 $\widehat{\psi}_{21}$）而重新被估計，亦即，不被「性別」變項
所解釋到的變異數和共變數部分，需要被視作殘差而重新估計。又從
圖 4-12 和 Conditional LGM.OUT 的報表可知，此結果的涵義與圖 4-10
所示的結果相同：性別對截距項效果（$\widehat{\beta}_1$）為 0.07，此數據與表 4-8 所
示的男性樣本平均截距項（$\widehat{\alpha}_1$）與女性樣本平均截距項（$\widehat{\alpha}_1$）的差一樣
（即 $\widehat{\alpha}_{1男} - \widehat{\alpha}_{1女} = 0.48 - 0.41 = 0.07$）；性別對斜率項效果（$\widehat{\beta}_2$）為
0.10，此數據亦與表 4-8 所示的男性樣本平均斜率項（$\widehat{\alpha}_2$）與女性樣本
平均斜率項（$\widehat{\alpha}_2$）的差大致一樣（即 $\widehat{\alpha}_{2男} - \widehat{\alpha}_{2女} = 1.59 - 1.51 = 0.08$，
進位誤差的緣故）。這些估計值（即 $\widehat{\beta}_1$ 和 $\widehat{\beta}_2$）分別代表「性別」變項
對截距項和斜率項的影響（預測）效果；換句話說，性別對平均起始
能力值和平均成長速率都有顯著的正向影響，且該影響力是呈現男性
樣本大於女性樣本的現象（因為在性別中，男性編碼為 1，因此，所
出現 $\widehat{\beta}_1$ 和 $\widehat{\beta}_2$ 為正值者，即表示男性樣本具有高於女性樣本的效果）。

　　此外，對照表 4-10 和表 4-8 所示可知，表 4-10 中所示的平均截距
項（$\widehat{\alpha}_1$）和平均斜率項（$\widehat{\alpha}_2$），其實是表 4-8 中所示的女性樣本估計值
結果，至於男性樣本的估計結果，則必須加上 $\widehat{\beta}_1$ 和 $\widehat{\beta}_2$ 值後，才等於
男性樣本的估計值結果；也就是說，男性樣本的估計值高於女性樣本
的估計值的緣故，反映在「性別」（男性編碼為 1）對平均截距項和
平均斜率項的影響力上。表 4-10 中的其餘估計值，諸如：截距項殘差
變異數（$\widehat{\psi}_{11}$）、斜率項殘差變異數（$\widehat{\psi}_{22}$）、截距項／斜率項殘差共變
數（$\widehat{\psi}_{21}$），以及各波誤差變異數（$\widehat{\theta}_\varepsilon$）等估計值，則大約等於是表 4-8
中所示男性與女性樣本估計值的平均數，其間的數值有些微誤差存在，

這是因為進位誤差緣故所造成的。

　　但從另一觀點來看，把跨時間不變的共變數（或因素）（如：性別），當作是成長因素（如：成長速率因素）的預測變項，也會遭遇某些困境的。因為此時的有條件潛在成長模型，會被誤認為是一種中介模型（mediation model），亦即是把成長因素當作是此共變數（即：性別）預測結果變項（即：觀察變項Y）的完全中介變項，但事實上，本模型卻不是如此的用途。例如，若本模型當作中介模型看待時，相當於要把性別對各波測量變項之間的直接效果假設為 0，才能檢定出成長因素是否為完全的中介變項，但此假設為 0 的直接效果，似乎是與事實不符，因此會導致模型的適配度不佳與參數估計值有偏差的現象出現。於是，有學者針對此問題提出一個較變通的做法，即是把 $\hat{\beta}_1$ 和 $\hat{\beta}_2$ 的參數估計設定為 0，而放寬此直接效果的估計，然而，此時的外衍預測變項（即：性別）對截距項因素的預測效果，就必須考量時間的測量間隔與時間測量原點的變化，而做不同方式的解釋才行（Stoel & van den Wittenboer, 2003; Stoel, van den Wittenboer, & Hox, 2004）。

　　總之，本模型大致顯示，把「不隨時間改變的因素——性別」加入考量後，發現性別對男女樣本在四波綜合分析能力測驗的成長發展是有影響的，男女樣本大致呈現相似的直線成長趨勢，但是，男女樣本的平均起始能力值不同，各波成長速率也不同，各波的測量誤差變異數也不同，甚至，起始能力與成長速率之間的相關係數也不同，且均呈現男性樣本估計值大於女性樣本估計值的現象，其中，各波的測量誤差變異數有逐波先擴大、再縮小、再倍增擴大的趨勢。此結果現象，與第八節所述的多群組分析模型結果相同。由此可知，針對探索組別間差異的研究議題，基本上有兩種可行的做法，不論是採行第八節所述的多群組分析模型，或是採行本節所述的有條件潛在成長模型分析，研究者均可獲得相同的結果。

第十節　平行處理模型

緊接著隨機截距隨機斜率模型和未指定軌跡模型，我們也可以將 LGM 延伸到兩個以上的重複測量變項。通常，在這種情況下，我們關心的是兩個不同重複測量變項之成長趨勢間的相關，亦即，同時處理兩個重複測量變項的 LGM，這種模型有許多種稱呼，有的稱為「平行處理模型」（parallel process model, PPM）（Cheong, MacKinnon, & Khoo, 2003），有的稱為「多變量改變模型」（multivariate change model）（MacCallum, Kim, Malarkey, & Kiecolt-Glaser, 1997），有的稱為「跨領域個別成長模型」（cross-domain individual growth model）（Sayer & Willett, 1998; Willett & Sayer, 1994, 1995），有的稱為「多元領域模型」（multiple-domain model）（Byrne & Crombie, 2003），有的稱為「完全多變量潛在軌跡模型」（fully multivariate latent trajectory model）（Curran & Hussong, 2003; Curran & Willoughby, 2003），有的稱為「同時成長模型」（simultaneous growth model）（Curran, West, & Finch, 1996），有的稱為「雙變項成長模型」（bivariate growth model）（Aber & McArdle, 1991），有的則稱為「聯合的潛在成長模型」（associative latent growth model）（S. C. Duncan & Duncan, 1994; T. E. Duncan, Duncan, & Strycker, 2006; T. E. Duncan, Duncan, Strycker, Li, & Alpert, 1999; Tisak & Meredith, 1990），不一而足。在本節裡，統一稱作「平行處理模型」。

在平行處理模型中，至少會包含兩組截距項和斜率項，每一組各是針對一個重複測量變項而來。除了例行的估計各組截距項和斜率項參數外，這兩組截距項和斜率項之間的共變數關係，同時也需要被估計。典型的例子，可以參見如圖 4-13 所示的概念性的路徑關係圖，該圖顯示有兩個重複測量變項（即 W 和 V）待處理，因此，我們需要同時處理兩個未指定軌跡模型，允許兩組截距項和斜率項彼此間具有共

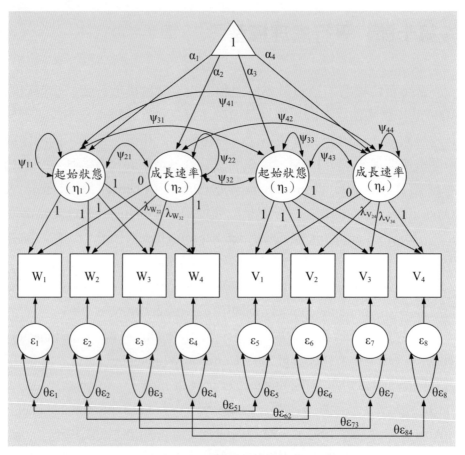

圖 4-13 平行處理模型的概念性路徑關係圖

變數關係存在，同時允許各波中兩兩相對的測量誤差之間也具有共變數關係存在。

接著，我們針對表 4-11 所示的資料為例，該表係 TEPS 資料庫中的樣本，從國一到高三階段，所測得的四波身高與體重的平均數、標準差與共變數矩陣資料。我們以此資料為例，執行一次「平行處理模型」的分析，其 LGM 實徵資料分析（其 SIMPLIS 程式語法 spl 檔、參數估計結果 OUT 檔，及路徑關係圖 PTH 檔等，均請參見本書所附光碟中的 Parallel Process Model 資料夾）結果如表 4-12 和圖 4-14 所示。

表 4-11　四波身高與體重之共變數矩陣、平均數與標準差
　　　　（全體樣本，N = 2,939）

觀察變項	W_1	W_2	W_3	W_4	V_1	V_2	V_3	V_4	平均數	標準差	有效人數
第一波身高（W_1）	45.25								156.05	6.73	2,467
第二波身高（W_2）	30.79	47.69							163.43	6.91	2,871
第三波身高（W_3）	25.23	47.86	56.17						165.82	7.50	2,837
第四波身高（W_4）	24.24	47.90	55.88	57.86					166.25	7.61	2,911
第一波體重（V_1）	37.09	27.09	22.75	22.54	91.31				47.49	9.56	2,443
第二波體重（V_2）	35.40	40.85	40.75	40.48	83.47	105.85			54.45	10.29	2,827
第三波體重（V_3）	30.84	44.49	48.93	48.99	73.77	92.63	105.90		57.34	10.29	2,717
第四波體重（V_4）	29.98	45.56	50.98	50.92	71.02	92.33	101.80	119.04	59.51	10.91	2,939

註：本表係根據 TEPS 資料庫中的樣本，從國一到高三階段，所測量的四波身高與體重變項，所計算而得的共變數矩陣。由於有少數樣本的填寫資料不完整，因此本表採配對刪除法（pairwise deletion）刪去缺失值者後所計算而得，故表中計算各變項的有效人數，未必等於總人數（N = 2,939）。

　　由圖 4-14 所示及其 PPM.OUT 的報表內容可知，本模型的整體適配度指標為：$\chi^2_{(14)} = 121.90$，雖仍達顯著水準（即 $p < 0.0001$），其 RMSEA = 0.051，NNFI = 0.99，SRMR = 0.014，均在在顯示平行處理模型的分析結果，已經適配表 4-11 所示各波的身高與體重的成長趨勢資料。就像本章第七節的未指定軌跡模型所示的結果一樣，本例顯示出這群樣本，從國一到高三階段的身高與體重的成長，是呈現線性成長的趨勢；亦即是，這群樣本在國一時的平均起始身高是 156.05 公分，並且以每波增加 10.16 公分的速度成長，其各波的成長速率分別

表 4-12　平行處理模型分析的扼要結果

待估計參數	估計值，（估計標準誤），t 值
身高（W）	
平均截距項（$\hat{a}_1$）	156.05, (0.12), 1259.35
平均斜率項（$\hat{a}_2$）	10.16, (0.14), 74.30
截距項變異數（$\hat{\psi}_{11}$）	47.11, (1.52), 31.08
斜率項變異數（$\hat{\psi}_{22}$）	55.80, (1.74), 32.14
斜率項／截距項共變數（$\hat{\psi}_{21}$）	−22.83, (1.40), −16.35
體重（V）	
平均截距項（$\hat{a}_3$）	47.49, (0.18), 269.98
平均斜率項（$\hat{a}_4$）	11.85, (0.15), 76.81
截距項變異數（$\hat{\psi}_{33}$）	94.56, (2.66), 35.58
斜率項變異數（$\hat{\psi}_{44}$）	61.45, (2.25), 27.26
斜率項／截距項共變數（$\hat{\psi}_{43}$）	−23.82, (1.99), −11.99
曲線共變數	
VW 截距項間共變數（$\hat{\psi}_{31}$）	38.26, (1.57), 24.41
V 斜率項／ W 截距項共變數（$\hat{\psi}_{41}$）	−8.30, (1.33), −6.23
V 截距項／ W 斜率項共變數（$\hat{\psi}_{32}$）	−16.09, (1.55), −10.41
VW 斜率項間共變數（$\hat{\psi}_{42}$）	39.29, (1.58), 24.95
曲線相關係數	
W 截距項／ W 斜率項相關（$\hat{\psi}_{21}$）	−0.45
VW 截距項間相關（$\hat{\psi}_{31}$）	0.57
V 斜率項／ W 截距項相關（$\hat{\psi}_{41}$）	−0.15
V 截距項／ W 斜率項相關（$\hat{\psi}_{32}$）	−0.22
VW 斜率項間相關（$\hat{\psi}_{42}$）	0.67
V 截距項／ V 斜率項相關（$\hat{\psi}_{43}$）	−0.31
χ^2	121.90
df	14
p-value	0.0001
RMSEA	0.051
NNFI	0.99
SRMR	0.014

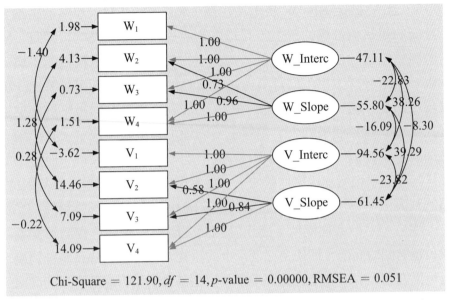

Chi-Square $= 121.90, df = 14, p\text{-value} = 0.00000, \text{RMSEA} = 0.051$

圖 4-14　四波身高與體重變項的平行處理模型之路徑關係圖（原始解）

為 0、0.73、0.96 及 1.00，各波的測量誤差變異數亦有所不同，且有逐波擴大、再縮小、再擴大的變動趨勢；同時，這群樣本在國一時的平均起始體重是 47.49 公斤，並且以每波增加 11.85 公斤的速度成長，其各波的成長速率分別為 0、0.58、0.84 及 1.00，各波的測量誤差變異數亦有所不同，且有逐波擴大、再縮小、再擴大的變動趨勢。此外，身高的斜率項與截距項共變數為 −22.83（相關係數為 −0.45），顯示出國一時身高較高的學生，其後續的成長速率較慢；而體重的斜率項與截距項共變數為 −23.82（相關係數為 −0.31），亦顯示出國一時體重較重的學生，其後續的成長速率也是較慢的。

除此之外，由表 4-12 所示可知，VW 截距項間相關（$\widehat{\psi}_{31}$）為 0.57，顯示出國一時身高較高的學生，其體重也是較重的；且 VW 斜率項間相關（$\widehat{\psi}_{42}$）為 0.67，顯示出國一時身高的成長速率較快的學生，其體重的成長速率也是較快的。至於 V 斜率項與 W 截距項相關（$\widehat{\psi}_{41}$）為

−0.15，且 V 截距項與 W 斜率項相關（$\hat{\psi}_{32}$）為−0.22，亦顯示出國一時身高的起始值較高的學生，其體重的成長速率是較慢的，同時，國一時體重的起始值較重的學生，其身高的成長速率也是較慢的；換句話說，由這群樣本學生的身高與體重資料的成長趨勢，可以看出一種現象，即是「國一時即是高個子的人，其到高三時的體重平均增加速度比較慢；而矮個子的人，其體重平均增加速度比較快」，且「國一時即是胖子的人，其到高三時的身高平均增加速度比較慢；而瘦子的人，其身高平均增加速度比較快」。這個現象，頗能反映出這階段（從國一到高三）學生的身高與體重的成長變化情形。

　　總之，平行處理模型不僅止於能夠同時處理兩個重複測量變項的成長趨勢問題而已，即使是三個以上的重複測量變項的成長趨勢問題，也可以迎刃而解。在上述的例子中，只是基本的平行處理模型的應用，也是典型的兩個未指定軌跡模型的合併應用而已。針對兩個斜率項之間的關係，研究者不光僅是提出相關的描述而已，若能進一步提出因果關係的描述（當然要有理論依據）的話，則擴增此基本的平行處理模型到這種兩個未指定軌跡模型間具有因果關係的探索上，也是可行的；關於這方面的應用例子相當多，有興趣的讀者可進一步閱讀 Curran、Harford 與 Muthén（1996）、Curran 與 Hussong（2002）、Curran、Stice 與 Chassin（1997）以及 Raudenbush、Brennan 與 Barnett（1995）等人的研究報告。

第十一節　世代連續設計模型

　　當我們使用橫斷面與縱貫性研究方法來評估單一樣本的發展軌跡時，常會遭遇到一些缺點，那就是：橫斷面方法容易傾向於得到一個世代或歷史事件的效果，而讓研究者誤以為研究資料真的具有趨勢存在，但事實上卻沒有；而縱貫性研究因為針對同一個人重複測量的結

果，資料容易遭受自我相關的污染，而影響到結果的詮釋。因此，把這兩種方法融合起來，採行它們的優點而降低資料干擾或混淆的威脅，以用來檢定和探索成長改變的研究議題，這便是提出「世代連續設計」（cohort-sequential designs）（Meredith & Tisak, 1990; Nesselroade & Baltes, 1979; Schaie, 1965, 1986; Tisak & Meredith, 1990）方法的目的所在。世代連續設計又稱為「加速的縱貫性設計」（accelerated longitudinal designs）（Miyazaki & Raudenbush, 2000; Raudenbush & Chan, 1992; Tonry, Ohlin, & Farrington, 1991），或稱作「收斂的方法」（method of convergence）（Bell, 1953, 1954; McArdle, 1988），它不僅可以追蹤各世代資料是否有趨勢發展存在，同時亦可在短期內透過各世代的資料合併與銜接，大幅度縮減縱貫性研究所需花費的時間總數，並且減少重複測量效果和歸因所帶來的困擾，快速獲得解答。所以，在近代的縱貫性研究設計中，此方法愈來愈受到重視。

舉例來說，假設測量的時間單位是以「年」來計算。那麼，假設有一個縱貫性研究，它原本打算針對同一批高中新生進行長達七年期的追蹤研究，一直到他們大學畢業為止。這時，研究者為了節省時間考量或經費考量，就可能僅挑選其中的三個世代（假設為：高一、高二，及大一學生）為對象，各僅進行連續四年期的追蹤調查即可。如此一來，每一個世代樣本的資料，均僅在少數幾個有限的時間點上測量而已，但把這三個世代資料合併起來，即可追溯連貫起橫跨七年期的成長軌跡資料來，這樣一來，已大大降低研究者的時間付出（即從七年期縮短成四年期）。因此說，世代連續設計是一種有效率的資料蒐集策略，遠比說它是一種模型建構策略更來得貼切，雖然它也是需要建構模型。

為了舉例說明，我們把 TEPS 資料切割成兩組，其中一組為橫跨國一、國三及高一時期的綜合分析能力測驗分數，另一組則包含橫跨國三、高一和高三時期的綜合分析能力測驗分數。這個假想的概念性路徑關係圖，如圖 4-15 所示。當然，本例在此僅為了舉例說明，才將

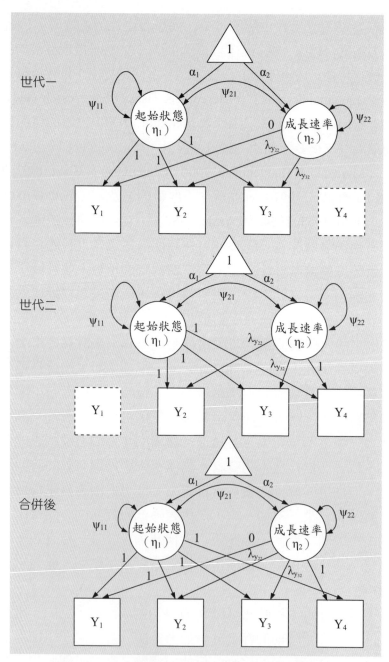

圖4-15　世代連續設計模型的概念性路徑關係圖

註：為節省篇幅，各測量誤差項（ε_i）及其變異數（θ_{ε_i}）沒有在此呈現。虛線的長方形
　　圖示，表示該變項是沒有進行測量的變項資料。

TEPS 資料分割；但在實際的世代連續設計裡，如果想建立如目前的
TEPS貫時性資料庫的話，我們可能需要挑選兩個世代的學生（假設一
個世代為國一學生，另一世代為國三學生）為追蹤對象，只要各進行
四波（橫跨四年期）連續性的測量即可，例如：國一世代的施測時間
點為國一、國二、國三及高一四個時間點，而國三世代則為國三、高
一、高二及高三四個施測時間點。接著，我們使用統計的方法，將它
們彼此連結、合併起來分析，如此，即可快速縮短時間（僅花四年時
間），建立起長達七年期的貫時性追蹤資料庫。

　　在面對如此世代連續設計所蒐集到的資料時，研究者通常會使用
兩種資料分析策略來解決此問題。第一種是，研究者可將資料合併成
為一個單一組別的大資料，將每一個世代裡沒有蒐集的測量資料都視
為是完全隨機缺失值（missing completely at random, MCAR）（T. E.
Duncan, Duncan, Strycker, Li, & Alpert, 1999; B. O. Muthén, 2000），再合
併連貫起來，使其成為橫跨完整時期的測量資料，並使用完全訊息最
大概似估計法（full information maximum likelihood, FIML）來取代慣用
的預設方法〔即最大概似值估計法（maximum likelihood estimation,
MLE）〕，以進行如本章第二節至第七節所述各種可能模型的資料分
析與適配度檢定。

　　第二種方法，則是將每個世代看成是一個組群（group），然後將
跨世代中相同測量變項資料的參數設定為相同，再運用第八節所述的
多群組分析技術來求解（McArdle & Hamagami, 1992）。這種資料分析
技術，適合處理極少數資料為缺失值、但模型還可以被辨認出來的情
況（Allison, 1987; T. E. Duncan, Duncan, Strycker, Li, & Alpert, 1999;
McArdle & Bell, 2000; McArdle & Hamagami, 1991; Muthén, Kaplan, &
Hollis, 1987）。但是，這種做法當碰到樣本數很少時，有時會因為測
量時間點次數遠多於樣本數，而被迫刪除某些資料，導致估計無法收
斂等問題出現（T. E. Duncan, Duncan, Strycker, Li, & Alpert, 1999）。

　　茲以表 4-13 資料及圖 4-15 的概念性路徑關係圖為例，說明此世代

表4-13　兩個組群世代連續設計的三波測量資料的共變數矩陣、平均數、標準差

第一組群（世代一）	Y_1	Y_2	Y_3		平均數	標準差
第一波綜合分析能力（Y_1）	0.751				0.4454	0.8667
第二波綜合分析能力（Y_2）	0.746	1.215			1.2900	1.1023
第三波綜合分析能力（Y_3）	0.791	1.085	1.482		1.9497	1.2173
第四波綜合分析能力（Y_4）	0	0	0	1.000	0	0
第二組群（世代二）		Y_2	Y_3	Y_4	平均數	標準差
第一波綜合分析能力（Y_1）	1.000				0	0
第二波綜合分析能力（Y_2）	0	1.215			1.2900	1.1023
第三波綜合分析能力（Y_3）	0	1.085	1.482		1.9497	1.2173
第四波綜合分析能力（Y_4）	0	1.178	1.365	1.928	1.9797	1.3885

連續設計模型的實徵應用例子如下。表 4-13 的資料，係將原本表 4-1 的資料切割成兩個組群，第一組群包含 Y_1、Y_2、Y_3 等三波綜合分析能力測驗的測量，而第二組群則包含 Y_2、Y_3、Y_4 等三波綜合分析能力測驗的測量。在本例中，因為合併成單一組群時的分析結果，直接就等於表 4-6 的結果，因此，筆者不在此贅述一次。所以，僅以多群組分析技術來說明求解表 4-13 的結果過程。

接著，我們即以表 4-13 資料為例，沿用前述已經適配的「未指定軌跡模型」為基礎，再採用第八節所述的「多群組分析模型」技術，進行一次 LGM 實徵資料分析（其 SIMPLIS 程式語法 spl 檔、參數估計結果 OUT 檔，及路徑關係圖 PTH 檔等，均請參見本書所附光碟中的 Cohort Sequential Designs Model 資料夾），其結果如表 4-14 所示，其路徑關係圖如 4-16 所示。

由圖 4-16 所示及其 CSD.OUT 的報表內容可知，本模型的整體適配度指標為：$\chi^2_{(16)} = 302.16$，雖仍達顯著水準（即 $p < 0.0001$），其 RMSEA = 0.078，NNFI = 0.98，世代一的 SRMR = 0.090，世代二的 SRMR = 0.033，及其他適配度指標，均在在顯示本兩個組群的世代連

表 4-14　世代連續設計模型分析的扼要結果

待估計參數	估計值，（估計標準誤），t 值
平均截距項（$\hat{a}_1$）	0.45, (0.01), 33.87
平均斜率項（$\hat{a}_2$）	2.37, (0.08), 28.96
截距項變異數（$\hat{\psi}_{11}$）	0.68, (0.02), 32.61
斜率項變異數（$\hat{\psi}_{22}$）	1.00
截距項／斜率項共變數（$\hat{\psi}_{21}$）	0.18, (0.03),　5.45
各波誤差變異數（$\hat{\theta}_\varepsilon$）	第一波：0.07, (0.01),　5.01 第二波：0.27, (0.01), 35.94 第三波：0.17, (0.01), 15.26 第四波：0.78, (0.02), 50.38 世代一 SRMR：0.090 世代二 SRMR：0.033
χ^2	302.16
df	16
p-value	0.0001
RMSEA	0.078
NNFI	0.98

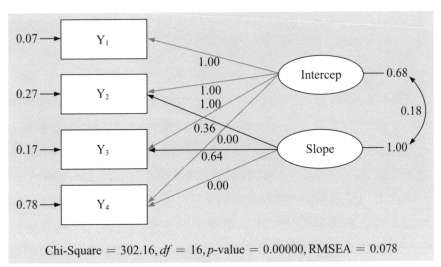

Chi-Square $= 302.16, df = 16, p$-value $= 0.00000, $RMSEA$ = 0.078$

圖 4-16　兩個組群的世代連續設計模型之路徑關係圖（原始解）

續設計模型的分析結果，已經適配表 4-13 所示各波的綜合分析能力測
驗資料。從表 4-14 所示可知，其結果與表 4-6 的結果大致相近，尤其
是參數估計均屬同方向；換句話說，透過這兩個世代內的因素負荷量
矩陣的參數設定，如公式 4-10 和公式 4-11 所示，我們已經輕易地將兩
個世代的資料，串成一股連續四波測量的資料結果〔因為我們將世代
一和世代二沒有測量的資料均視為缺失值（即第一組的 Y_4 和第二組的
Y_1），見表 4-13 所示〕，且其資料分析結果大致與表 4-6 所示相近，
不過會有些微差距，但我們蒐集資料所花的時間，卻大幅度地節省一
波段的時間（如以原始 TEPS 的規畫，至少也有兩年左右的時間），
這也就是世代連續設計會是一種有效率的資料蒐集方式的原因所在。

$$\Lambda_1 = \begin{bmatrix} 1 & 0 \\ 1 & \lambda_{22} \\ 1 & \lambda_{32} \\ 0 & 0 \end{bmatrix} \qquad （公式 4-10）$$

$$\Lambda_2 = \begin{bmatrix} 0 & 0 \\ 1 & \lambda_{22} \\ 1 & \lambda_{32} \\ 1 & (1) \end{bmatrix} \qquad （公式 4-11）$$

由於這種資料蒐集的設計方式還未經過廣泛的驗證，一些方法學
論的基本問題也都還未解決，例如：最適當的測量波數應該多少、各
世代間應該重疊的波數是多少，及每個世代內的人數應該多少等，這
些問題都還未經過嚴謹的探索與驗證（Raudenbush & Chan, 1992）。不
過，研究者只要把握一個原則準沒錯，那就是：盡量讓每個世代均使
用大樣本的人數、各世代間可以重疊的波數愈多愈好、且每個世代也
是愈可以比較的愈好（Tonry, Ohlin, & Farrington, 1991）。筆者相信，
在未來的縱貫性資料庫建置裡，會逐漸使用世代連續設計的方式，於

短期間內即可蒐集到橫跨長時間的貫時性資料。對此議題和研究範例
仍有興趣的讀者，可以再自行延伸閱讀下列學者的研究報告（Aber &
McArdle, 1991; Anderson, 1993; Baer & Schmitz, 2000; Buist, Dekovic, Me-
eus, & van Aken, 2002; S. C. Duncan, Duncan, & Hops, 1996; T. E. Duncan,
Duncan, & Hops, 1996; McArdle & Anderson, 1990）。

除了表 4-14 所示的資料外，上述使用多群組分析策略的世代連續
設計的另一個長處，即是也可以針對世代效果（cohort effects）（即在
平均截距項或平均斜率項上的效果差異），提供卡方差異檢定（$\Delta\chi^2$
test）（Anderson, 1993; Meredith & Tisak, 1990）。在上述示範例子中，
研究者只要開放第二組的平均截距項或平均斜率項上的估計，即可進
行兩組間的卡方差異檢定。但是，若使用單一組群的分析策略時，則
需要引入一個虛擬編碼（dummy coding）的世代變項，來針對截距項
或斜率項做預測（如同本章第九節「有條件潛在成長模型」的做法一
樣），且必須設定測量誤差變異數跨世代均相同的假設，才能進行世
代效果的差異顯著性檢定（Raudenbush & Chan, 1992）。

第十二節　隨時間改變的共變數模型

前述，針對 TEPS 資料庫而言，我們已經找到適配於表 4-1 所示資
料的基本潛在成長模型：未指定軌跡模型。緊接著，我們可以此模型
為根據，進一步探索影響此成長軌跡的起始狀態和成長速率的可能因
素為何，即「隨時間改變的因素」（time-variant factors）或「不隨時間
改變的因素」（time-invariant factors）。其中，「不隨時間改變的因
素」例子，我們已於本章第九節「有條件潛在成長模型」裡介紹過了；
本節的用意即是接著介紹另一種情況：「隨時間改變的因素」例子。

在潛在成長模型中，探討「隨時間改變的共變數」（time-varying
covariates, TVC）的例子，可以分成兩種類型來探討。第一種是將此共

變數當作是外衍預測變項使用，直接拿來針對結果變項的潛在成長趨勢變項（即截距項和斜率項）進行預測；另一種則是將共變數當作是另一個重複測量的觀察變項，但也具有潛在成長趨勢變項（即截距項和斜率項），因此，拿此共變數的潛在截距項和潛在斜率項，來針對結果變項的潛在截距項和潛在斜率項做預測，以建立起一個完整的結構方程式模型。

第一種做法，是 B. O. Muthén（1993）及其他人（Bijleveld, van der Kamp, Mooijaart, van der Kloot, van der Leeden, & van der Burg, 1998; Curran & Hussong, 2002, 2003; Curran, Muthén, & Harford, 1998; Curran & Willoughby, 2003; George, 2003; B. O. Muthén & Curran, 1997）所建議者，即是把此 TVC 變項直接納入模型，當作是結果變項重複測量的外衍預測變項（repeated exogenous predictors）使用，其假想的概念性路徑關係圖，如圖 4-17 所示。圖 4-17 中所示的 γ 參數，可被當作該共變數的「特定測量時間點效果」（occasion-specific effects）來解釋，或者是該共變數對結果變項上特定測量時間點離均差值的預測力；在這種考量情況下，TVC 變項的效果，是會跨時間而不是跨個人而改變的。這種做法有個變例，則是設定所有的 γ 參數均相等，以代表該共變數效果是跨測量時間點而都保持穩定的一種假設。但無論上述任何一種做法，都是在控制 TVC 變項的特定測量時間點效果後，反映出重複測量變項成長趨勢的一種模型。

茲以表 4-11 的四波身高與體重之資料為例，說明本模型第一種做法的應用情況。假設我們的研究問題為：體重是否為跨時間改變的共變數，進而可以預測身高的成長趨勢之變化？或者，反過來預測也可以。

接著，我們即以表 4-11 資料為例，根據圖 4-17 所示的概念，沿用前述已經適配的「未指定軌跡模型」為基礎，再代入本節所述的「隨時間改變的共變數」模型，進行一次 LGM 實徵資料分析（其 SIMPLIS 程式語法 spl 檔、參數估計結果 OUT 檔，及路徑關係圖 PTH 檔等，均

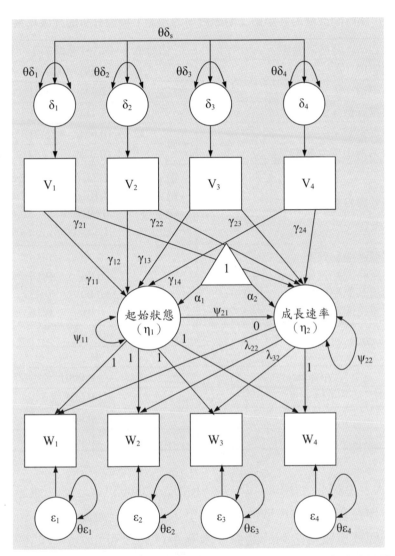

圖 4-17　隨時間改變的共變數（明顯變項的預測）模型的概念性路徑關係圖

請參見本書所附光碟中的 Time-Varying Covariates Model 資料夾中的
TVC_1_Model），其結果如表 4-15 所示，其路徑關係圖如圖 4-18 所示。

　　從圖 4-18 所示及其 TVC-1.OUT 的報表內容可知，本模型的整體適
配度指標為：$\chi^2_{(11)} = 105.92$，雖仍達顯著水準（即 $p < 0.0001$），但其

表 4-15　隨時間改變的共變數（明顯變項的預測）模型分析的扼要結果

待估計參數	估計值，（估計標準誤），t 值
平均截距項（$\hat{a}_1$）	136.36, (0.59),　229.91
平均斜率項（$\hat{a}_2$）	78.57, (2.73),　　28.81
截距項變異數（$\hat{\psi}_{11}$）	31.65, (1.11),　　28.51
斜率項變異數（$\hat{\psi}_{22}$）	22.79, (0.63),　　36.21
截距項／斜率項共變數（$\hat{\psi}_{21}$）	-0.54, (0.02),　-27.64
各波誤差變異數（$\hat{\theta}_\varepsilon$）	第一波：　-1.54, (0.75),　-2.05 第二波：　4.10, (0.13),　32.48 第三波：　0.69, (0.07),　10.02 第四波：　1.55, (0.08),　18.94
特定測量時間點效果（γ_{11}，γ_{21}） 特定測量時間點效果（γ_{12}，γ_{22}） 特定測量時間點效果（γ_{13}，γ_{23}） 特定測量時間點效果（γ_{14}，γ_{24}）	0.36，　-0.56 0.06，　0.16 -0.02，　0.43 0.01，　0.16
χ^2	105.92
df	11
p-value	0.0001
RMSEA	0.054
NNFI	0.99
SRMR	0.0059

$RMSEA = 0.054$，$NNFI = 0.99$，$SRMR = 0.0059$，以及其他適配度指標等，均在在顯示本模型的分析結果，大致已經適配表 4-11 所示各波的身高與體重資料之間的關係。由圖 4-18 所示可知，各波的體重確實能預測各波的身高成長趨勢，不過，國一時體重較重的學生，其身高的成長速率較慢，隨後，各波的體重均能預測各波的身高變化情形，且大致有隨著體重增加而身高的成長速率較快的變化趨勢。當然，表 4-15 中仍有些參數估計值有待修正，這一點就交由讀者自行嘗試著修正看看。

　　第二種做法，即是把此隨時間改變的共變數重複測量，當作是一

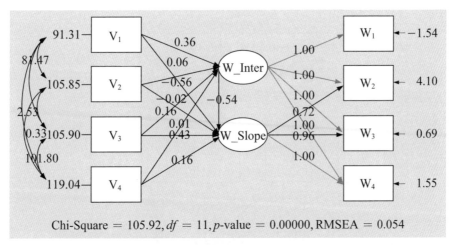

Chi-Square = 105.92, df = 11, p-value = 0.00000, RMSEA = 0.054

圖 4-18　隨時間改變的共變數（明顯變項的預測）模型之路徑關係圖（原始解）

個獨立的外衍潛在變項，可以先執行一次潛在成長模型的分析，找出其潛在截距項和潛在斜率項，再拿此共變數的潛在截距項和潛在斜率項，來針對結果變項的潛在截距項和潛在斜率項（在此即當作是內衍潛在變項）進行預測，以建立起一個完整的結構方程式模型。此模型的假想概念性路徑關係圖，如圖 4-19 所示。

　　我們仍以表 4-11 的四波身高與體重之資料為例，說明本模型第二種做法的應用情況。假設我們的研究問題仍為：體重是否為跨時間改變的共變數，進而可以預測身高的成長趨勢之變化？

　　接著，我們再以表 4-11 資料為例，根據圖 4-19 所示的概念圖，沿用前述已經適配的「未指定軌跡模型」為基礎，再代入本節所述的「隨時間改變的共變數」模型，進行一次 LGM 實徵資料分析（其 SIMPLIS 程式語法 spl 檔、參數估計結果 OUT 檔，及路徑關係圖 PTH 檔等，均請參見本書所附光碟中的 Time-Varying Covariates Model 資料夾中的 TVC_2_Model），其結果如表 4-16 所示，其路徑關係圖如圖 4-20 所示。

　　從圖 4-20 所示及其 TVC-2.OUT 的報表內容可知，本模型的整體適配度指標為：$\chi^2_{(18)}$ = 195.75，雖仍達顯著水準（即 $p < 0.0001$），但其

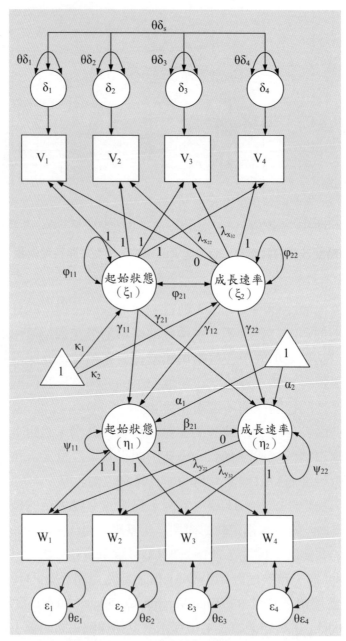

圖 4-19　隨時間改變的共變數（潛在變項的預測）模型的概念性路徑關係圖

表 4-16　隨時間改變的共變數（潛在變項的預測）模型分析的扼要結果

待估計參數	估計值，（估計標準誤），t 值
W 平均截距項（$\hat{\alpha}_1$）	136.36, (0.61),　223.89
W 平均斜率項（$\hat{\alpha}_2$）	80.91, (2.74),　29.57
V 平均截距項（$\hat{\kappa}_1$）	47.49, (0.18),　269.94
V 平均斜率項（$\hat{\kappa}_2$）	11.85, (0.15),　76.76
W 截距項變異數（$\hat{\psi}_{11}$）	32.52, (1.13),　28.81
W 斜率項變異數（$\hat{\psi}_{22}$）	21.82, (0.70),　31.30
W 截距項對 W 斜率項共變數（$\hat{\beta}_{21}$）	-0.57, (0.02),　-28.84
各波誤差變異數（$\hat{\theta}_\varepsilon$）	第一波：　-1.87, (0.76),　-2.46 第二波：　4.13, (0.13),　32.52 第三波：　0.69, (0.07),　9.97 第四波：　1.56, (0.08),　18.95
潛在變項預測效果（γ_{11}） 潛在變項預測效果（γ_{21}） 潛在變項預測效果（γ_{12}） 潛在變項預測效果（γ_{22}）	0.40, (0.01), 35.91 0.23, (0.01), 16.71 0.05, (0.02),　3.03 0.64, (0.02), 42.47
χ^2	195.75
df	18
p-value	0.0001
RMSEA	0.058
NNFI	0.99
SRMR	0.0016

RMSEA $= 0.058$，NNFI $= 0.99$，SRMR $= 0.0016$，以及其他適配度指標等，均在在顯示本模型的分析結果，大致已經適配表 4-11 所示各波的身高與體重資料之間的關係。由圖 4-20 所示可知，體重的潛在截距項與潛在斜率項，確實都能預測到身高的成長趨勢（即潛在截距項與潛在斜率項）；其中，起始的體重較重者，其起始的身高也較高，且後續的身高成長速率也較快（即 γ_{11} 和 γ_{12} 的效果）；體重的成長速率較

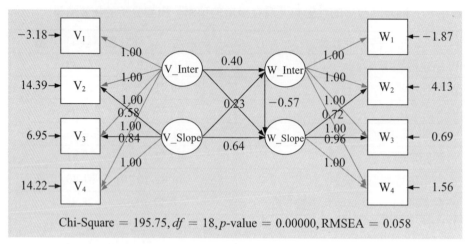

圖4-20　隨時間改變的共變數（潛在變項的預測）模型之路徑關係圖（原始解）

快者，其起始的身高也較高，且後續的身高成長速率也較快（即 γ_{12} 和 γ_{22} 的效果）。但是，就只針對身高的成長趨勢來看，起始身高較高的學生，其後續的身高成長速率卻較慢（即 $\hat{\beta}_{21}$ 的效果）。此結果呈現出國一時體重較重的學生，其後續的身高成長速率較快，與表 4-15 所示結果稍有不同外，其餘，各波的體重均能預測各波的身高變化情形，且大致有隨著體重增加而身高的成長速率較快的變化趨勢。當然，表 4-16 中仍有些參數估計值有待修正，這一點也交由讀者自行嘗試著修正看看。

　　由本例所示可知，把此重複測量的共變數當作潛在變項使用，似乎比把它當作明顯變項使用，來得更適配本模型。不過，在廣義的「隨時間改變的共變數模型」應用領域裡，卻不一定都是如此，研究者還是需要視研究問題、所蒐集的資料及適配度檢定結果而定。此外，本模型還可以延伸應用到「跨個人」（across individuals）而非「跨時間」（across time）的重複測量情境裡，不過這種情況比較像是執行多層次模型（multilevel modeling）（Raudenbush & Chan, 1993）的案例，我們會在本書第 10 章裡再行討論。目前，對本模型的特殊應用議題感

興趣的讀者，可以閱讀 Mehta 與 West（2000）的研究報告。

第十三節 多項式成長曲線模型

　　本章討論至前一節為止，都是假設成長模型與時間（time）或年齡（age）之間，是呈現簡單的直線關係（linear function）。而事實上，關於成長模型的應用，卻可以不只是如此。例如，我們可以探討參數是直線關係的（linear in parameters），但變項卻可以是非直線關係的（nonlinear in variables）情況，也就是說，我們可以把前述各節裡各種模型中的成長參數（parameters of growth），視為是經過時間單位轉換後的直線加權值（linear weights）。而這種情況最常見到的範例，即是「二次式潛在成長曲線模型」（quadratic latent growth curve model）（MacCallum, Kim, Malarkey, & Kiecolt-Glaser, 1997; Meredith & Tisak, 1990; Stoolmiller, 1995）。針對此範例，一個假想的概念性路徑關係圖，如圖 4-21 所示，即可用來說明此類模型的範本。在圖 4-21 中，二次式斜率項因素的負荷量，即是由直線式斜率項因素的負荷量取平方（squares）而來，而該二次式斜率項因素的平均數（即 $\hat{a}_3$），即代表成長軌跡中此二次式斜率項彎曲的程度。

　　由於 TEPS 資料庫的資料僅有四波次的測量結果，而要代入如圖 4-21 所示的三個潛在變項的 LGM 之探索時，因為待估計的自由參數個數遠多於資料矩陣所提供的獨立元素個數（即 $df = k - h < 0$），該模型為「低度辨識」（under-identified）（余民寧，2006a）。即使想盡辦法，將許多自由參數設定為固定參數或限制參數，仍無法將待估計的自由參數個數合理地降低到等於資料矩陣所提供的獨立元素個數（即 $df = k - h = 0$），即該模型為「剛好辨識」（just identified）（余民寧，2006a）。因此，在此情況下，TEPS 資料庫無法適用於探討「是否具有二次式成長曲線模型」存在的問題。

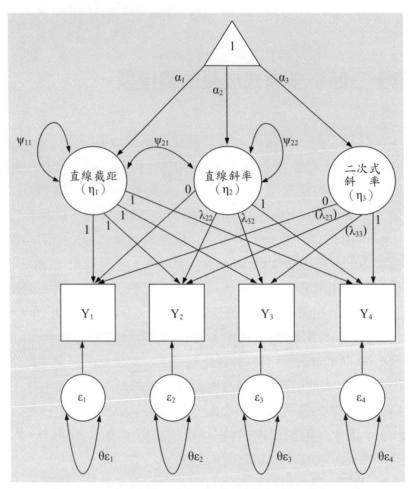

圖 4-21　二次式潛在成長曲線模型的概念性路徑關係圖

　　為了能舉例說明此模型的應用情況，我們茲以Preacher、Wichman、MacCallum 與 Briggs（2008, p. 24）書上的數據為例（見表 4-17 所示），來進一步試探LGM 應用到二次式趨勢的可能性。在該資料中，由於五波的測量並不是連續進行的，在第一波測量後，曾間斷一年後再進行測量，所以在設定直線斜率項的負荷量時，依據線性時間的增加，原先即設定為 0、2、3、4、5，所以在設定二次式斜率項的負荷量

表 4-17　親子親密關係五波測量分數之共變數矩陣與平均數
　　　　（全體樣本，N = 851）

觀察變項	Y_1	Y_2	Y_3	Y_4	Y_5	平均數
第一波（Y_1）	6.3944					37.9542
第二波（Y_2）	3.2716	7.5282				37.2785
第三波（Y_3）	4.1435	6.0804	10.7290			37.0463
第四波（Y_4）	3.7058	5.1597	6.5672	10.2920		36.5696
第五波（Y_5）	4.1286	5.7608	7.2365	7.6463	12.9085	36.1363

時，即設定為 0、4、9、16、25，亦即，將直線斜率項的關係依序加以取平方而得。且由於原始資料（見表 4-17 所示）的各波平均數均相當接近，故設定各波的測量誤差變異數均相等，以減少估計參數的數量，並增進模型的適配度。

所以，我們以表 4-17 資料為例，根據圖 4-21 所示的概念圖，沿用本章第六節所述的「隨機截距隨機斜率模型」為基礎，再代入本節所述的「二次式潛在成長曲線模型」，進行一次 LGM 實徵資料分析（其 SIMPLIS 程式語法 spl 檔、參數估計結果 OUT 檔，及路徑關係圖 PTH 檔等，均請參見本書所附光碟中的 Polynomial Growth Curve Model 資料夾），其結果如表 4-18 所示，其路徑關係圖如圖 4-22 所示。

從圖 4-22 所示及其 PGCM.OUT 的報表內容可知，本模型的整體適配度指標為：$\chi^2_{(12)} = 65.86$，雖仍達顯著水準（即 $p < 0.0001$），但其 RMSEA = 0.073，NNFI = 0.98，SRMR = 0.065，以及其他適配度指標等，均在在顯示本模型的分析結果，大致已經適配表 4-17 所示各波的親子親密關係資料。

由本範例所示可知，若欲根據「未指定軌跡模型」來探索一筆資料「是否具有二次式成長曲線模型」存在的問題時，我們所建構的資料庫資料勢必至少要有五波以上的重複測量結果，才能據以進行三個潛在變項的 LGM 探索。當資料的重複測量波數較少時，我們是無法探

表 4-18　二次式潛在成長曲線模型分析的扼要結果

待估計參數	估計值，（估計標準誤），t 值
平均直線截距項（$\hat{a}_1$）	37.94, (0.09), 433.08
平均直線斜率項（$\hat{a}_2$）	−0.26, (0.06), −4.65
平均二次式斜率項（$\hat{a}_3$）	−0.02, (0.01), −1.75
截距項變異數（$\hat{\psi}_{11}$）	2.98, (0.29), 10.44
斜率項變異數（$\hat{\psi}_{22}$）	0.07, (0.04), 1.97
截距項／斜率項共變數（$\hat{\psi}_{21}$）	0.30, (0.06), 5.03
各波均等誤差變異數（$\hat{\theta}_\varepsilon$）	3.66, (0.10), 35.26
χ^2	65.86
df	12
p-value	0.0001
RMSEA	0.073
NNFI	0.98
SRMR	0.065

索多項式成長趨勢是否存在的問題。關於這一點問題的認知，對建立資料庫之初的設計考量，是相當重要的。

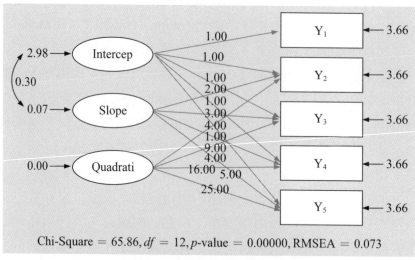

$$\text{Chi-Square} = 65.86, df = 12, p\text{-value} = 0.00000, \text{RMSEA} = 0.073$$

圖 4-22　二次式潛在成長曲線模型之路徑關係圖（原始解）

　　而當我們獲得一份測量波數適當的資料時，若欲探究「是否具有二次式（或更高次式）成長曲線模型」存在的問題時，則必須如本章前幾節所述的步驟一樣，先一一檢定各種可能存在的基本LGM，之後才能再根據已經適配的模型，進一步去探索是否存在有「多項式成長趨勢」的可能性。例如，本範例若採用其他已適配的模型（如第二節到第六節所述模型）的話，因為設定斜率項的因素負荷量為已知參數，所以待估計參數可以大幅減少，即使使用三波的重複測量資料，也可以進行多項式成長趨勢的檢定。

Part 2

進階篇

本書第一篇第 3 章及第 4 章所述的基礎模型及各種應用模型,可說是最基礎的 LGM 的應用。隨著社會科學對問題探究的研究假設愈趨於複雜化與結構化,所以,後續延伸發展出來的模型,也就愈趨於兼具複雜性與彈性的特色,也愈需仰賴電腦軟體的運算與統計理論之假設檢定的支持。

因此,第二篇起所擬介紹的各種方法,即是建立在第一篇的基礎應用之上,再慢慢擴及其他更特殊與更複雜資料型態的應用上。本篇包含第 5 章到第 12 章,分別介紹 LGM 的各種延伸模型,包括:多變量 LGM、ALT、OGM、PGM、改變面向間的因果模型、MLM、LGMM 和 SLC 模型等,並舉 SIMPLIS 程式語法為例,說明該模型是如何應用的。

CHAPTER 5

多變量潛在成長模型

　　第 4 章所介紹的各種基礎模型，都僅止於探討單一變項的重複測量背後的潛在成長趨勢問題而已。為了區別起見，也許我們可以將它稱作「單變量潛在成長模型」（univariate latent growth model, ULGM），或者簡寫成 ULGM，或僅是 LGM，代表只探究一個變項經過重複測量後的相關成長與發展趨勢問題的研究模型。

　　由於近百年來的統計學發展趨勢，是由單變量統計學逐步邁向多變量統計學，由明顯變項模型逐漸邁向潛在變項模型（余民寧，2006a）。因此，現今社會科學所探究的研究問題，不會僅有考量、操弄、處理單一變項而已，而是同時考量、操弄、處理多個變項的問題。所以，研究者若要同時探究多個變項經過重複測量後的相關成長與發展趨勢問題的話，則勢必要考慮使用多變量縱貫性模型（multivariate longitudinal model），以便同時探究不同變項的成長與發展行為彼此之間的共變關係。這樣的模型，我們即可稱之為「多變量潛在成長模型」（multivariate latent growth model, MLGM），或者簡寫成 MLGM。

　　MLGM 首先由統計學家 Tucker（1966）提出其概念模型，再由後來的學者（如：Meredith & Tisak, 1990）加以發揚光大，將它延伸擴大到一般的結構方程式模型軟體（如：LISREL、EQS、AMOS、MPLUS 等）都可以處理的應用例子。這類的 MLGM，其名稱有一點混亂，有的稱之為「因素的曲線模型」（curve-of-factors model, CFM）（如：S. C. Duncan & Duncan, 1996; McArdle, 1988），有的則稱之為「潛在變項縱貫曲線模型」

（latent variable longitudinal curve models, LVLCM）（如：Tisak & Meredith, 1990），有的則稱之為「二階的潛在成長模型」（second-order latent growth models, SOLGM）（如：Hancock, Kuo, & Lawrence, 2001; Hancock & Lawrence, 2006; Sayer & Cumsille, 2001），不一而足；在這類模型中，有一個共同特徵，那就是重複測量的觀察變項所抽取出的潛在變項當作是第一階的因素（first-order factors），而針對這些潛在變項再抽取出的成長因素（如截距項和斜率項）則被當作是第二階的因素（second-order factors），其典型的概念性路徑關係圖，如圖5-1、圖5-3和圖5-4所示，但在本章裡，我們將統稱它們為「多變量潛在成長模型」。

當我們有多個測量變項經過重複測量後的資料，可供探索其背後的成長與發展趨勢問題時，使用這類MLGM，會比其他模型更具有一些優勢。第一，使用二階的潛在成長模型，即表示它承認在重複測量的過程中，測量誤差是存在的事實，因而使用潛在變項來表徵此誤差的存在。第二，使用二階的潛在成長模型，允許研究者將干擾變異（disturbance variation）切割成兩部分的組合：一個來自離均差的部分（即反映在如圖5-1和圖5-3的 ψ_{11} 至 ψ_{66}、圖5-4的 ψ_{11} 至 ψ_{44}），和另一個則來自測量誤差的獨特變異部分（即反映在如圖5-1至圖5-3的所有 θ_ε）。第三，使用二階的潛在成長模型，也允許研究者進行縱貫因素不變性（longitudinal factorial invariance）或靜止性（stationarity）之檢定（Sayer & Cumsille, 2001; Tisak & Meredith, 1990），這一點尤其在研究感興趣的潛在變項意義跨各測量期都維持不變時，更是特別重要（Willett, 1989; Willett & Sayer, 1995）。為了檢定這個假設是否能夠獲得支持，研究者必須將因素結構設定為跨重複測量的時間點都維持不變；亦即，在重複測量的每種類似測量變項上，因素負荷量的數值都必須設定為相等（Chan, 1998; Meredith & Horn, 2001）。關於探索此縱貫因素不變性的問題，還有許多值得深入的地方，有興趣的讀者可以事先參考其他學者的文獻（Chan, 1998; Hancock, Kuo, & Lawrence, 2001;

Sayer & Cumsille, 2001）。

　　在此，本章僅介紹其中幾個常見的模型：一階的多變量潛在成長模型（first-order MLGM），又稱作「聯合的多變量潛在成長模型」（associative multivariate latent growth model, AMLGM），以及二階的多變量潛在成長模型（second-order MLGM），又稱作「曲線的因素模型」（factor-of-curves model, FCM）或「因素的曲線模型」（curve-of-factors model, CFM）。

第一節　AMLGM 簡介

　　基本上，AMLGM 是 LGM 應用的延伸，它允許研究者同時探索兩個（含以上）觀察變項重複測量背後的成長與發展參數之間的關係。本模型的實際做法即是：首先，分別探究個別觀察變項的重複測量結果是呈跨時間增加、減少或持平的發展趨勢；其次，畫出跨時間改變的平均數曲線圖，以代表組別間或個別間層次（interindividual level）的改變量；再來，檢定各個成長模型的參數是否達顯著，以確保我們在建構 AMLGM 之前，個別測量模型與資料之間是適配的；最後，再運用完整的 SEM 建構策略，將此不同的 LGM 連結起來。此典型的 AMLGM 路徑關係圖，如圖 5-1 所示。

　　在圖 5-1 所示的概念圖裡，我們先假設有三個研究變項的成長趨勢是呈現直線的關係，因此，其個別的斜率項因素負荷量均預設為 0、1、2、3，且允許個別成長因素（即個別的截距項與斜率項）之間都具有相關存在。所以，AMLGM 對此問題的應用，即是將此三個個別的 LGM 連結起來成為一個完整的 SEM。茲以表 5-1 所示的資料為例，說明此模型的應用。

　　接著，我們以表 5-1 資料為例，根據圖 5-1 所示的概念圖，沿用第 4 章第六節所述的「隨機截距隨機斜率模型」為基礎，再代入本節所

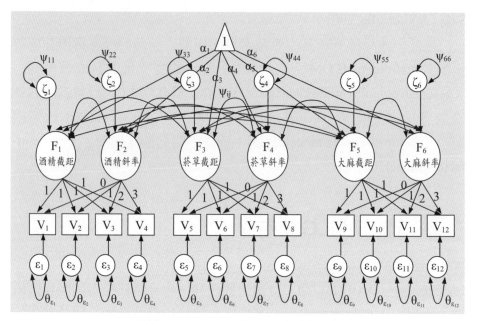

圖 5-1　AMLGM 的概念性路徑關係圖

述的 AMLGM，進行一次實徵資料分析（其 SIMPLIS 程式語法 spl 檔、參數估計結果 OUT 檔，及路徑關係圖 PTH 檔等，均請參見本書所附光碟中的 Associative MLGM 資料夾），其重要結果的扼要摘要如表 5-2 所示，其實徵的路徑關係圖如 5-2 所示。

　　從表 5-2 及圖 5-2 所示，及其 AMLGM.OUT 的報表內容可知，本模型的整體適配度指標為：$\chi^2_{(51)} = 236.06$，雖仍達顯著水準（即 $p < 0.0001$），但其 RMSEA = 0.101，NNFI = 0.96，SRMR = 0.059，以及其他適配度指標等，均在在顯示本模型的分析結果，大致已經適配表 5-1 所示四波重複測量的三種藥物濫用資料背後的成長與發展關係。從表 5-2 所示可知，青少年一開始即濫用酒精者，其未來濫用酒精的成長速率（即 $r_{F_1F_2} = -0.26$）雖較低，但其未來濫用菸草（即 $r_{F_1F_3} = 0.52$）及濫用大麻（即 $r_{F_1F_5} = 0.78$）的情況卻較高；且青少年一開始即濫用菸草者，其未來濫用大麻（即 $r_{F_3F_5} = 0.60$）的情況也是較高的；此外，濫

表 5-1　三種（酒精、菸草、大麻）青少年藥物濫用變項的相關係數矩陣

	酒精濫用				菸草濫用				大麻濫用			
	T_1	T_2	T_3	T_4	T_1	T_2	T_3	T_4	T_1	T_2	T_3	T_4
	V_1	V_2	V_3	V_4	V_5	V_6	V_7	V_8	V_9	V_{10}	V_{11}	V_{12}
V_1	1.000											
V_2	0.725	1.000										
V_3	0.595	0.705	1.000									
V_4	0.566	0.624	0.706	1.000								
V_5	0.419	0.281	0.303	0.283	1.000							
V_6	0.344	0.362	0.350	0.367	0.671	1.000						
V_7	0.224	0.281	0.353	0.360	0.548	0.783	1.000					
V_8	0.183	0.234	0.300	0.384	0.458	0.696	0.823	1.000				
V_9	0.579	0.482	0.410	0.303	0.455	0.333	0.244	0.179	1.000			
V_{10}	0.532	0.571	0.501	0.440	0.347	0.444	0.352	0.272	0.663	1.000		
V_{11}	0.439	0.507	0.648	0.496	0.378	0.419	0.430	0.345	0.551	0.709	1.000	
V_{12}	0.431	0.469	0.527	0.571	0.345	0.424	0.427	0.412	0.499	0.682	0.736	1.000
M	1.338	1.591	2.019	2.364	0.862	1.218	1.445	1.756	0.554	0.890	1.033	1.123
SD	1.260	1.334	1.440	1.376	1.709	1.948	2.117	2.265	1.199	1.432	1.496	1.503

註：1.資料引自 Duncan、Duncan 與 Strycker（2006, p. 65）。該資料乃取自美國的「美國年輕人調查」（National Youth Survey）資料庫中，357 名年齡在 12 至 18 歲的青少年，進行為期三年共四波次的重複測量之調查。

2. T_1 至 T_4 代表四波的重複測量時間。

3. V_1 至 V_{12} 代表三種變項各重複測量四次的變項代碼。

4. M 代表各變項的平均數，SD 代表各變項的標準差。

用酒精的成長速率較高者，其未來濫用菸草的成長速率（即 $r_{F_2 F_4} = 0.60$）和濫用大麻的成長速率（即 $r_{F_2 F_6} = 0.88$）也是較高的；而且，濫用菸草的成長速率較高者，其未來濫用大麻的成長速率（即 $r_{F_4 F_6} = 0.53$）也是較高的。

當然，本例的 RMSEA 偏高，顯示模型中尚有需要局部修正的地方，讀者可以試試看根據修正指標（modification index, MI）值的大小，去調整放寬某些變項的測量誤差之間的參數估計，即可大幅降低整體的卡方值，而讓整個模型更適配。但筆者要提醒的一點是，無論讀者如何修正模型，都不能犧牲整個模型的解釋力，亦即需要考量修

表 5-2　AMLGM 分析下三種藥物濫用成長因素之間的相關係數矩陣

	酒精		菸草		大麻	
	截距項 F_1	斜率項 F_2	截距項 F_3	斜率項 F_4	截距項 F_5	斜率項 F_6
酒精						
截距項	1.000					
斜率項	−0.26*	1.000				
菸草						
截距項	0.52*	−0.13	1.000			
斜率項	−0.19*	0.60*	−0.09	1.000		
大麻						
截距項	0.78*	−0.37*	0.60*	−0.23*	1.000	
斜率項	−0.07	0.88*	0.04	0.53*	−0.08	1.000

註：*代表達 $\alpha < 0.05$ 的顯著水準。

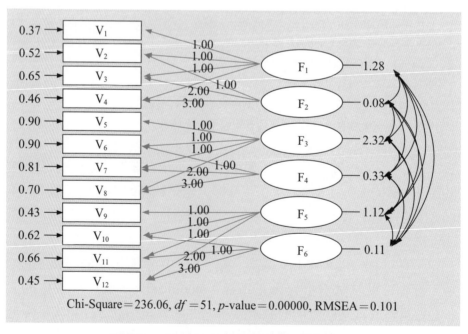

Chi-Square＝236.06, df＝51, p-value＝0.00000, RMSEA＝0.101

圖 5-2　AMLGM 之路徑關係圖（原始解）

正後的模型還能否發揮有意義的解釋力，以免讓此模型修正淪為「垃圾進，垃圾出」的一種資料分析行為。

第二節 高階的 MLGM 簡介

其實，由圖 5-2 所示可知，三個變項的成長因素（即每個截距項和斜率項）之間具有相關。從模型適配與建模過程的探索角度來看，這意味著該因素背後可能隱含有高階的因素結構存在，或者因素之間具有某些因果關係的方向存在，值得繼續探索（余民寧，2006a）。因此，有學者（McArdle, 1988）即進一步提出二階的多變量潛在成長模型，以企圖更進一步適配該筆資料，而其中有兩種模型可資提供探索的選擇，一種稱為「曲線的因素模型」（factor-of-curves model, FCM），另一種稱為「因素的曲線模型」（curve-of-factors model, CFM）。由於這兩種模型不是巢套設計的關係，所以無法比較孰優孰劣，但是，我們卻可以根據精簡適配度指標〔如：Akaike（1974）的 AIC 指標和 Bozdogan（1987）的 CAIC 指標〕，來比較何種模型較為精簡，較為適配某些資料，以供我們選擇使用何種模型才是最佳解。

在「曲線的因素模型」裡，我們是從一階的 AMLGM 裡的成長因素（即從每個重複測量觀察變項中所抽取出的截距項和斜率項，或稱為「一階的因素」），抽取出共同的二階因素來，即抽取出「共同的截距項與斜率項」因素；而在「因素的曲線模型」裡，我們則是從一階的 AMLGM 裡，針對各測量時間點的不同，先抽取出時間點的共同因素（即當作一階的因素），再從時間點的共同因素分數中，抽取出測量變項（即藥物濫用）的二階共同成長因素（即藥物濫用的截距項和斜率項）。這兩種做法，都有點像在執行「二階的驗證性因素分析」（second-order confirmatory factor analysis, SOCFA）工作一般，只是抽取一階和二階因素的做法有些相異而已，但其共同的前提都是前一分

析步驟的 AMLGM 必須是適配的，否則，後續的二階因素探索行為均會變得沒有意義。一個典型的「曲線的因素模型」路徑關係圖，如圖 5-3 所示；而一個典型的「因素的曲線模型」路徑關係圖，如圖 5-4 所示。

為了說明比較此兩種模型的應用情形，我們茲以表 5-1 所示的資料為例，透過這兩種高階的 MLGM 的分析（其 SIMPLIS 程式語法 spl 檔、參數估計結果 OUT 檔，及路徑關係圖 PTH 檔等，均請參見本書所附光碟中的 Factor-of-Curves Model 資料夾和 Curve-of-Factors Model 資料夾），來逐步比較各種適配度指標的數據，以判別何種模型才是較適合用來詮釋表 5-1 的資料結構。表 5-3 所示，即是這兩種分析結果的適配度指標及估計參數的比較摘要表，而圖 5-5 和圖 5-6 所示，即是這兩種方法的路徑關係圖原始解。

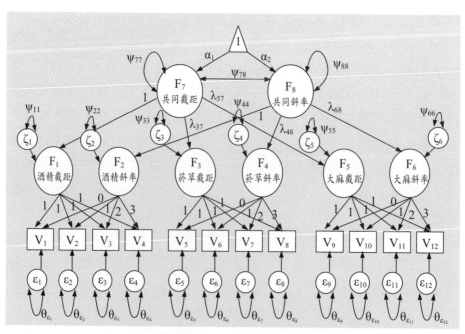

圖 5-3　曲線的因素模型（FCM）的概念性路徑關係圖

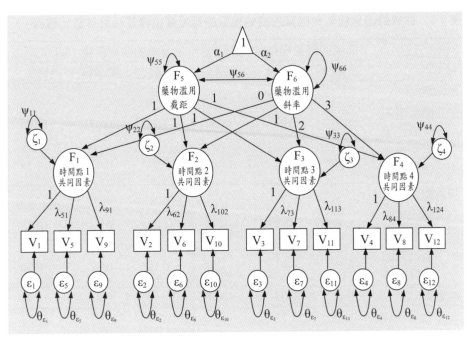

圖 5-4　因素的曲線模型（CFM）的概念性路徑關係圖

　　由表 5-3、圖 5-5 和圖 5-6，及其 FCM.OUT 和 CFM.OUT 的報表內容可知，兩個模型比較起來，似乎是「曲線的因素模型」（FCM）較為適配、較能詮釋表 5-1 的資料結構。兩個模型的適配度均不甚佳，模型中尚有許多修正的空間，但光從精簡適配指標（如 AIC 和 CAIC）和其他整體適配指標（如 RMSEA、NNFI、CFI、SRMR）來比較，在在顯示前一個模型較為精簡、較為適配表 5-1 的資料。但這兩個模型也有一個共同趨勢，那就是二階因素均能預測（詮釋）到一階的因素，無論研究者的假設為何，均在在顯示青少年的藥物濫用行為，一開始時的平均數較高者（即一開始濫用情況較嚴重者），其後續的成長速度是較低的（即其後續濫用情況的惡化速度是較慢的），因為這兩者之間是呈現顯著的負相關。

　　當然，本例的 RMSEA 偏高，SRMR 偏大，顯示模型中尚有許多

表 5-3　曲線的因素模型和因素的曲線模型的適配度指標及估計參數比較表

	曲線的因素模型（FCM）			因素的曲線模型（CFM）		
	參數	標準誤	t 值	參數	標準誤	t 值
平均數						
二階因素的截距項	1.30*	0.07	19.54	1.24*	0.07	18.05
二階因素的斜率項	0.35*	0.02	15.88	0.34*	0.02	14.59
變異數						
二階因素的截距項	1.37*	0.15	9.40	1.38*	0.13	10.75
二階因素的斜率項	0.13*	0.02	7.52	0.10*	0.02	6.30
共變數	−0.12*	0.03	−3.76	−0.08*	0.03	−2.41
χ^2	313.51			1757.03		
df	63			61		
p-value	0.000			0.000		
RMSEA	0.106			0.279		
NNFI	0.95			0.76		
CFI	0.96			0.74		
SRMR	0.13			0.24		
AIC	367.51			1911.94		
CAIC	499.21			2009.50		

註：*代表達 α＜ 0.05 的顯著水準。

值得修正的地方，讀者可以試著根據修正指標（modification index, MI）值的大小，去調整放寬某些變項的測量誤差之間的參數估計，即可大幅降低整體的卡方值，而讓整個模型更適配。但筆者仍要提醒一點，無論讀者如何修正模型，都不能犧牲整個模型的解釋力，亦即模型的修正必須考量能否有意義地進行解釋，才能避免讓此模型修正淪為「垃圾進，垃圾出」的一種資料分析行為。有關此類高階的潛在成

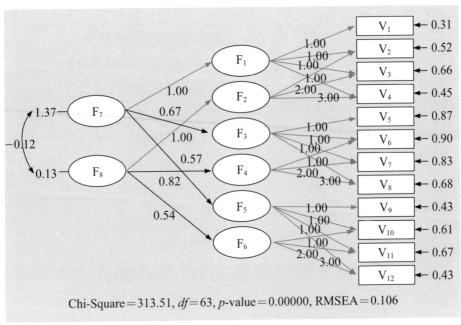

Chi-Square = 313.51, df = 63, p-value = 0.00000, RMSEA = 0.106

圖 5-5　曲線的因素模型（FCM）之路徑關係圖（原始解）

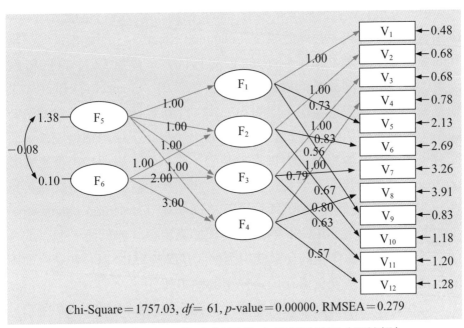

Chi-Square = 1757.03, df = 61, p-value = 0.00000, RMSEA = 0.279

圖 5-6　因素的曲線模型（CFM）之路徑關係圖（原始解）

長曲線模型的應用情形，如：理論或統計假設、參數設定方法、參數限定、參數估計等議題，有興趣的讀者還可以繼續延伸閱讀 Blozis（2004）、Byrne 與 Crombie（2003）、Cheong、MacKinnon 與 Khoo（2003）、Christensen、Mackinnon、Jorm、Korten、Jacomb、Hofer 與 Henderson（2004）、S. C. Duncan、Duncan 與 Strycker（2001）、Ferrer 與 McArdle（2003）、Horn、McArdle 與 Mason（1983）、McArdle（1988）、Meredith 與 Tisak（1982）、Nesserlroade（1977, 1983）、Newsom（2002）、Patterson（1993）、Wills、Sandy、Yaeger、Cleary 與 Shinar（2001）等人的研究文獻。

第三節　包含結構參數的 MLGM 簡介

　　前兩節所介紹的多變量潛在成長模型，是指同時探索兩個以上觀察變項的重複測量背後的成長趨勢之間的相關問題。在這兩種情況下，研究者所擬探索的「共同效果」（common effects），即是指這些二階共同藥物濫用因素（即圖 5-5 中的 F_7 和 F_8 因素，及圖 5-6 中的 F_5 和 F_6 因素）彼此間共同分享的效果，而「特定效果」（specific effects），則是指某種特定藥物濫用（即圖 5-5 中的 F_1 到 F_6 因素）或特定測量時間點（即圖 5-6 中的 F_1 到 F_4 因素）的效果。但除了這兩種情況外，研究者也許會有興趣想進一步探索，某個（或多個）變項是否會影響到這些成長趨勢的共同效果和特定效果的問題；也就是說，研究者可以進一步探索把某個（或多個）共同結構參數（structural parameter）（如：年齡）加入 MLGM 的階層性延伸應用裡，亦即將一個（或多個）外衍變項（當作結構參數使用）納入基礎的LGM裡，並結合前兩節所介紹的各種多變量潛在成長模型的應用。

　　這些典型的應用例子的概念圖，如圖 5-7、圖 5-8 和圖 5-9 所示。在這些模型裡，我們將某個會影響這些成長趨勢的共同變項（如：年

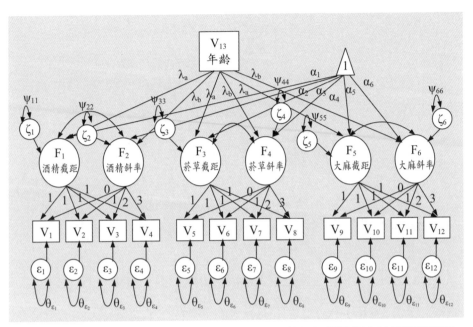

圖 5-7　包含結構參數（年齡）對 AMLGM 共同效果影響的概念性路徑關係圖

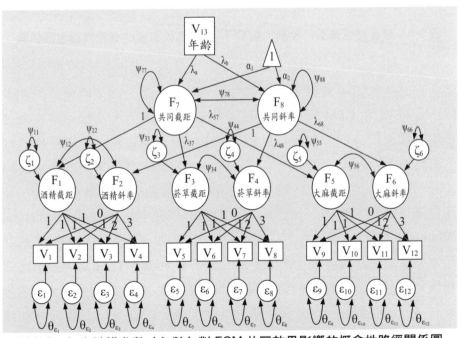

圖 5-8　包含結構參數（年齡）對 FCM 共同效果影響的概念性路徑關係圖

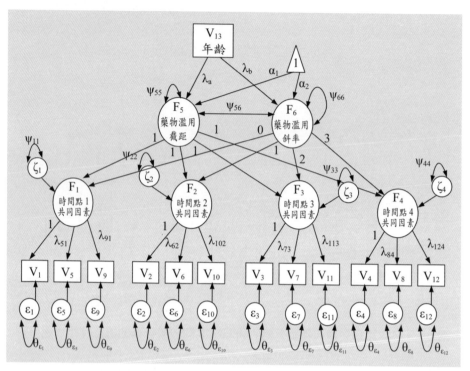

圖 5-9　包含結構參數（年齡）對 CFM 共同效果影響的概念性路徑關係圖

齡，它的角色如同 SEM 分析中的外衍變項），納入前兩節所述的 AM-LGM、FCM 和 CFM 裡，再如同第 4 章第九節所述的有條件潛在成長模型一樣進行分析。我們茲以表 5-1 所示的延伸資料（見語法檔的輸入資料矩陣）為例，說明這種包含結構參數（如：年齡）對各種 MLGM 的分析結果（其 SIMPLIS 程式語法 spl 檔、參數估計結果 OUT 檔，及路徑關係圖 PTH 檔等，均請參見本書所附光碟中的 Including Structural Parameters MLGM 資料夾）。表 5-4 所示，即是年齡對這三種模型的共同效果參數估計摘要表，而圖 5-10、圖 5-11 和圖 5-12 即為年齡對這三種模型的共同效果影響的路徑關係圖原始解；如表 5-5 所示，即是年齡對這三種模型的特定效果參數估計摘要表，而圖 5-13、圖 5-14 和圖 5-15 即為年齡對這三種模型的特定效果影響的路徑關係圖原始解。

表 5-4　包含結構參數（年齡）對各種 MLGM 共同效果影響的參數估計摘要表

	參數	標準誤	t 值
AMLGM 模型			
酒精截距項	1.04*	0.10	10.09
酒精斜率項	−0.07	0.04	−1.84
菸草截距項	1.04*	0.10	10.09
菸草斜率項	−0.07	0.04	−1.84
大麻截距項	1.04*	0.10	10.09
大麻斜率項	−0.07	0.04	−1.84
FCM 模型			
藥物濫用的截距項	0.93*	0.14	6.66
藥物濫用的斜率項	−0.06	0.05	−1.33
CFM 模型			
藥物濫用的截距項	0.99*	0.14	7.18
藥物濫用的斜率項	−0.09	0.05	−1.73

註：*代表達 $\alpha < 0.05$ 的顯著水準。

　　由表 5-4 的摘要表和 Including Structural Parameters MLGM 資料夾內各 Common_Effects.OUT 的報表內容可知，包含結構參數（年齡）對各種 MLGM 共同效果的影響情形，大致上是呈現「年齡」對「截距項」有顯著的正面影響力，而對「斜率項」則沒有影響力的一致趨勢。由圖 5-10、圖 5-11 和圖 5-12 所示亦可得知，年齡僅對這三種模型共同效果中的「截距項」有顯著的正面影響力；換句話說，年齡愈高的青少年，他們在三種藥物濫用的起始點也會較高。

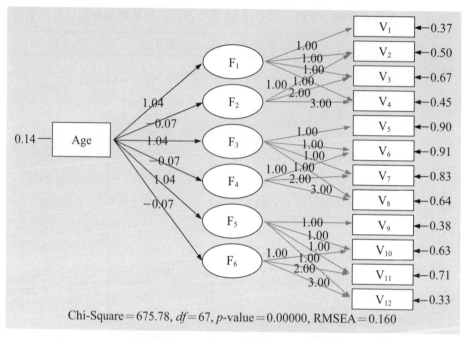

Chi-Square＝675.78, *df*＝67, *p*-value＝0.00000, RMSEA＝0.160

圖 5-10　年齡對 AMLGM 共同效果影響的路徑關係圖（原始解）

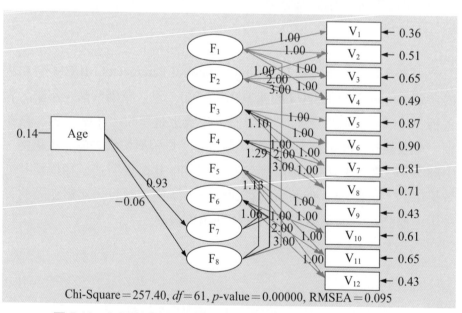

Chi-Square＝257.40, *df*＝61, *p*-value＝0.00000, RMSEA＝0.095

圖 5-11　年齡對 FCM 共同效果影響的路徑關係圖（原始解）

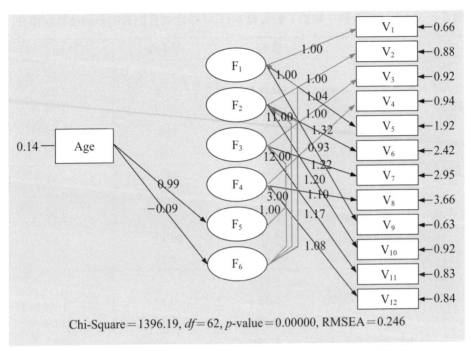

Chi-Square = 1396.19, df = 62, p-value = 0.00000, RMSEA = 0.246

圖 5-12　年齡對 CFM 共同效果影響的路徑關係圖（原始解）

　　由表 5-5 的摘要表和 Including Structural Parameters MLGM 資料夾內各 Specific_Effects.OUT 的報表內容可知，包含結構參數（年齡）對各種MLGM特定效果的影響情形，大致上呈現不規則的影響趨勢，例如在 AMLGM 中，年齡對第三波和第四波測量時間點有顯著的負面影響，亦即，年齡愈高的受試者在第三波和第四波的測量值較低；在FCM中，年齡僅對大麻的斜率項有顯著的正面影響，亦即，年齡愈高的受試者，其大麻濫用的成長速率是愈高的；而在CFM中，年齡則對測量時間點因素（即 F_3 和 F_4）的特定效果沒有任何顯著影響力存在。

表 5-5　包含結構參數（年齡）對各種 MLGM 特定效果影響的參數估計摘要表

	參數	標準誤	t 值
AMLGM 模型			
時間點 3 變項	−0.16*	0.08	−2.05
時間點 4 變項	−0.59*	0.12	−4.79
藥物濫用的截距項	4.76*	0.99	4.82
藥物濫用的斜率項	3.19*	0.67	4.76
FCM 模型			
大麻截距項	0.66	1.01	0.65
大麻斜率項	0.61*	0.21	2.88
藥物濫用的截距項	23.19	36.17	0.64
藥物濫用的斜率項	−0.68*	0.19	−3.57
CFM 模型			
時間點 3 因素	−0.89	0.89	−1.00
時間點 4 因素	−2.38	1.41	−1.69
藥物濫用的截距項	5.29*	1.94	2.72
藥物濫用的斜率項	0.35	0.53	0.65

註：*代表達α< 0.05 的顯著水準。

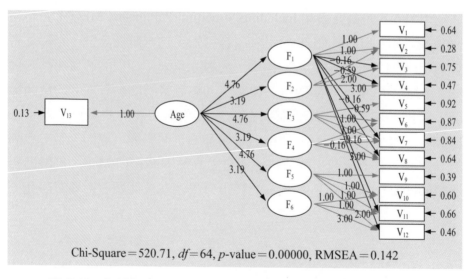

Chi-Square＝520.71, df＝64, p-value＝0.00000, RMSEA＝0.142

圖 5-13　年齡對 AMLGM 特定效果影響的路徑關係圖（原始解）

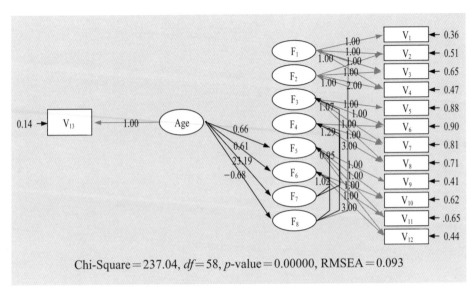

Chi-Square＝237.04, *df*＝58, *p*-value＝0.00000, RMSEA＝0.093

圖 5-14　年齡對 FCM 特定效果影響的路徑關係圖（原始解）

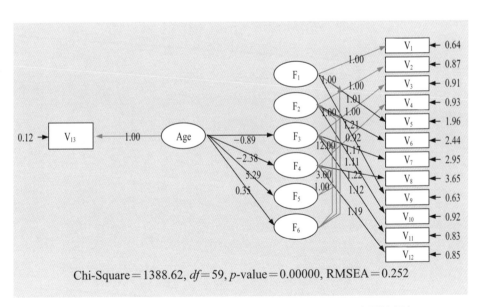

Chi-Square＝1388.62, *df*＝59, *p*-value＝0.00000, RMSEA＝0.252

圖 5-15　年齡對 CFM 特定效果影響的路徑關係圖（原始解）

自我迴歸潛在軌跡模型

　　雖然，LGM是一種探究跨時間改變（change over time）問題的理想方法，但是，在傳統的統計方法學裡，原本即有其他使用明顯變項的統計方法，也是專門用來解決此類問題的。其中一個典型方法，即可追溯至由Guttman（1954）所提出的「自我迴歸模型」（autoregressive model, AR）或「馬可夫單純法模型」（Markov simplex model），本模型又被後繼的學者（Anderson, 1960; Heise, 1969; Humphrey, 1960; Jöreskog, 1970, 1979; Werts, Jöreskog, & Linn, 1971; Wiley & Wiley, 1970）陸續加以改良；這個模型是假設每一次重複測量均被當作是其前一次測量和一個特定時間（time-specific）誤差項的函數，它不像傳統的 LGM，並不太需要考慮跨時間平均數結構的趨勢，反而是比較關心在每一波重複測量裡，可被前一波測量所解釋到的變異部分有多少。簡單地說，自我迴歸模型即是指某個變項本身對自己在前一個時間期測量的本身，進行迴歸分析的一種模型。

　　最簡單的自我迴歸模型，可用下列直線方程式來表示：

$$y_{it} = \alpha_{yt} + \rho_{y_t, y_{t-1}} y_{i,t-1} + \varepsilon_{y_{it}} \qquad \text{（公式 6-1）}$$

其中，對所有的 i 和 t 而言，滿足 $E(\varepsilon_{it}) = 0$ 的假設；對所有的 i 和 $t = 2, 3, \cdots, T$ 而言，滿足 $COV(\varepsilon_{it}, y_{i,t-1}) = 0$ 的假設；且對所有的 t 和 $i \neq j$ 而言，滿足 $E(\varepsilon_{it}, \varepsilon_{jt}) = 0$ 的假設；對所有的 t 和 $i = j$ 而言，滿足 $E(\varepsilon_{it}, \varepsilon_{jt}) = \sigma^2_{\varepsilon_{yt}}$ 的假設；且對所有的 s 和 $i \neq j$ 而言，亦滿足 $E(\varepsilon_{it}, \varepsilon_{jt+s}) = 0$ 的

假設。當然，為了簡化與推理方便起見，我們也可以假設非自我相關的干擾項（nonautocorrelated disturbances）彼此間都不具有相關存在，即對所有 $s \neq 0$ 而言，亦滿足 $COV(\varepsilon_{it}, \varepsilon_{it+s}) = 0$ 的假設。公式 6-1 中的 α_{yt} 項，係指測量時間點為 t 時，該方程式的固定截距項；而常數項 $\rho_{y_t, y_{t-1}}$，係指該方程式的自我迴歸參數（autoregressive parameter），稱作「自我相關係數」（autocorrelation coefficients），是指前一個測量 y 值對本次測量 y 值的影響力大小。通常，研究者會假設當 $t = 1$ 時，該方程式為事先決定的已知值：

$$y_{i1} = \alpha_{y1} + \varepsilon_{y_{i1}}$$
（公式 6-2）

自我迴歸模型的概念模型圖可以圖 6-1 所示（假設 $T = 4$）為代表。由公式 6-1 和圖 6-1 所示可知，所謂的「自我迴歸模型」，即是指後期觀察值是早期觀察值加上一個特定時間誤差項（time-specific error）的直接函數關係，而早期測量值對後期測量值的影響力大小，即反映在 $\rho_{y_t, y_{t-1}}$ 這個自我迴歸參數上。

即使將公式 6-1 延伸應用到兩個以上的重複測量變項時，在時間數列分析（time-series analysis）教科書（如：Box & Jenkins, 1976）上，也常見學者們提出「自我迴歸交叉延宕模型」（autoregressive cross-lagged model, ARCLM）。這種兩個變項的自我迴歸交叉延宕模型，可以表示如下：

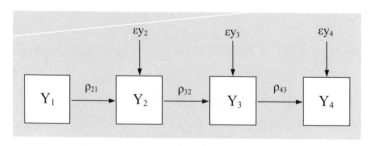

圖 6-1　自我迴歸模型的概念性路徑關係圖

$$y_{it} = \alpha_{yt} + \rho_{y_t, y_{t-1}} y_{i, t-1} + \rho_{y_t w_{t-1}} w_{i, t-1} + \varepsilon_{y_{it}} \qquad （公式 6-3）$$

$$w_{it} = \alpha_{wt} + \rho_{w_t, y_{t-1}} y_{i, t-1} + \rho_{w_t w_{t-1}} w_{i, t-1} + \varepsilon_{w_{it}} \qquad （公式 6-4）$$

其中，個別自我迴歸模型的假設均與上同，但增加所有誤差項（即 ε）的平均數為 0，本身不具有自我相關，且彼此間不具任何相關的假設（即對所有的 i 和 t 而言，滿足 $E(\varepsilon_{y_{it}}) = E(\varepsilon_{w_{it}}) = 0$ 的假設；對所有的 i 和 $t = 2, 3, \cdots, T$ 而言，亦滿足 $COV(\varepsilon_{y_{it}}, y_{i, t-1}) = COV(\varepsilon_{w_{it}}, y_{i, t-1}) = 0$ 且 $COV(\varepsilon_{y_{it}}, w_{i, t-1}) = COV(\varepsilon_{w_{it}}, w_{i, t-1}) = 0$ 的假設；此外，對所有的 t、s 和 $i \neq j$ 而言，滿足 $E(\varepsilon_{y_{it}}, \varepsilon_{y_{jt+s}}) = E(\varepsilon_{w_{it}}, \varepsilon_{w_{jt+s}}) = 0$ 的假設；且對所有的 t 和 i 而言，亦滿足 $E(\varepsilon_{y_{it}}, \varepsilon_{y_{it}}) = \sigma^2_{\varepsilon_{yt}}$ 和 $E(\varepsilon_{w_{it}}, \varepsilon_{w_{it}}) = \sigma^2_{\varepsilon_{wt}}$ 的假設；及對所有的 t 和 i 且 $s \neq 0$ 而言，亦滿足 $E(\varepsilon_{y_{it}}, \varepsilon_{y_{it+s}}) = E(\varepsilon_{w_{it}}, \varepsilon_{w_{it+s}}) = 0$ 的假設），雖然 $\varepsilon_{y_{it}}$ 和 $\varepsilon_{w_{it}}$ 也有可能相關。同樣地，α_{yt} 項和 α_{wt} 項，都是指測量時間點為 t 時，該方程式的固定截距項；而常數項 $\rho_{y_t, y_{t-1}}$ 和 $\rho_{w_t, w_{t-1}}$，都是指該方程式的自我迴歸參數，而 $\rho_{y_t, w_{t-1}}$ 和 $\rho_{w_t, y_{t-1}}$，則是交叉延宕係數（cross-lagged co-efficients）。此外，我們也會假設當 $t = 1$ 時，這兩個方程式均為事先決定的已知值，如下所示：

$$y_{i1} = \alpha_{y1} + \varepsilon_{y_{i1}} \qquad （公式 6-5）$$

$$w_{i1} = \alpha_{w1} + \varepsilon_{w_{i1}} \qquad （公式 6-6）$$

這個自我迴歸交叉延宕模型的概念模型圖可以圖 6-2（假設 $T = 4$）為代表。由公式 6-3、公式 6-4 和圖 6-2 所示可知，所謂的「自我迴歸交叉延宕模型」，即是指測量時間點為 t 時的 y 變項，是測量時間點為 $t-1$ 的 y 變項、測量時間點為 $t-1$ 的 w 變項，及一個特定時間殘差項的函數關係；當交叉延宕效果顯著時，即表示除了早期的 y 變項

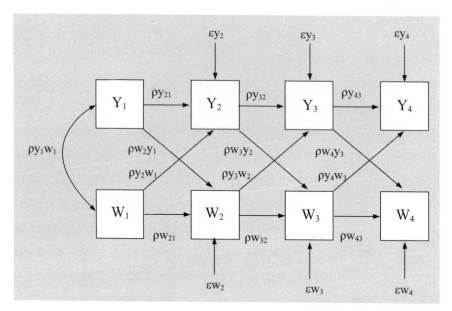

圖 6-2　自我迴歸交叉延宕模型的概念性路徑關係圖

會影響後期的 y 變項外，y 變項後期測量值也會受到來自早期 w 變項測量值的影響。也就是說，此模型有時候會被稱作「殘差量改變模型」（residualized change model）的原因所在，因為當測試後期 y 變項對早期 w 變項的迴歸效果時，y 變項後期測量值已被殘差化（residualized）成 y 變項早期測量值的函數，反之亦然。這些交叉延宕效果的影響力大小，即反映在 $\rho_{y_t, w_{t-1}}$ 和 $\rho_{w_t, y_{t-1}}$ 這兩個自我迴歸交叉延宕參數上。

　　後來，Curran 與 Bollen（2001）和 Bollen 與 Curran（2004, 2006）即將此模型延伸應用到多變量 LGM 上，於是提出「自我迴歸潛在軌跡」（autoregressive latent trajectory, ALT）模型；簡單地說，它即是結合了傳統的 LGM 和自我迴歸（AR）模型的特色而來，這也是本章所擬介紹的重點所在。

第一節　ALT 簡介

　　簡單地說，Curran 與 Bollen（2001）和 Bollen 與 Curran（2004, 2006）等人所提的「自我迴歸潛在軌跡模型」（ALT），其概念性路徑關係圖，如圖 6-3 所示。我們可以利用此圖解來協助理解整個模型的基本架構，以及後續的實徵應用。

　　此 ALT 模型，係結合傳統的 LGM、交叉延宕模型和自我迴歸模型的特色而來，卻比原本的模型更具彈性和應用性，但它有幾個主要觀點與標準的 LGM 不同。第一，從圖 6-3 所示的參數表徵來看，第一波的測量變項被假設為不具有干擾變項的存在。第二，像自我迴歸模型一樣，具有方向性的路徑關係（即圖 6-3 中的所有 ρ 參數），被假設成依序指向次一個重複測量的變項上。第三，重複測量變項的背後，被抽取出兩個代表成長趨勢的潛在因素（即截距項和斜率項），且這兩個潛在變項與第一個測量變項之間，開放允許有相關的可能存在。此時，這種單變量的自我迴歸潛在軌跡模型，其方程式可以表示如下：

$$y_{it} = \alpha_{yi} + \Lambda_{y_{t2}}\beta_{y_i} + \rho_{y_t, y_{t-1}} y_{i, t-1} + \varepsilon_{y_{it}} \qquad （公式 6-7）$$

其中，當 $t = 2, 3, \cdots, T$ 時，方程式滿足 $E(\varepsilon_{y_{it}}) = 0$、$COV(\varepsilon_{y_{it}}, y_{i, t-1}) = 0$、$COV(\varepsilon_{y_{it}}, \beta_{y_i}) = 0$ 且 $COV(\varepsilon_{y_{it}}, \alpha_{y_i}) = 0$ 等假設；同時，對所有的 t 和 $i \neq j$ 而言，亦滿足 $E(\varepsilon_{y_{it}}, \varepsilon_{y_{jt}}) = 0$ 的假設，且對每一個 t 而言，亦滿足 $E(\varepsilon_{y_{it}}, \varepsilon_{y_{it}}) = \sigma^2_{\varepsilon_t}$ 的假設。為了維持與自我迴歸模型與 LGM 一致的假設特性，通常也會假設對所有的 $s \neq 0$ 而言，ALT 中的非自我相關的干擾項彼此間都不具有任何相關存在，亦即滿足 $COV(\varepsilon_{it}, \varepsilon_{it+s}) = 0$ 的假設，雖然，在某些情況下，此假設可以放寬。此外，α 即為潛在變項截距項，β 即為潛在變項斜率項。同理，研究者也會習慣性假設當 $t = 1$ 時，該方程式為

事先決定的已知值：

$$y_{i1} = \alpha_{y1} + \varepsilon_{y_{i1}} \qquad （公式 6-8）$$

　　在實際的應用上，研究者常把圖 6-3 所示 ALT 中的 $\rho_{t,t-1}$ 參數設定為相等（equality），雖然此設定並非是必要的。如果研究者分別根據一些條件，針對公式 6-7 和所有的參數 $\rho_{t,t-1}$ 進行不同的設定（如：設定為 0、設定為均等，或完全開放估計），ALT 即可簡化成自我迴歸（AR）模型或傳統的 LGM，所以說，AR 和 LGM 都是 ALT 的一個特例。

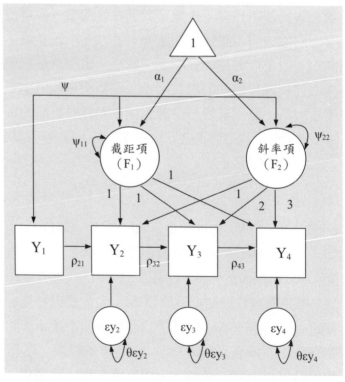

圖 6-3　自我迴歸潛在軌跡模型的概念性路徑關係圖

仿照前述的「自我迴歸交叉延宕模型」一樣，此 ALT 也可以應用到兩個以上的重複測量變項時，此模型筆者稱它為「自我迴歸交叉延宕潛在軌跡」（autoregressive cross-lagged latent trajectory, ARCLLT）模型，或稱為「雙變項 ALT 模型」（bivariate autoregressive latent trajectory model, BALTM）。此時，這種兩個變項的自我迴歸交叉延宕潛在軌跡模型，其方程式可以表示如下：

$$y_{it} = \alpha_{yi} + \Lambda_{y_{t2}} \beta_{y_i} + \rho_{y_t, y_{t-1}} y_{i,t-1} + \rho_{y_i, w_{t-1}} w_{i,t-1} + \varepsilon_{y_{it}} \qquad （公式 6\text{-}9）$$

$$w_{it} = \alpha_{wi} + \Lambda_{w_{t2}} \beta_{w_i} + \rho_{w_t, y_{t-1}} y_{i,t-1} + \rho_{w_t, w_{t-1}} w_{i,t-1} + \varepsilon_{w_{it}} \qquad （公式 6\text{-}10）$$

其中，符號均與前相同，但增加所有誤差項（即 ε）的平均數為 0，本身不具有自我相關，且彼此間不具任何相關的假設，雖然 $\varepsilon_{y_{it}}$ 和 $\varepsilon_{w_{it}}$ 也有可能相關；此外，我們也會假設當 $t = 1$ 時，這兩個方程式均為事先決定的已知值，如下所示：

$$y_{i1} = \alpha_{y1} + \varepsilon_{y_{i1}} \qquad\qquad （公式 6\text{-}11）$$

$$w_{i1} = \alpha_{w1} + \varepsilon_{w_{i1}} \qquad\qquad （公式 6\text{-}12）$$

這個自我迴歸交叉延宕潛在軌跡模型的概念性路徑關係圖，可以圖 6-4（假設 $T = 4$）為代表。

上述不論是單變量或雙變量 ALT，都可說是無條件的（unconditional）模型，但除此之外，ALT 也可以結合外衍共變項（exogenous covariates）的應用例子，而成為有條件的（conditional）模型，如本書第 4 章第十二節所述的「隨時間改變的共變數（TVC）模型」一樣。對此應用例子感興趣的讀者，可以進一步在相關的文獻（王金香，2010；Bollen & Curran, 2004, 2006; Hussong, Hicks, Levy, & Curran, 2001; Rode-

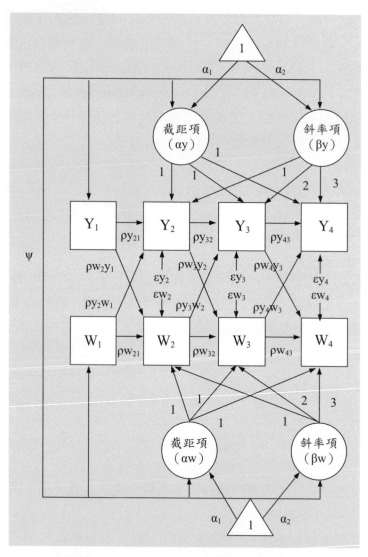

圖 6-4　自我迴歸交叉延宕潛在軌跡模型的概念性路徑關係圖

baugh, Curran, & Chambless, 2002）裡閱讀得到；而與本章所介紹 ALT
較為相近的相關模型「潛在差異分數模型」（latent difference score
model），讀者也可以參考 McArdle（2001）和 McArdle 與 Hamagami
（2001）等人的論文說明。

第二節 實徵分析與解釋

　　為了說明此模型的應用，茲舉 T. E. Duncan、Duncan 與 Strycker（2006, p. 153）書中的數據為例（如表 6-1 所示），來說明此模型的實徵應用概況。表 6-1 所示的數據背景，係針對八十四名青少年的酒精濫用行為持續追蹤六波段的時間數列資料，第一波測量時這一批樣本年齡是 11 歲，後續五波的年齡分別為 12 歲、13 歲、14 歲、15 歲和 18 歲，表中資料是這六波酒精濫用行為的測量之間的描述統計及其相關係數矩陣。

　　接著，我們以表 6-1 資料為例，根據圖 6-3 所示的概念圖，沿用第 4 章第六節所述的「隨機截距隨機斜率模型」為基礎，再代入本節所述的 ALT，進行一次實徵資料分析（其 SIMPLIS 程式語法 spl 檔、參數估計結果 OUT 檔，及路徑關係圖 PTH 檔等，均請參見本書所附光碟中的 Autoregressive Latent Trajectory Model 資料夾中的 ALT_Model 資料夾中的 ALT_0_Model 的子資料夾；同時，亦呈現 EQS 程式語法的結果檔，分別在 ALT_1_Model 與 ALT_2_Model 的子資料夾裡），其重要結果的扼要摘要如表 6-2 所示，其實徵的路徑關係圖如圖 6-5 所示。其中，在表 6-2 裡，AR 的 SIMPLIS 程式語法分析結果，詳見 Autoregressive Latent Trajectory Model 資料夾中的 AR_Model 子資料夾；而 LGM 的 SIMPLIS 程式語法分析結果，詳見 Autoregressive Latent Trajectory Model 資料夾中的 LGM_Model 子資料夾。

表 6-1　酒精濫用行為的時間數列資料

	酒精濫用行為					
	T_1	T_2	T_3	T_4	T_5	T_6
	Y_1	Y_2	Y_3	Y_4	Y_5	Y_6
Y_1	1.000					
Y_2	0.401	1.000				
Y_3	0.377	0.610	1.000			
Y_4	0.316	0.497	0.588	1.000		
Y_5	0.258	0.396	0.562	0.651	1.000	
Y_6	0.187	0.309	0.444	0.413	0.529	1.000
平均數	1.107	1.464	1.678	1.976	2.857	4.071
標準差	0.4111	0.9370	1.2337	1.3168	1.9644	2.0871

註：1.共八十四名年齡從 11 到 18 歲的青少年，進行為期六波段的重複測量之調查。
　　2.T_1 至 T_6 代表六波的重複測量時間。
　　3.Y_1 至 Y_6 代表酒精濫用行為變項的重複測量代碼。

表 6-2　AR、LGM 及 ALT 的適配度檢定（N = 84）

整體適配度	AR	LGM	ALT_0 $\rho_{t,t-1}=0$	ALT_1 $\rho_{t,t-1}$ 自由	ALT_2 $\rho_{t,t-1}$ 相等
χ^2_{ML}	17.30	24.35	16.51	13.605	22.449
df	10	16	14	9	13
p-value	< 0.06801	< 0.08215	< 0.28346	< 0.13707	< 0.04878
NNFI	0.95	0.96	0.98	0.876	0.908
IFI	0.97	0.96	0.98	0.961	0.947
AIC	39.30	46.35	42.51	−4.395	−3.551
SRMR	0.11	0.11	0.059	0.098	0.123
RMSEA	0.094	0.079	0.046	0.128	0.110

　　由於 SIMPLIS 程式語法的限制，無法在同一個程式裡，既將變項當作潛在變項的效標變項使用，又同時當作明顯變項的預測變項使用。因此，在 ALT_1_Model 與 ALT_2_Model 的分析中，係以 EQS 程式執

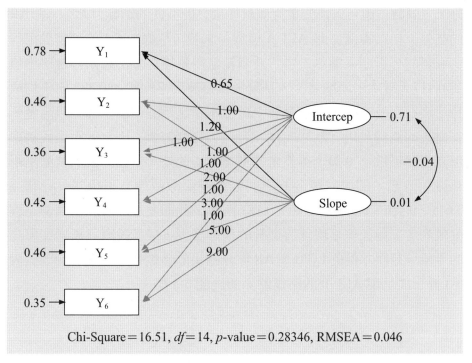

Chi-Square = 16.51, *df* = 14, *p*-value = 0.28346, RMSEA = 0.046

圖 6-5　自我迴歸潛在軌跡（ALT_0）模型之路徑關係圖（原始解）

行結果來呈現，並將其重要結果摘要在表 6-2 裡。由於本書的重點僅在介紹以 SIMPLIS 語法為主的範例，不擬進一步詳加說明 EQS 程式的使用。對 EQS 或 MPLUS 程式感興趣的讀者，可以自行搜尋閱讀相關書籍與研究文獻。

　　根據表 6-2 所示結果的摘要可知，很顯然地，ALT_0 與 ALT_1 模型分析的結果，似乎比較適配於表 6-1 所示的資料，甚至比 AR 與 LGM 較好；也就是說，表 6-1 所示的資料，可適用於以 ALT_0 或 ALT_1 模型來分析與詮釋其結果。由於 ALT_0 模型（設定 $\rho_{t,t-1} = 0$）很接近傳統 LGM 的結果，我們比較無法得知重複測量變項之間的自我相關係數的大小；因此，若以 ALT_1 模型（設定 $\rho_{t,t-1}$ 自由估計）來解釋結果的話，不僅我們可以獲得一個適配的資料分析結果（即 LGM 的部

分），同時，也可以得知重複測量變項之間彼此的影響力大小（即AR的部分）。以本例（即 ALT_1 模型）來說，根據表 6-1 的酒精濫用行為資料的分析結果顯示，這六波酒精濫用重複測量的起始行為平均值為 0.417（雖然未達顯著），且爾後以每波段平均增加 0.332 的平均成長速度在逐波成長，並隱含著受試樣本在起始酒精濫用行為較高者，其爾後的酒精濫用行為的成長（惡化）速度較快（因為截距項與斜率項之相關係數為 0.23，雖然未達顯著）；此外，自第一波酒精濫用行為發生時起，即與其後各波之間的相關係數依序為正相關，分別為 0.645、0.456、0.335、0.446、0.181 不等，此即表示前一波酒精濫用程度較高者，爾後係呈現逐波遞升的情形發生，或者說有逐漸增加惡化的現象。茲將本例的 LGM 與 AR 部分結果的參數估計情形，摘要於表 6-3 裡，並呈現 ALT_0 的路徑關係圖於圖 6-5 裡。

表 6-3　ALT_1 與 ALT_2 模型參數估計摘要

	參數	標準誤	t 值	參數	標準誤	t 值
	ALT_1 模型			ALT_2 模型		
LGM 部分—平均數：						
截距項（α_1）	0.417	0.394	1.058	0.858*	0.124	6.910
斜率項（α_2）	0.332*	0.134	2.486	0.254*	0.032	7.909
LGM 部分—變異數：						
截距項（ψ_{11}）	0.027	0.072	0.382	0.123	0.076	1.620
斜率項（ψ_{22}）	0.019	0.025	0.782	0.012	0.007	1.590
共變數（ψ_{12}）	0.023	0.019	1.211	0.038*	0.012	3.160
AR 部分：						
$\rho_{2,1}$	0.645*	0.256	2.519	0.283*	0.090	3.139
$\rho_{3,2}$	0.456*	0.126	3.621	0.283*	0.090	3.139
$\rho_{4,3}$	0.335*	0.101	3.332	0.283*	0.090	3.139
$\rho_{5,4}$	0.446*	0.175	2.542	0.283*	0.090	3.139
$\rho_{6,5}$	0.181	0.288	0.629	0.283*	0.090	3.139
χ^2_{ML}	13.605			22.449		
df	9			13		
p-value	< 0.13707			< 0.04878		
NNFI	0.876			0.908		
IFI	0.961			0.947		
AIC	−4.395			−3.551		
SRMR	0.098			0.123		
RMSEA	0.128			0.110		

註：*代表達 $\alpha < 0.05$ 的顯著水準。

CHAPTER 7

次序性成長模型

　　到此為止，若本書沒有特別強調的話，我們所討論的各種 LGM，指的都是假設重複測量本身即是具有等距或比率（interval or ratio）測量屬性的特質。然而，在社會科學領域裡，有很多變項的測量屬性是屬於名義或次序（nominal or ordinal）測量屬性的特質，此時，研究者就很難說它們是具有等距的屬性了〔例如，問卷調查法常使用的李克特式量尺（Likert type x-points rating scale），無論是該 x 為三點、四點、五點、六點或更高點量尺，嚴格說來，都不具有等距的測量屬性〕。

　　當我們所使用的重複測量變項是屬於次序性（或類別性）測量變項時，我們所蒐集回來的資料構造，就不只是平均數和共變數而已，還包括一大堆的多向度列聯表格（multidimensional contingency table）的數據。舉例來說，假設有某一個次序性測量變項（ordinal measure）Y_i，它具有 C（$c = 0, 1, \cdots, C - 1$）個作答類別（response categories），我們在 T（$t = 1, 2, \cdots, T$）個固定時間點上進行該變項的測量，則可獲得 C^T 個可能觀察到的作答組型（response patterns）或細格（cells）資料（雖然有些細格資料可能蒐集不到，而呈現缺失值狀態），其中，每一個細格內的資料即代表符合該種特殊作答組型配對下的人數。如果這種次序性資料的背後，可被假設存在有一個具有常態分配屬性的潛在變項的話，那麼，此時我們便無法再使用傳統的 LGM，反而需要改用一種稱作「次序性成長模型」（ordinal growth model, OGM）或「具類別變項結果的潛在成長模型」（latent growth modeling with categorical outcomes variables），才能妥善處

理這種次序（或類別）測量屬性資料的成長問題（Mehta, Neal, & Flay, 2004）。本章的重點，即是在介紹這種具有次序（或類別）測量屬性的資料，其背後的成長趨勢問題該如何處理。

第一節　OGM 簡介

　　Mehta、Neal 與 Flay（2004）所提出的「次序結果的潛在成長模型」（latent growth curves with ordinal outcomes model, LGCOOM），或簡稱作「次序性成長模型」（ordinal growth model, OGM），即是假設在每個測量時間點上，潛在分配上未觀察到的閾值（unobserved thresholds）會決定所有作答組型的多變量分配機率值。因此，他們提出一種多階段估計程序法（multistage estimation procedure），即針對每一階段的參數估計，先進行一些條件設限，以方便下一階段順利估計與評估參數的適配性，一直到最後，能以潛在成長模型來適配此類型資料為止，並以此作為次序性成長模型的應用說明。

　　大致上來說，這個多階段估計程序做法，可分成三個階段或三個模型來說明。在第一個階段裡，研究者必須先提出一個連結函數（link function），來表徵此多變量次序性作答機率值，然後，再提出一個近似值函數（likelihood function），並逐一去估計每個觀察值；在第二個階段中，研究者則必須針對此未觀察到的潛在作答變項（它被假設呈常態分配），提出一個共同的測量量尺（common measurement scale），且假設此作答變項上的閾值（response thresholds）具有跨時間不改變（invariant over time）的特性；而在第三個階段裡，研究者則套用一個成長模型（可能是直線或曲線模型），來適配此量尺化後的潛在作答變項。

　　為了更詳細說明此「次序性成長模型」的來龍去脈，茲舉例說明每個階段的重要概念性步驟，其詳細步驟說明可以參見 Mehta、Neal

與 Flay（2004）一文。

模型 1（多變量常態分配性假設階段）：從連續的潛在分配到觀察的次序性分配

　　首先，假設在每個測量時間點 t 上，有個可觀察得到的次序性作答資料（observed ordinal response）Y_t，它與某個觀察不到的或潛在的連續變項 y_t 有所關聯，並假設有某個未知的切割點（cutpoints）或閾值（thresholds）與此潛在變項上某個未觀察到的分數有關聯，且此連續變項 y_t 被假設呈多變量常態分配（multivariate normal distribution），但不知其平均數與共變數的大小為何。

　　為了簡單說明起見，茲以表 7-1 的數據為例。假設有一群正值發育階段的青少年及青年學生，他們在三個固定的時間點（即 T 個時間點，如：六年級、九年級及十二年級時）上，各測得其身高分數的平均數、標準差及其轉化成標準分數的結果，如表 7-1 所示。在每一波的測量時，基於某個過去的固定紀錄判斷基準（如：身高 3.9 呎、4.7 呎及 5.4 呎），將這一群學生的身高粗分成四個等級（即次序性測量變項 Y_t）：即「矮個子」（低於 3.9 呎）、「身材矮小」（介於 3.9 呎到 4.7 呎之間）、「中等身材」（介於 4.7 呎到 5.4 呎之間），及「高個子」（高於 5.4 呎）。因此，這三個數值（即身高 3.9 呎、4.7 呎及 5.4 呎）即是作為分類用的「切割點」或稱作「閾值」，它能將此群學生分成四個類別或四個等級〔即 C 個類別（category）〕，也是管控每一個等級到另一個等級之間的「門檻」、「關卡」、「難度」或「切割點」，可以用一個依序（順向或逆向均可）排列的次序性參數（ordered parameter）來表徵其數值大小（如以表 7-1 為例，即閾值 3 ＞閾值 2 ＞閾值 1）。

表 7-1　三個固定時間點下測得連續性身高與類別性身高閾值的平均數與標準差

原始量尺	身高		
	時間點 1	時間點 2	時間點 3
測量單位：呎			
平均數（M）	4.5	4.9	5.3
標準差（SD）	0.4	0.5	0.6
閾值 1	3.9	3.9	3.9
閾值 2	4.7	4.7	4.7
閾值 3	5.4	5.4	5.4
標準分數	時間點 1	時間點 2	時間點 3
測量單位：呎			
平均數（M）	0.0	0.0	0.0
標準差（SD）	1.0	1.0	1.0
閾值 1	−1.5	−2.0	−2.333
閾值 2	0.5	−0.4	−1.0
閾值 3	2.25	1.0	0.1667

　　若以數學符號來表示，則某個觀察到的次序性測量變項 Y_t，具有 C 個類別（$c = 0, 1, \cdots, C-1$）及 $C-1$ 個閾值（τ_c），它與其背後某個連續性潛在變項 y_t 之間的關係，可以此 $C-1$ 個閾值（τ_c）來定義如下：

$$Y = c, \quad 如果\ \tau_c < y \leq \tau_{c+1} \qquad （公式 7\text{-}1）$$

其中，預設 $\tau_0 = -\infty$ 和 $\tau_C = +\infty$。如果我們假設 y 呈常態分配，則 y 小於或等於 τ_c 的機率值，可以表示如下：

$$P(y \leq \tau_c) = \Phi\left(\frac{\tau_c - E(y)}{SD(y)}\right) \qquad （公式 7\text{-}2）$$

其中，Φ 表示累積的標準化常態分配函數值，$E(y)$ 和 $SD(y)$ 分別為潛在

變項 y 的平均數和標準差。公式 7-2 所示,即是指此連續的潛在變項 y 小於或等於第 c 個閾值 τ_c 的累積機率值(cumulative probability)。因此,若要計算某個觀察次序性變項 Y 剛好等於某個類別 c 的機率值,則可以表示如下:

$$P(Y = c) = P(y \leq \tau_{c-1}) - P(y \leq \tau_c) \qquad (\text{公式 7-3})$$

若將公式 7-2 加以標準化,也可以表示成如下:

$$P(y \leq \tau_c) = \Phi\left(\frac{\tau_c - E(y)}{SD(y)}\right) = \Phi\left(\frac{\tau_c^z - 0}{1}\right) = P(z_y \leq \tau_c^z) \qquad (\text{公式 7-4})$$

其中,z_y 和 τ_c^z 是針對潛在變項 y 的平均數與標準差所進行的標準化分數,可以表示如下:

$$z_y = \left(\frac{y - E(y)}{SD(y)}\right) \qquad (\text{公式 7-5})$$

且

$$\tau_c^z = \left(\frac{\tau_c - E(y)}{SD(y)}\right) \qquad (\text{公式 7-6})$$

更簡單地說,閾值即是用來定義常態分配中切割點的數值。針對給定 y 的平均數和標準差,以及兩個閾值(即 τ_c 和 τ_{c+1})來說,則 y 剛好落在 c 類別上的機率(即 y 介於兩個閾值之間的機率),即是此標準化常態分配曲線中,介於這兩個標準化閾值(即 τ_c^z 和 τ_{c+1}^z)之間的區域或面積,如圖 7-1 所示。由圖 7-1 所示可知,凡連續性變項(y_t)的觀察值小於 τ_1 者,都會被歸類成次序性變項(Y_t)的第一個類別;凡觀察值介於 τ_1 和 τ_2 之間者,則被歸類為第二個類別,依此類推。

茲以表 7-1 的資料轉換來說,圖 7-2 所示即說明身高的資料由連續

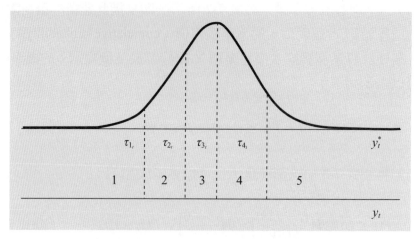

圖 7-1　連續性變項（y_t）轉化成五個類別的次序性變項（Y_t）

性變項的母群分配中轉換到相對應的次序性變項的情形。其中，圖
7-2A 即是三個測量時間點（分別為：時間點 1 的 M = 4.5，SD = 0.4；
時間點 2 的 M = 4.9，SD = 0.5；時間點 3 的 M = 5.3，SD = 0.6）所
測量到的連續性身高資料，根據三個共同的閾值（分別為 3.9、4.7、
5.4；或使用標準分數，各時間點的閾值分別為：時間點 1 的−1.5、
0.5、2.25；時間點 2 的−2.0、−0.4、1.0；時間點 3 的−2.333、−1.0、
0.1667），將受試者的身高資料分別歸類到四個類別裡，如圖 7-2B 所
示。

　　前述說明係指單一個觀察變項的情形，是一種單變量次序反應機
率（univariate ordinal response probability）模型而已。當有兩個（或兩
個以上）觀察變項存在時，我們所蒐集的資料兩兩之間便會多出一個
稱作「多分差相關」（polychoric correlations）〔即母群特質是連續性
變項，但卻被人為分割成觀察到的次序性變項，這兩種變項之間的相
關係數，即稱作多分差相關。如果這兩個變項均為二分變項（dichot-
omous variables）時，則彼此間的相關係數即稱作「四分差相關係數」
（tetrachoric correlation coefficient）；若一個變項為類別變項，另一個

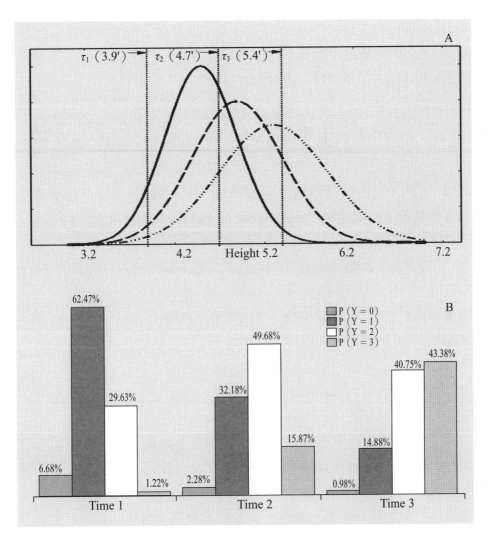

圖 7-2　表 7-1 身高資料的轉換（從連續性到次序性變項）

為連續變項,則其間的相關係數即稱作「多系列相關係數」(polyserial correlation coefficient);若這兩者有一個是二分變項,另一個為連續變項的話,則其間的相關即稱作「二系列相關係數」(biserial correlation coefficient)〕,它會決定觀察變項之間的聯合分佈機率(joint distribu-

tion probability）的大小。因此，在多變項的情況下，一個具有 $C-1$ 個
閾值（τ_c）的可觀察多變量次序反應組型（即 $\mathbf{Y}=(Y_1,\cdots,Y_T)$）在每個
測量時間點上近似值函數（likelihood function）即可表示如下：

$$L_i = \int_{\tau_{Y_{1,1}}}^{\tau_{Y_{1+1,1}}} \int_{\tau_{Y_{2,2}}}^{\tau_{Y_{2+1,2}}} \cdots \int_{\tau_{Y_{t,t}}}^{\tau_{Y_{t+1,t}}} \phi(y), dy \qquad （公式 7-7）$$

其中，τ_{jt} 表示 y_t 的第 j 個閾值，且假設 $\tau_{0t}=-\infty$ 和 $\tau_{Ct}=+\infty$，而 $\phi(y)$ 即
為多變量機率密度函數（multivariate probability density function）：

$$\phi(y_t) = |2\pi\Sigma|^{-n/2} \exp\left(-\frac{1}{2}(y_t-\mu)'\Sigma^{-1}(y_t-\mu)\right) \qquad （公式 7-8）$$

接著，針對公式 7-7 的所有人，取負 2 倍的對數近似值函數（log like-
lihood），再加總起來，即得下列數值：

$$L_M = \sum_{i=1}^{N} -2\ln(L_i) \qquad （公式 7-9）$$

公式 7-9 即可被用來求解平均數和共變數等參數的最大概似值估計
（maximum likelihood estimation, MLE）解。由於公式 7-7 所使用的潛
在變項，是不知其參數估計值原點的測量單位，因此，都需要針對參
數加以設限，才能求解。通常，都是假設每個測量時間點下的潛在變
項（y_t）的平均數為 0.0 與標準差為 1.0，也就是將參數進行標準化
（standardization）設限。當然，也需要針對跨時間點改變的平均數和
標準差進行設限，才能求解。因此，針對每個時間點都有 $C-1$ 個閾
值，每一對潛在變項之間的相關係數，我們即有以下兩個矩陣，可以
加入後續的參數估計程序裡：

$$\tau_{ct}^z = \begin{bmatrix} \tau_{11}^z & \tau_{12}^z & \tau_{13}^z \\ \tau_{21}^z & \tau_{22}^z & \tau_{23}^z \\ \tau_{31}^z & \tau_{32}^z & \tau_{33}^z \end{bmatrix} \quad\quad （公式 7-10）$$

$$R_{tt'} = \begin{bmatrix} 1 & & \\ r_{21} & 1 & \\ r_{31} & r_{32} & 1 \end{bmatrix} \quad\quad （公式 7-11）$$

因為在每個測量時間點上的 y_t 的平均數和標準差已被標準化為 0.0 和 1.0，因此，相對應的各個時間點上的閾值，便是被限定在一個唯一的時間特定量尺（time-specific scale）上。我們只要針對這些閾值及其相關係數加以設限，即可針對公式 7-9 進行最大概似值估計法的求解過程。

在求解的實際做法上，一般仍採近似值比檢定法（likelihood ration test）：以觀察資料的對數近似值（log likelihood）減去模型隱含的對數近似值，再相對於這兩個比值的自由度數目之差值，以卡方分配檢定其比值是否達顯著程度。

模型 2 （閾值不變性假設階段）：針對潛在變項 y_t 建立一個共同的測量量尺

經由上述階段的說明，其實，我們是不知道母群體潛在變項 y_t 的真正測量原點的；也就是說，雖然每個測量時間點上的 y_t 及其相對應的閾值 τ_{jt}，都已標準化到一個時間特定的測量量尺上，但我們仍然需要一個共同的測量量尺，來將所有的 y_t 及其相對應的閾值 τ_{jt}，都標準化到此能夠橫跨所有測量時間點的測量量尺上。如此標準化過的測量原點及單位，才是已知、固定且符合多變量常態分配條件要求的。

在假設閾值不變性條件成立的情況下，亦即，此共同量尺的閾值也會滿足跨時間而均等，且前兩個閾值也會被固定設定為 0.0 和 1.0，

以便將每個測量時間點上的 y_t 和 τ_{jt}，等化（equating）到具有相同測量單位的共同量尺上。因此，我們便可獲得新量尺的閾值參數矩陣，如下所示：

$$\tau_{ct}^{new} = \begin{bmatrix} 0.0 & 0.0 & 0.0 \\ 1.0 & 1.0 & 1.0 \\ \tau_3^{new} & \tau_3^{new} & \tau_3^{new} \end{bmatrix} \qquad （公式 7-12）$$

其中，τ_3^{new} 即為共同的新量尺閾值，可以表示如下：

$$\tau_3^{new} = \tau_{31}^z \times SD(y_1^{new}) + E(y_1^{new}) \qquad （公式 7-13）$$

且

$$SD(y_1^{new}) = \frac{\tau_{21}^{new} - \tau_{11}^{new}}{\tau_{21}^z - \tau_{11}^z} \qquad （公式 7-14）$$

$$E(y_1^{new}) = \tau_{11}^{new} - \tau_{11}^z \times SD(y_1^{new}) \qquad （公式 7-15）$$

因此，在閾值不變性假設情況下，我們即可將公式 7-10 標準化為下列結果：

$$\tau_{ct}^z = \begin{bmatrix} \tau_{11}^z & \tau_{12}^z & \tau_{13}^z \\ \tau_{21}^z & \tau_{22}^z & \tau_{23}^z \\ \tau_{31}^z & \tau_{32}^z & \tau_{33}^z \end{bmatrix} = \left[\begin{bmatrix} 0.0 & 0.0 & 0.0 \\ 1.0 & 1.0 & 1.0 \\ \tau_{31}^{new} & \tau_{32}^{new} & \tau_{33}^{new} \end{bmatrix} - \begin{bmatrix} E(y_1) & E(y_2) & E(y_3) \\ E(y_1) & E(y_2) & E(y_3) \\ E(y_1) & E(y_2) & E(y_3) \end{bmatrix} \right] \div \begin{bmatrix} SD(y_1) & SD(y_2) & SD(y_3) \\ SD(y_1) & SD(y_2) & SD(y_3) \\ SD(y_1) & SD(y_2) & SD(y_3) \end{bmatrix} \qquad （公式 7-16）$$

也就是說,針對測量時間點 1 的 y_1 上的任兩個閾值 i 和 j 而言,其標準化的閾值可以表示成:

$$\tau_{i1}^z = \frac{\tau_i^{new} - E(y_1^{new})}{SD(y_1^{new})} \ \text{和} \ \tau_{j1}^z = \frac{\tau_j^{new} - E(y_1^{new})}{SD(y_1^{new})} \tag{公式 7-17}$$

所以,前者減去後者,即可以表示成:

$$\tau_{i1}^z - \tau_{j1}^z = \frac{\tau_i^{new} - \tau_j^{new}}{SD(y_1^{new})} \tag{公式 7-18}$$

同理,如果閾值是不變的,則針對測量時間點 2 的 y_2 上的任兩個閾值 i 和 j 而言,亦會滿足下列公式:

$$\tau_{i2}^z - \tau_{j2}^z = \frac{\tau_i^{new} - \tau_j^{new}}{SD(y_2^{new})} \tag{公式 7-19}$$

故,將公式 7-18 除以公式 7-19,則可獲得:

$$\frac{\tau_{i1}^z - \tau_{j1}^z}{\tau_{i2}^z - \tau_{j2}^z} = \frac{SD(y_2^{new})}{SD(y_1^{new})} \tag{公式 7-20}$$

所以,此公式即意涵著此共同量尺上的母群體閾值是相等的,因此,在兩個測量時間點上的任何兩個時間特定閾值間的差異(如:$\tau_{i1}^z - \tau_{j1}^z$ 和 $\tau_{i2}^z - \tau_{j2}^z$)之比值,等於其在此共同量尺上的標準差之倒數的比值。同理,亦可推論得知下列公式亦成立:

$$\frac{\tau_{21}^z - \tau_{11}^z}{\tau_{22}^z - \tau_{22}^z} = \frac{SD(y_2^{new})}{SD(y_1^{new})} = \frac{\tau_{31}^z - \tau_{21}^z}{\tau_{32}^z - \tau_{22}^z} \tag{公式 7-21}$$

換句話說,此共同量尺上的母群體閾值在時間點 1 和 2 上,實際上是相等的;因此推論,前一階段的兩個時間點上時間標準化閾值間的差

異的比值，也會是相等的。反之，若跨時間點上的任何閾值，在母群體量尺上並不是不變的話，則上述公式 7-21 便會不成立。因此，公式 7-21 提供一個在母群體共同量尺上，閾值不變性的檢定方法和觀點。

在模擬資料的推理上，我們即是利用前兩個閾值的訊息，計算每個時間點上的潛在變項 y_t 的標準差，再根據此標準差，進而計算第三個共同的閾值。但在實徵資料的計算上，則是針對 $y_1 - y_3$ 的平均數和標準差，以及第三個共同的閾值，同時進行估計的，當然，也是在公式 7-21 的條件限制下，推理計算出來的。

模型 3（求解LGM 參數階段）：在此共同測量量尺上找出一條適配於連續性潛在變項 y_t 的線性成長模型

到了此階段的步驟，便是導入一條具有連續性變項結果的傳統潛在成長模型（LGM），並套用 LGM 參數的設定方式，求解適當的估計結果。在實徵的做法上，本階段即是代入電腦程式，執行一次傳統的LGM分析，即可獲得我們所需要的結果。我們將有兩種做法可以選擇：(1)從 PRELIS 程式裡，先計算出這筆類別變項資料的平均數向量及多分差相關係數矩陣，再代入 SIMPLIS 程式語法中當作輸入資料，以求解傳統的LGM參數；但這種做法因為分段處理資料，會造成進位誤差偏大而估計值不容易收斂的風險；(2)即是從 PRELIS 程式裡，輸出後續計算需要使用到的平均數向量、多分差相關係數矩陣和漸近共變數矩陣，再從 LGM 的 SIMPLIS 程式語法裡，呼叫這兩個外部矩陣檔（即多分差相關係數矩陣和漸近共變數矩陣）到程式裡進行一次性分析；這種做法是一次性分析，會減少進位誤差而使參數估計值比較容易收斂，但會造成模型不容易適配的風險。本章第二節所示範例，即是陳列這兩種做法，並顯示各有許多可以改善的空間。

為了說明起見，茲以圖 7-3 所示，作為次序性類別結果的潛在成長模型概念圖。

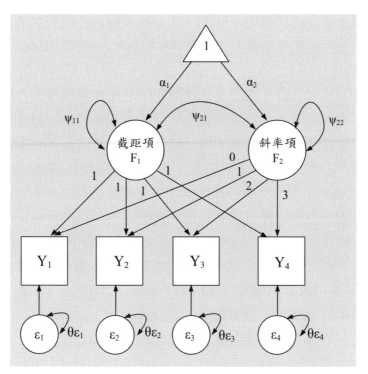

圖 7-3　二因子次序性類別結果的潛在成長模型概念圖

　　截至目前為止，只有少數的電腦程式（如：Mplus 和 Mx）可以專門用來估計此類的模型（Preacher, Wichman, MacCallum, & Briggs, 2008）；但是，當遇到資料有缺失值的時候，則只剩 Mx 程式（Neale, Boker, Xie, & Maes, 2003）是唯一的選擇。若是使用 LISREL 程式來處理的話，則必須使用三步驟的解法（Jöreskog, 2005）：首先，先使用 PRELIS 程式，在跨時間點上每個題目具有相等的閾值條件設定下，運用多分差共變數（polychoric covariance）或多分差相關係數（polychoric correlation）矩陣、標準差和平均數向量等資訊，以進行參數的估計；其次，進行漸近共變數矩陣（asymptotic covariance matrix）的估計，限定前兩個閾值參數為 0 和 1，以便將所有閾值參數量化成標準化參數值；步驟 3，即是基於此漸近共變數矩陣，再套用一個連續性

結果變項的潛在成長模型（LGM）去分析資料，即可完成適配此批資料型態的成長模型的建置工作〔讀者亦可參考余民寧（2006a）一書中第14章的做法〕。

　　觀察方法學文獻上的紀錄，應用 LGM 來處理類別資料的成長問題，近年來有逐漸獲得青睞的趨勢；但也有一個現象同時發生，亦即是模型適配度的評估和詮釋，是一種模型和程式特定（model- and pro-gram-specific）的現象，也就是說，運用不同電腦程式來估計同一個 LGM 下的資料，會產生不一樣的模型適配度評估結果和不相同的詮釋方法。筆者期待未來能有更多有趣的進階方法可以被提出來應用，以及整合不同程式間的估計和詮釋差異等問題。關於遇到二元（binary）或次序資料時，如何估計成長模型的相關問題，讀者也可以進一步參考 Gibbons 與 Bock（1987）、Liu 與 Powers（2007）、Mehta、Neal 與 Flay（2004）、Muthén（1994a）以及 Muthén 與 Asparouhov（2002）等人的論文，不過，這些論文多半使用 Mplus 或 Mx 程式作為範例說明的依據。

第二節　實徵分析與解釋

　　為了說明此模型的應用，茲舉 S. C. Duncan、Strycker、Duncan、He 與 Stark（2002）論文中的模型及數據為例（其原始資料檔 alcohol. dat 存放在本書所附光碟 SIMPLIS 程式範例的 Ordinal Growth Model 資料夾裡），來說明此模型的實徵應用概況。但本書仍沿用 SIMPLIS 程式語法，作為舉例的依據。

　　表7-2 所示，即是從原始檔中關於369名青少年（第一波測量時，分別為9歲、11歲及13歲三種年齡類別）酒精濫用的測量資料，所計算出來的描述統計結果。該筆資料隨後進行橫跨四年的重複測量，測量的結果變項只分成三類作答反應（即凡資料登錄為0者表示「沒有

表 7-2　青少年酒精濫用資料的次數分佈百分比及多分差相關係數矩陣

類別資料次數分佈百分比	
Y_1	
類別 1	0.943
類別 2	0.024
類別 3	0.003
Y_2	
類別 1	0.930
類別 2	0.046
類別 3	0.024
Y_3	
類別 1	0.894
類別 2	0.068
類別 3	0.038
Y_4	
類別 1	0.864
類別 2	0.073
類別 3	0.062

多分差相關係數矩陣				
	Y_1	Y_2	Y_3	Y_4
Y_1	1.000			
Y_2	0.792	1.000		
Y_3	0.593	0.767	1.000	
Y_4	0.678	0.726	0.725	1.000
平均數	−0.968	0.195	0.416	0.357

使用過」，1 表示「使用過 1 次」，2 表示「使用超過 1 次以上」），
其各類別在各年度測量裡的次數分佈百分比分別為（第一年）94.3%、
（第二年）93.0%、（第三年）89.4%、（第四年）86.4%是屬於「沒有
使用過」者，以及各變項之間的多分差相關係數矩陣，均呈現在表 7-2
裡。讀者若要計算出表 7-2 所示結果，必須先使用 PRELIS 程式語法來

計算,該程式語法請詳見本書所附光碟中 Ordinal Growth Model 資料夾中的 OGM.pr2 檔所示。該 PRELIS 程式執行後,自會產生一個結果檔:OGM.out,和兩個外部檔:polycorr.cor 和 polycorr.cov,以供作後續執行 OGM 之用。

接著,我們以表 7-2 資料為例,根據圖 7-3 所示的二因子次序性類別結果的潛在成長模型概念圖示,代入傳統的 LGM 參數設定,即可進行實徵資料分析。本分析範例,茲分成兩種做法來說明:第一種做法,係直接將多分差相關係數矩陣(即表 7-2 所示數據)輸入作為 SIMPLIS 程式語法中的估計資料(其 SIMPLIS 程式語法 spl 檔、參數估計結果 OUT 檔,及路徑關係圖 PTH 檔等,均請參見本書所附光碟中的 Ordinal Growth Model 資料夾中的 OGM_1 模型所示),其重要結果的扼要摘要如表 7-3 所示,其實徵的路徑關係圖如圖 7-4 所示;第二種做法,即

表 7-3　類別型青少年酒精濫用資料的 LGM 參數估計摘要表(第一種做法)

	參數	標準誤	t 值
F_1 和 F_2 之共變數	0.06*	0.02	2.95
平均數			
截距項	−0.44*	0.05	−8.40
斜率項	0.35*	0.01	24.03
變異數			
截距項	0.58*	0.08	7.37
斜率項	−0.03*	0.01	−3.25
χ^2		386.12	
df		5	
p-value		0.0000	
RMSEA		0.455	
NNFI		0.49	
Model AIC		404.12	
SRMR		0.071	

註:*代表達 α < 0.05 的顯著水準。

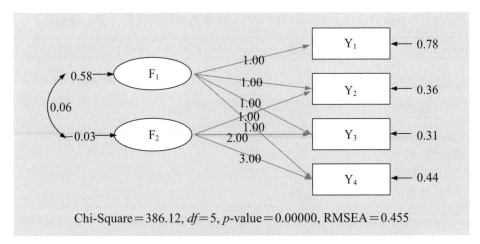

圖 7-4　二因子次序性類別結果的潛在成長模型路徑關係圖
（第一種做法原始解）

將 PRELIS 程式估計出的外部檔（即 polycorr.cor 和 polycorr.cov），直接呼叫進 SIMPLIS 程式語法中，再執行一次 LGM 分析（其 SIMPLIS 程式語法 spl 檔、參數估計結果 OUT 檔，及路徑關係圖 PTH 檔等，均請參見本書所附光碟中的 Ordinal Growth Model 資料夾中的 OGM_2 模型所示），其重要結果的扼要摘要如表 7-4 所示，其實徵的路徑關係圖如圖 7-5 所示。

　　從表 7-3 及表 7-4 所示參數估計結果摘要，以及圖 7-4 和圖 7-5 所示路徑關係圖可知，兩者綜合研判之下，似乎是第二種做法比第一種做法的結果，更適配於表 7-2 所示的資料。也就是說，具有類別結果的潛在成長模型參數的第一種估計方法，雖然可以分段式勉強估計出來，但測量誤差及模型殘差均偏大，表示整體的適配度仍有許多待改善的空間；因此，這兩種做法相形之下，第二種做法似乎較為精簡且適配於整體模型與資料，所以，我們選擇第二種結果作為結論和討論對象。由其參數估計結果的顯著性可見，這筆類別型資料（即表 7-2）分析結果顯示，青少年酒精濫用情形的平均數已達顯著下降（即截距項為 −0.99，達顯著），且酒精濫用情形的平均成長速率也達顯著上升

表 7-4　類別型青少年酒精濫用資料的 LGM 參數估計摘要表（第二種做法）

	參數	標準誤	t 值
F_1 和 F_2 之共變數	-0.11*	0.04	-2.39
平均數			
截距項	-0.99*	0.30	-3.31
斜率項	0.58*	0.17	3.31
變異數			
截距項	0.96*	0.10	9.56
斜率項	0.04	0.03	1.33
Satorra-Bentler χ^2		164.75	
df		5	
p-value		0.0000	
RMSEA		0.295	
NNFI		0.83	
Model AIC		182.75	
SRMR		0.081	

註：*代表達 $\alpha < 0.05$ 的顯著水準。

（即斜率項為 0.58，達顯著）的趨勢，且一開始沒有酒精濫用者的後續成長速率是較快的（即 F_1 和 F_2 之共變數為 -0.11，達顯著），顯見酒精濫用情形在美國青少年階段發展的嚴重性。

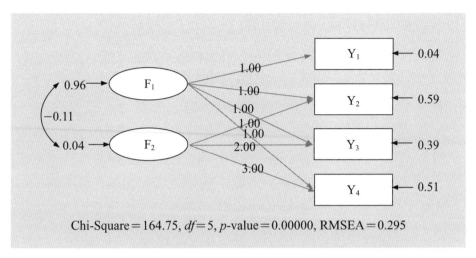

Chi-Square = 164.75, df = 5, p-value = 0.00000, RMSEA = 0.295

**圖 7-5　二因子次序性類別結果的潛在成長模型路徑關係圖
（第二種做法原始解）**

片段性成長模型

　　到此為止，我們所討論的各種 LGM，都是假設受試者的觀察變項在一段觀察期間內，其成長速率都是呈現直線且等速的方式在進行。然而，事實上，只要我們觀察的時間夠長，我們所觀察到的觀察變項，卻不一定都會一直呈現等速率的方式在進行，例如，以人類的成長情況為例即可得知：從出生到 1 歲時，人類的身高成長速率最快，接著，又緩慢下來；到了青少年階段時，又開始飛速地長高，一直到成年人的身高穩定為止。換句話說，如果我們長期（假設花二十五年）觀察一個人的身高變化，從出生到成年人階段，其每個觀察時期的身高變化速率是不一致的，有時快，有時慢；總之，係以不一致的成長速率在長高。當研究者遇到這種不等速成長趨勢的問題時，我們便可轉向使用「片段性成長模型」（piecewise growth model, PGM）（T. E. Duncan, Duncan, & Strycker, 2006; Sayer & Willett, 1998）或「間斷性設計」（discontinuity design）（Hancock & Lawrence, 2006）的 LGM 來解決。這也是本章擬討論和介紹的重點所在。

第一節　PGM 簡介

　　T. E. Duncan、Duncan 與 Strycker（2006）和 Sayer 與 Willett（1998）等人所提出的「片段性成長模型」，其實只是傳統 LGM 的一種變形，它在原本的 LGM 中，從一個增加到兩個或多個以上的線性斜率因素，以便

處理不等速成長趨勢的問題。

　　舉例來說，假設我們想去觀察某群學童的身高發展情形，從小學到國中畢業為止，假設每學年記錄一次，九年的觀察期中，共可獲得九次的身高成長記錄資料。基於觀察結果，假設學童身高的成長係呈現不等速的方式在成長，國小成長階段和國中成長階段不同，因此，我們可以考慮在原始的 LGM 中，以原始的斜率因素代表國小階段的成長速率，而多增加一個線性斜率因素，用來代表國中階段的成長速率，以形成所謂的 PGM。茲以公式 8-1 說明如下：

$$\mathbf{\Lambda_y} = \begin{bmatrix} 1 & 0 & 0 \\ 1 & 1 & 0 \\ 1 & 2 & 0 \\ 1 & 3 & 0 \\ 1 & 4 & 0 \\ 1 & 5 & 0 \\ 1 & 5 & 1 \\ 1 & 5 & 2 \\ 1 & 5 & 3 \end{bmatrix} \qquad （公式 8\text{-}1）$$

　　在公式 8-1 中的第一行元素，代表截距項；第二行元素，代表一到六年級的線性成長斜率因素，該因素的平均數即代表國小階段的線性成長速率；第三行元素，則代表七到九年級的線性成長斜率因素，並視國小六年級為本因素的測量時間起點，該因素的平均數即代表國中階段的線性成長速率。公式 8-1 的另一種編碼方式，也可以被看成是與它呈現統計上等值（statistically equivalent）的公式，如公式 8-2 所示（Hancock & Lawrence, 2006）：

$$\Lambda_y = \begin{bmatrix} 1 & 0 & 0 \\ 1 & 1 & 0 \\ 1 & 2 & 0 \\ 1 & 3 & 0 \\ 1 & 4 & 0 \\ 1 & 5 & 0 \\ 1 & 6 & 1 \\ 1 & 7 & 2 \\ 1 & 8 & 3 \end{bmatrix} \qquad （公式 8-2）$$

在公式 8-2 中的第一個斜率因素，代表的是橫跨一到九年級的線性成長速率；而第二個斜率因素，代表的則是額外的線性改變（additional linear change）因素，反映出從七年級開始到測量時間點結束時的成長速率。

當然，由於近年來 SEM 方法學的飛速進展，讓我們使用不連續片段（discrete segments）的模型，來描述此類的成長改變趨勢，變成一種可能。例如，Cudeck 與 Klebe（2002）提出一種基於多層次建模架構（multilevel modeling framework）——多階段模型（multiphase models），來處理這類的長期縱貫性資料，便是典型應用的一個成功案例。他們使用多階段迴歸模型（multiphase regression models）來描述多階段成長期間的改變趨勢現象，其中，每個不同成長階段期間均採用一條不同的迴歸模型來加以描述（例如，一條下降的線性斜率，緊接著另一條上升的線性斜率）。從一個期間轉換到另一個期間的轉折點（point of transition），即是所謂的「改變點」（change point）或「節點」（knot）。從理論上來說，這些改變點本身，即可以把它設定為固定參數、待估計參數或隨機係數等方式，來描述自身所表徵的改變面向。但是，Cudeck 與 Klebe（2002）所提出的方法，涉及到多層次結構方程式模型（multilevel structural equation models, MSEM）的應

用,我們將在本書第 10 章加以簡介後,讀者才會比較容易瞭解;例如,他們應用此類模型來探究人類生命全程(life span)中非語文智力(nonverbal intelligence)的發展情形,採用隨機係數設定參數的方式,結果發現人類的非語文智力發展趨勢,從第一個急速的二次式成長階段到第二個緩慢直線下降成長階段的轉捩點,平均大約是發生在 18.5 歲的年齡時,並且伴隨著第二層次(Level 2)的變異數約為 9.25 歲。

要在 LGM 架構中描述多階段模型的使用情形,其實並不簡單;但隨著檢視模型適配度的功能、使用改變面向當作預測變項,和以潛在變項來評估多階段改變趨勢等方法學的增強,已逐漸讓它變成是一項值得探索發展的研究議題。我們只要在已知改變點的前提下,針對每個發展軌跡片段設定基礎曲線(basis curves),即可妥善地分割、設定 Λ_y 矩陣,而適當地使用多階段模型。例如,在公式 8-3 所示的模型中,前兩行元素即代表著在第一個發展軌跡片段裡,兩個等距測量時間點下的截距項與直線斜率項因素(其平均數分別為 α_1 和 α_2);而後兩行元素則代表著在第二個發展軌跡片段裡,另外的兩個截距項與直線斜率項因素(其平均數分別為 α_3 和 α_4);而其間的改變點即發生在測量時間點為 2.3 年之處(即 *time* = 2.3)。

$$\Lambda_y = \begin{bmatrix} 1 & 0 & 0 & 0 \\ 1 & 1 & 0 & 0 \\ 1 & 2 & 0 & 0 \\ 0 & 0 & 1 & 0.7 \\ 0 & 0 & 1 & 1.7 \\ 0 & 0 & 1 & 2.7 \end{bmatrix} \qquad (公式 8-3)$$

另外的模型也是如此,如公式 8-4 所示。假設有個未知的改變點為 ω,它可以被用作模型參數的函數之用,但測量時間選擇呈現在第四行裡。又假設第一個發展軌跡片段($\alpha_1 + \alpha_2 time$)與第二個發展軌跡片段($\alpha_3 + \alpha_4 time$),在測量時間點為 ω 時,是呈現連續性,因此,此

兩個發展軌跡片段所隱含的 y 值必定等於 ω。因為，其中有一個參數（假設是 α_3）是重複的，可以設定它為另一個參數的函數值如 $\alpha_3 = \alpha_1 + (\alpha_2 - \alpha_4)\omega$（且 ω 為估計參數），而被省略掉，不必再估計。同樣的演算邏輯，也可以推論到其他更多階段的更複雜成長模型上，但要直接在傳統的 LGM 架構中使用隨機係數設定方式來描述改變點的話，卻不是一件容易的事，但此時若改用多層次方法學的話，則也許會簡單許多。我們在第 10 章介紹多層次方法學的梗概後，讀者便能夠理解其間估計方法的相通之處。

$$\Lambda_y = \begin{bmatrix} 1 & 0 & 0 & 0 \\ 1 & 1 & 0 & 0 \\ 1 & 2 & 0 & 0 \\ 0 & 0 & 1 & 3 \\ 0 & 0 & 1 & 4 \\ 0 & 0 & 1 & 5 \end{bmatrix} \qquad \text{（公式 8-4）}$$

第二節　實徵分析與解釋

為了說明此模型的應用，本章再舉表 6-1 的數據（T. E. Duncan, Duncan, & Strycker, 2006, p. 153）為例，來說明此模型在各種實徵應用下的概況。但本書仍沿用 SIMPLIS 程式語法，作為舉例說明的資料分析工具。

一、PGM 的基礎應用

假設我們觀察到在青少年階段的酒精濫用行為，是呈現階段性發展的趨勢，則我們即可使用圖 8-1 為例，來輔助說明這種兩片段潛在

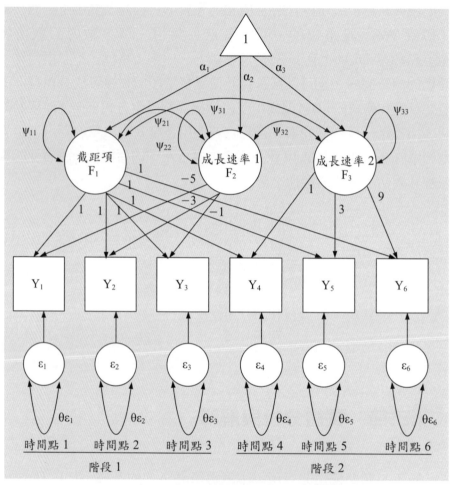

圖8-1　兩片段潛在成長模型的概念性路徑關係圖

成長模型（two-piece LGM）的實徵應用情形。由圖 8-1 所示可知，第一個時期包含 Y_1 到 Y_3，第二個時期包含 Y_4 到 Y_6，第一階段（即成長速率 1）代表受試者在國中時期（從 11 歲、12 歲到 13 歲）的酒精濫用行為，而第二階段（即成長速率 2）代表受試者在高中時期（從 14 歲、15 歲和 18 歲）的酒精濫用行為。如果以多層次模型的方程式來表示的話，則層次 1 的方程式可以表示成公式 8-5，而層次 2 的方程式可

以表示成公式 8-6、公式 8-7 和公式 8-8：

$$y_{it} = \eta_{0i}\lambda_{0t} + \eta_{1i}\lambda_{1t} + \eta_{2i}\lambda_{2t} + \varepsilon_{it} \qquad t = 1, 2, \cdots, N \qquad （公式 8-5）$$

$$\eta_{0i} = \alpha_0 + \varsigma_{0i} \qquad （公式 8-6）$$

$$\eta_{1i} = \alpha_1 + \varsigma_{1i} \qquad （公式 8-7）$$

$$\eta_{2i} = \alpha_2 + \varsigma_{2i} \qquad （公式 8-8）$$

其中，y_{it} 是指受試者 i 在時間點 t 的酒精濫用行為變項的測量值，η_{0i} 是指受試者 i 的截距項，λ_{it} 是受試者 i 在時間點 t 上的年齡量化變項，η_{1i} 是指受試者 i 跨階段 1 的成長軌跡，η_{2i} 是指受試者 i 跨階段 2 的成長軌跡，ε_{it} 則是指受試者 i 在時間點 t 的殘差，並假設其呈現出具有平均數為 0、變異數為 $\sigma^2_{\varepsilon_{it}}$ 的常態分佈，而 α 是指相對應的潛在因素的整體平均數，而 ς 則是其離均差。

　　雖然，圖 8-1 若以多層次方法學程式（如：Mplus）來分析，會比較簡便；但基於方法學之間彼此是相通的原則，本例還是以 SIMPLIS 程式語法來作為舉例示範的工具。在上述 PGM 概念的描述下，因為我們觀察到受試者樣本的資料分佈，似乎有呈現階段性跳躍成長的趨勢（即從表 6-1 所示可知，前三波呈現緩慢的直線成長，但第四波起，即逐漸呈現快速的躍升），因此，我們會嘗試將階段的劃分點當作是設定參數估計矩陣的思考依據。在本例中，即是將前三波當作第一階段，後三波當作第二階段，所以測量時間點 3 和 4 之間，會成為一個據以劃分的切割點所在；也就是說，我們在進行 Λ_y 矩陣設定時，即可將第一個因素斜率項（即反映出第一個階段的成長速率）設定為緩慢的線性成長，而第二個因素斜率項（即反映出第二個階段的成長速率）則設定為陡增的成長，以反映出其背後的測量時間點是不等距的間隔。可參考的設定方法如下：

$$\Lambda_y = \begin{bmatrix} 1 & -5 & 0 \\ 1 & -3 & 0 \\ 1 & -1 & 0 \\ 1 & 0 & 1 \\ 1 & 0 & 3 \\ 1 & 0 & 9 \end{bmatrix}$$ （公式 8-9）

　　接著，我們以表 6-1 資料為例，根據圖 8-1 所示的概念圖示，將公式 8-9 代入 LGM 的參數設定，即可進行一次實徵資料分析（其 SIMP-LIS 程式語法 spl 檔、參數估計結果 OUT 檔，及路徑關係圖 PTH 檔等，均請參見本書所附光碟中的 Piecewise Growth Model 資料夾中的 PGM_Model），其重要結果的扼要摘要如表 8-1 所示，其實徵的路徑關係圖如圖 8-2 所示。

表 8-1　兩片段 PGM 參數估計值摘要

	參數	標準誤	t 值
平均數			
截距項	1.86*	0.11	17.46
階段 1 的線性趨勢	0.15*	0.02	6.02
階段 2 的線性趨勢	0.25*	0.01	19.41
變異數			
截距項	0.72*	0.15	4.82
階段 1 的線性趨勢	0.02	0.01	1.77
階段 2 的線性趨勢	0.01	0.00	1.14
χ^2		20.82	
df		12	
p-value		0.05310	
RMSEA		0.094	
NNFI		0.94	
SRMR		0.041	

註：*代表達 $\alpha < 0.05$ 的顯著水準。

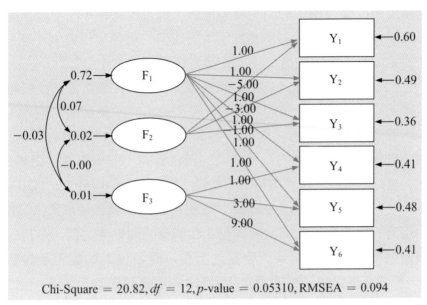

Chi-Square = 20.82, df = 12, p-value = 0.05310, RMSEA = 0.094

圖 8-2　兩片段潛在成長模型之路徑關係圖（原始解）

　　由表 8-1 的摘要表及圖 8-2 所示可知，整體而言，PGM 是適配表 6-1 的資料，由此可見，青少年的酒精濫用行為係呈現兩階段成長趨勢的。如果我們將圖 8-1 中的 F_2 和 F_3 的平均數估計值限定為相等，則可獲得 χ^2 = 29.66，df = 13，$\alpha_2 = \alpha_3 = 0.22$（其資料分析結果請見 Piecewise Growth Model 資料夾內的 PGM-1_Model 各相關的結果檔），拿它與表 8-1 的摘要 χ^2 = 20.82，df = 12，α_2 = 0.15，α_3 = 0.25 相比，即可得知 F_3 的平均數參數（即 α_3 = 0.25）顯著高於 F_2 平均數參數（即 α_2 = 0.15）（亦即，兩者間的卡方值差異檢定為 χ^2 = 29.66 − 20.82 = 8.84，df = 13 − 12 = 1，$p <$ 0.01），此即表示，高中階段與國中階段的酒精濫用成長速率的平均值差異是達顯著程度的，亦即，平均而言，高中階段的酒精濫用成長速率顯著地比國中階段來得快。

　　當然，觀察原始數據的平均值變化情形，我們嘗試利用 PGM 來表徵此資料結構的階段性成長趨勢，可以協助我們達成下列的目的：(1) 瞭解酒精濫用的改變速率，是否會因為成長階段的不同而不同；(2)瞭

解酒精濫用改變速率中的個別變異情形，是否也會在不同階段裡產生差異；以及(3)可用來預測酒精濫用改變速率的重要預測變項，是否也會在特定的發展階段中產生不同的預測作用。

此外，PGM 與傳統 LGM 之間，也可以進行比較，而此比較結果將可輔助研究者將研究議題的內涵詮釋得更清楚、更透徹。讀者可從本書所附光碟中 Piecewise Growth Model 資料夾內的 PGM-2_Model 各相關的結果檔，與本例的結果之間的比較異同，即可得知。由表 8-1 可知，這兩個階段的線性趨勢的平均數（即 $(0.25 + 0.15)/2 = 0.20$），約等於表8-2的線性趨勢參數0.22；但是，表 8-1 的截距項參數為1.86，大約座落於原始資料的測量時間點 3 和測量時間點 4 之間，這也是劃分成兩個階段的切割點或改變點之所在，而表 8-2 的截距項參數為2.04，卻座落於原始資料的測量時間點 4 和測量時間點 5 之間，偏離兩個階段的切割點所在。此外，表 8-2 的結果，顯示兩個因素的 LGM 並

表 8-2　兩個因素潛在成長模型參數估計值摘要

	參數	標準誤	t 值
平均數			
截距項	2.04*	0.08	25.07
線性趨勢	0.22*	0.01	24.06
變異數			
截距項	0.46*	0.09	5.38
線性趨勢	0.00*	0.00	2.28
χ^2		42.93	
df		16	
p-value		0.00029	
RMSEA		0.142	
NNFI		0.88	
SRMR		0.11	

註：*代表達 $\alpha < 0.05$ 的顯著水準。

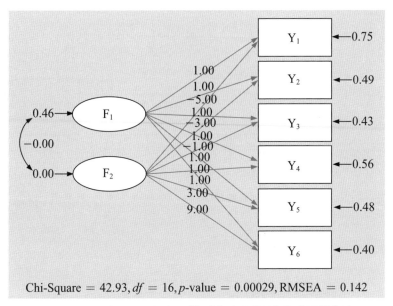

Chi-Square $= 42.93$, $df = 16$, p-value $= 0.00029$, RMSEA $= 0.142$

圖 8-3　兩個因素潛在成長模型之路徑關係圖（原始解）

不適配表 6-1 的資料。因此，綜合上述的說明可知，當觀察資料呈現階段性片段式成長趨勢時，如果我們仍然沿用傳統的基礎潛在成長模型（LGM）來詮釋資料的話，似乎是不恰當的做法，所選用的模型也不容易適配資料；此時，我們若能改用片段性潛在成長模型（PGM）來代替，反而能夠更周全地解釋原始的資料。這也就是當研究者遇到不一致成長速率的重複測量資料時，必須使用片段性潛在成長模型的原因與理由所在。

二、PGM 的延伸應用

另外一種 PGM 的變例，如圖 8-4 所示，它也是 PGM 的延伸應用之一，那就是「簡單改變潛在成長模型」（simple change latent growth model, SCLGM）。如圖 8-4 所示，階段 1（基準線階段）和階段 2（介入方案階段）模型成長因素的基礎設定是設為固定參數，而兩階段內成長因素之間的共變數和階段間成長因素之間的共變數，則設定為開

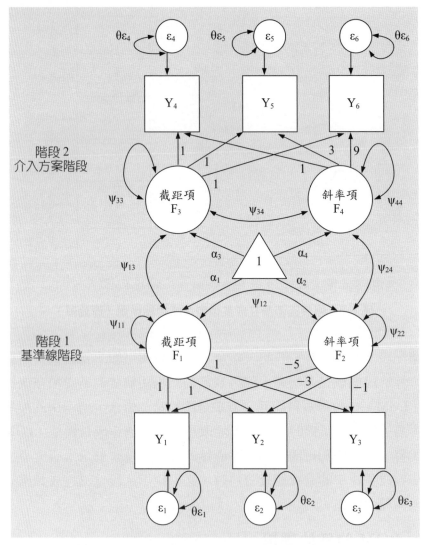

圖 8-4　簡單改變的 LGM 之路徑關係圖（原始解）

放估計。其中，階段 2 中的因素分數（如 F_3 和 F_4），則是以簡單的潛在差異分數（simple latent difference scores）或簡單改變（simple change, SC）分數，來予以解釋（T. E. Duncan & Stoolmiller, 1993; Kessler & Greenberg, 1981）。這種簡單改變模型（SCLGM），即是在這種跨階段性的

重複測量裡，強調其潛在的截距項和斜率項改變的一種應用模型（Ferrer & McArdle, 2003）。

接著，我們再以表 6-1 資料為例，但將其第一階段（含前三波）視為基準線階段，而將第二階段（含前三波）視為介入方案階段，並根據圖 8-4 所示的概念圖示，參考公式 8-10 的參數設定方式，代入 LGM，即可進行一次實徵資料分析（其 SIMPLIS 程式語法 spl 檔、參數估計結果 OUT 檔，及路徑關係圖 PTH 檔等，均請參見本書所附光碟中的 Piecewise Growth Model 資料夾中的 SCLGM_Model），其重要結果的扼要摘要如表 8-3 所示，其實徵的路徑關係圖如圖 8-5 所示。

表 8-3　簡單改變的 LGM 參數估計值摘要

	參數	標準誤	t 值
階段 1 之平均數			
截距項	1.85*	0.16	11.33
斜率項	0.15*	0.03	4.75
階段 2 之平均數			
截距項	1.74*	0.15	11.30
斜率項	0.26*	0.03	9.69
階段 1 之變異數			
截距項	1.75*	0.39	4.53
斜率項	0.06*	0.02	3.61
階段 2 之變異數			
截距項	1.75*	0.40	4.40
斜率項	0.06*	0.02	2.53
χ^2		9.70	
df		7	
p-value		0.20649	
RMSEA		0.068	
NNFI		0.97	
SRMR		0.052	

註：*代表達 $\alpha < 0.05$ 的顯著水準。

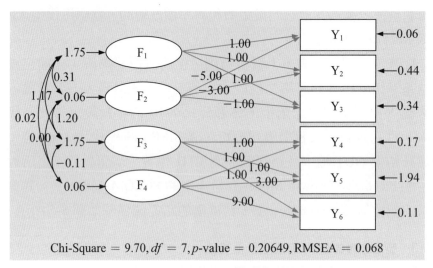

Chi-Square = 9.70, *df* = 7, *p*-value = 0.20649, RMSEA = 0.068

圖 8-5　簡單改變的 LGM 之路徑關係圖（原始解）

$$\Lambda_y = \begin{bmatrix} 1 & -5 & 0 & 0 \\ 1 & -3 & 0 & 0 \\ 1 & -1 & 0 & 0 \\ 0 & 0 & 1 & 1 \\ 0 & 0 & 1 & 3 \\ 0 & 0 & 1 & 9 \end{bmatrix} \qquad （公式 8-10）$$

　　由表 8-3 的摘要表及圖 8-5 所示可知，整體而言，此簡單改變潛在成長模型（simple change latent growth model, SCLGM）是適配表 6-1 的資料，由此可見，青少年的酒精濫用行為呈現兩個獨立階段的成長趨勢，確實是存在的。

　　總之，關於 PGM 的應用與詮釋問題，還有其他的延伸應用例子，有興趣的讀者也還可以繼續閱讀 T. E. Duncan 與 Duncan（2004b）、T. E. Duncan 與 Stoolmiller（1993）、Ferrer 與 McArdle（2003）、Li、Duncan、Duncan 與 Hops（2001）、Kessler 與 Greenberg（1981）、

Sayer 與 Willett（1998）、Wang、Siegal、Falck、Carlson 與 Rahman（1999）、West、Biesanz 與 Pitts（2000）等人的文獻。

CHAPTER 9
改變面向間的因果模型

　　截至目前為止，我們所討論的 LGM 中，基本上，都沒有針對截距項及斜率項之變異數給予任何的限定、約束，都准許其間具有自由的共變數關係，這樣的關係是屬於「非結構化的」（unstructured）關係。其實，我們可以不必如此做法，我們可以在理論依據的考量下、模型假設的需求下，以及實務資料現況的限制下，給予這些改變面向（aspects of change）間某種限定，以估計其間可能具有的方向性效果（directional effects）；換句話說，我們可以把某種改變面向，當作是另一種改變面向的函數關係。例如，如果測量時間點係以最後一波測量時間為基準的話，也許我們會有興趣將截距項因素拿來針對斜率項因素進行迴歸分析，而把最後一波測量的終點（endpoint）基準描述成為改變速率（rate of change）的一種函數關係。相對地，我們也可以將第一波測量時間點當作基準，而把斜率項因素當作是截距項因素的一種線性函數關係（linear function）。不過，筆者還是要再提醒一次，在邏輯上，「因」（causes）必須發生在「果」（effects）之前。因此，拿斜率項因素來針對截距項因素做迴歸分析是不合邏輯的，除非測量的時間原點（time origin）的起算，是發生在第一波測量時間點上或之前。這也是本章想去討論和介紹的重點所在。

第一節 改變面向間的因果模型簡介

就以典型的實驗處理效果（或介入方案效果）研究而言，即是探究此改變面向間是否具有因果效果（causal effects among aspects of change）的最佳例子。例如，以介入方案效果研究（intervention studies）為例，在此類型的研究中，受試者通常會被隨機分派（randomly assigned）到（至少）兩組中，並分別針對各組的某些研究者感興趣的結果變項進行重複測量，以進行探索實驗處理效果（treatment effects）為何。在此類研究的情境下，B. D. Muthén 與 Curran（1997）即建議使用同一條成長曲線，來分別適配每一研究組別的狀況，並把其中的線性成長參數設定為兩組均相等，以用來探索各組之改變面向間是否具有因果效果的問題，其典型的假想路徑關係圖，如圖 9-1 所示。

在圖 9-1 中，控制組是使用傳統的 LGM，而實驗組則是增加使用第二個斜率項因素（即實驗處理的斜率項）。如此一來，控制組便是提供一個基準線的成長軌跡模型，可作為與實驗組的成長軌跡模型進行比較的對照之用。所以，除了第一個斜率項因素外，任何新增的改變，都是由於實驗處理產生的效果所造成的。這種模型的應用有個重點，那就是，我們也可以拿此新增的實驗處理斜率項來對截距項（即起始狀態）進行迴歸分析，以便獲得一個截距項 x 實驗處理的交互作用（intercept x treatment interaction）項（即截距項預測實驗處理斜率項的迴歸係數，如圖 9-1 中的 β 符號所示），以及當此交互作用項效果不顯著時，它的平均數即是實驗處理的主要效果（main effect）。例如，在親子關係的研究中，也許在所研究的親子關係配對裡，初始時，其親子關係並不是很親密，但後來因為介入實驗處理（如：教導為人父母之道）之後，親子關係在後來的測量中，隨著時間而愈加親密起來；換作以 B. O. Muthén 與 Curran（1997）的模型來說明的話，則是由

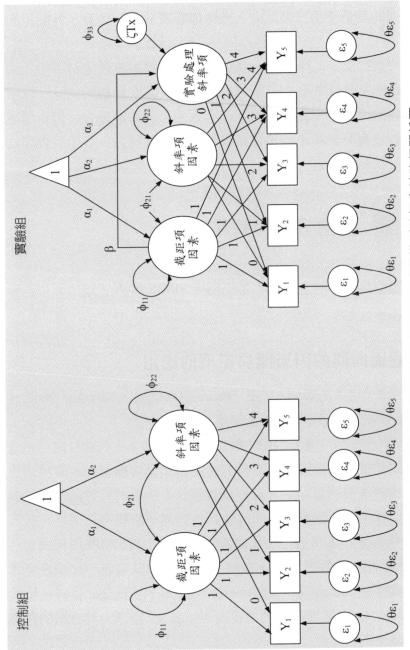

圖 9-1 介入方案效果研究的兩個組別潛在成長模型的概念性路徑關係圖

於截距項因素影響到第三個潛在變項（即介入方案）的緣故，而導致影響跨時間的測量變項，但此介入效果僅在實驗組裡才有，控制組則無。

在更複雜的圖 9-1 模型裡，我們也可以嘗試同時設定斜率項（即 F_2）預測實驗處理斜率項（即 F_3），即新增一個 β 參數的估計，以用來表示個體的成長速率對實驗處理（介入效果）的影響力。但新增這項參數估計，有時候卻不一定會讓模型更具有解釋力，必須視實際的客觀資料分析結果而定。

第二節　實徵分析與解釋

為了說明此模型的應用，本書仍沿用 SIMPLIS 程式語法，作為舉例的依據。

一、改變面向間的因果關係模型的應用

本節再舉表 6-1 的數據（T. E. Duncan, Duncan, & Strycker, 2006, p. 153）為例，來說明此模型在實徵應用下的概況。

表 9-1 所示，乃一模擬假想的數值，即是將表 6-1 的資料前三波當作是控制組的重複測量結果，而後三波則當作是實驗組介入某種治療措施操弄後的重複測量結果。我們根據圖 9-1 所示的假想路徑關係圖為指引，並採用第 4 章第八節所述的「多群組分析模型」方法，代入 LGM 的參數設定，即可進行一次實徵資料分析（其 SIMPLIS 程式語法 spl 檔、參數估計結果 OUT 檔，及路徑關係圖 PTH 檔等，均請參見本書所附光碟中的 Causal Effects Among Aspects of Change 資料夾中的 CEAC_Model），其重要結果的扼要摘要如表 9-2 所示，其實徵的路徑關係圖如圖 9-2 所示。

表 9-1　介入效果研究的兩組描述統計資料（相關係數矩陣及平均數向量）

	Y_1	Y_2	Y_3
控制組	1.000		
	0.401	1.000	
	0.377	0.610	1.000
平均數	1.107	1.464	1.678
變異數	0.169	0.878	1.522
實驗組	1.000		
	0.651	1.000	
	0.413	0.529	1.000
平均數	1.976	2.857	4.071
變異數	1.734	3.859	4.356

表 9-2　改變面向的因果關係之 LGM 參數估計值摘要

參數	控制組效果	實驗處理組效果
平均數		
截距項	1.52*	1.52*
斜率項	0.16*	0.16*
加速成長	0.00	1.03*
變異數		
截距項	0.45*	0.45*
斜率項	0.43*	0.43*
加速成長		0.31*
交互作用項（即共變數 β）		−0.01
χ^2	33.09	
df	7	
p-value	0.0000	
RMSEA	0.212	
NNFI	0.91	
SRMR	0.049	

註：*代表達 $\alpha < 0.05$ 的顯著水準。

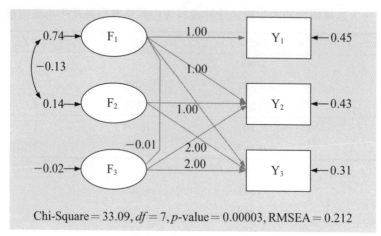

圖 9-2　介入方案效果研究的實驗組潛在成長模型之路徑關係圖（原始解）

　　由表 9-2 的摘要表及圖 9-2 所示可知，本模型尚勉強適配表 9-1 的資料，但仍有許多殘差及測量誤差需要再加以修正之處；但整體而言，此實驗組介入方案的交互作用效果（$\beta = -0.01$，t $= -0.09$）是不顯著的，但其主要效果（$\alpha_3 = 1.03$，t $= 6.09$）是顯著的。由此可知，當兩組的基本改變面向（即截距項和斜率項）均維持（即設定）相等的情況下，實驗組裡的截距項預測實驗處理斜率項的效果（即 β）是不顯著的，但此介入效果仍具有顯著的主要效果，此即表示該實驗處理還是有效的；亦即，對青少年介入某種治療方案措施後，仍有一定控制青少年酒精濫用的介入成效出現。

二、二因子交互作用模型的應用

　　第二種改變面向之間是否具有因果關係效果的表示方法，即是把 Kenny 與 Judd（1984）所建議的交互作用模型延伸應用到 LGM 的成長改變問題上，使之成為潛在成長屬性能跨時間產生交互作用而影響後續成長結果，典型的「二因子截距項－斜率項模型」（two-factor inter-cept-slope model, TFISM）即為其中一例（Jöreskog & Yang, 1996）。

　　使用 Kenny 與 Judd（1984）的方法，即是運用明顯測量變項之間的交叉乘積（cross-product），來產生潛在的交互作用變項，並代入結構方程式模型的方法學，來求解研究者所關注的交互作用項參數是否達顯著的問題。典型的例子，可以參見圖 9-3 所示。

　　由圖 9-3 所示可知，有某個測量變項在兩個階段裡，各重複測量四次，如 X_1 到 X_8 所示，前四個重複測量變項（即 X_1 到 X_4）的背後隱含著兩個成長因素（即 ζ_1 和 ζ_2），而後四個重複測量變項（即 X_5 到 X_8）的背後隱含著兩個成長因素（即 ζ_3 和 ζ_4）。這四個潛在變項（即 ζ_1 到 ζ_4），均不是 LGM 因素的乘積項，其與四個測量變項之間的因素負荷量參數的設定方式，可依照本書所述傳統的直線 LGM，設定為固定值（如：ζ_1 和 ζ_3 的參數即設定為 1、1、1、1，而 ζ_2 和 ζ_4 的參數即設定為 0、1、2、3）。另，新增三個測量變項之間的交叉乘積項，即 X_2X_6、X_3X_7、X_4X_8，以用來產生四個潛在的交互作用變項，即 $\zeta_1\zeta_3$（由 ζ_1 乘 ζ_3 而得）、$\zeta_1\zeta_4$（由 ζ_1 乘 ζ_4 而得）、$\zeta_2\zeta_3$（由 ζ_2 乘 ζ_3 而得）和 $\zeta_2\zeta_4$（由 ζ_2 乘 ζ_4 而得）。其中，$\zeta_1\zeta_3$ 因素即代表兩組重複測量的截距項之間的交互作用，$\zeta_1\zeta_4$ 因素即代表第一組重複測量的截距項和第二組重複測量的斜率項之間的交互作用，$\zeta_2\zeta_3$ 因素即代表第一組重複測量的斜率項和第二組重複測量的截距項之間的交互作用，而 $\zeta_2\zeta_4$ 因素即代表兩組重複測量的斜率項之間的交互作用。交叉乘積項的形成及其共變數關係的推導，過程極其複雜，讀者可以參考 T. E. Duncan、Duncan 與 Strycker（2006, pp. 216-219）所述，或參照筆者（余民寧，2006a）專書第 7 章第三節及第 18 章全章範例所述的過程，自行推導，本節在此不擬詳述。

　　依據圖 9-3 所示，Y 變項的測量模型可以表示成方程式或矩陣如下：

$$\mathbf{Y} = \mathbf{\Lambda}_y \mathbf{\eta} + \mathbf{\varepsilon} \qquad\qquad （公式 9\text{-}1）$$

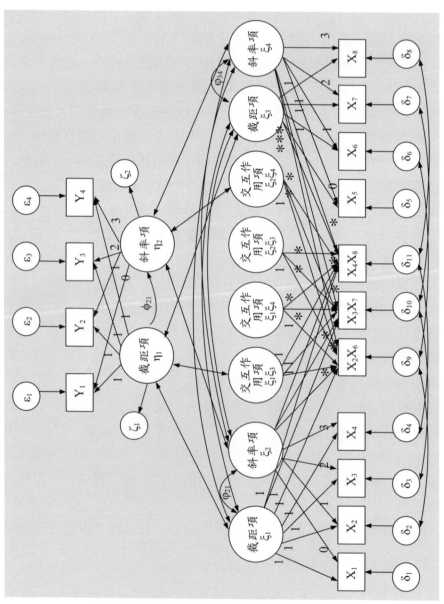

圖 9-3　二因子交互作用模型的概念性路徑關係圖

$$
\begin{pmatrix} Y_1 \\ Y_2 \\ Y_3 \\ Y_4 \end{pmatrix} = \begin{pmatrix} 1 & t_1 \\ 1 & t_2 \\ 1 & t_3 \\ 1 & t_4 \end{pmatrix} \begin{pmatrix} \eta_1 \\ \eta_2 \end{pmatrix} + \begin{pmatrix} \varepsilon_1 \\ \varepsilon_2 \\ \varepsilon_3 \\ \varepsilon_4 \end{pmatrix} \qquad （公式 9-2）
$$

而 X 變項的測量模型可以表示成方程式或矩陣如下：

$$
\mathbf{X} = \boldsymbol{\tau_x} + \boldsymbol{\Lambda_x \xi} + \boldsymbol{\delta} \qquad （公式 9-3）
$$

$$
\begin{pmatrix} x_1 \\ x_2 \\ x_3 \\ x_4 \\ x_5 \\ x_6 \\ x_7 \\ x_8 \\ x_2 x_6 \\ x_3 x_7 \\ x_4 x_8 \end{pmatrix} = \begin{pmatrix} \tau_1 \\ \tau_2 \\ \tau_3 \\ \tau_4 \\ \tau_5 \\ \tau_6 \\ \tau_7 \\ \tau_8 \\ \tau_2 \tau_6 \\ \tau_3 \tau_7 \\ \tau_4 \tau_8 \end{pmatrix} + \begin{pmatrix} 1 & 0 & 0 & 0 & 0 & 0 & 0 & 0 \\ 1 & 1 & 0 & 0 & 0 & 0 & 0 & 0 \\ 1 & \lambda_{32} & 0 & 0 & 0 & 0 & 0 & 0 \\ 1 & \lambda_{42} & 0 & 0 & 0 & 0 & 0 & 0 \\ 0 & 0 & 1 & 0 & 0 & 0 & 0 & 0 \\ 0 & 0 & 1 & 1 & 0 & 0 & 0 & 0 \\ 0 & 0 & 1 & \lambda_{74} & 0 & 0 & 0 & 0 \\ 0 & 0 & 1 & \lambda_{84} & 0 & 0 & 0 & 0 \\ \tau_6 & \tau_6 & \tau_2 & \tau_2 & 0 & 1 & 1 & 1 \\ \tau_7 & \tau_7\lambda_{32} & \tau_3 & \tau_3\tau_{74} & 1 & \lambda_{74} & \lambda_{32} & \lambda_{74}\lambda_{32} \\ \tau_8 & \tau_8\lambda_{42} & \tau_4 & \tau_4\tau_{84} & 1 & \lambda_{84} & \lambda_{42} & \lambda_{84}\lambda_{42} \end{pmatrix} \begin{pmatrix} \xi_1 \\ \xi_2 \\ \xi_3 \\ \xi_4 \\ \xi_1\xi_3 \\ \xi_1\xi_4 \\ \xi_2\xi_3 \\ \xi_2\xi_4 \end{pmatrix} + \begin{pmatrix} \delta_1 \\ \delta_2 \\ \delta_3 \\ \delta_4 \\ \delta_5 \\ \delta_6 \\ \delta_7 \\ \delta_8 \\ \delta_9 \\ \delta_{10} \\ \delta_{11} \end{pmatrix}
$$

$$（公式 9-4）$$

而外衍潛在變項（即 ξ_s）的潛在平均數向量（即 $\boldsymbol{\kappa}$）和共變數矩陣（即 $\boldsymbol{\Phi}$）可以表示如下：

$$\Phi = \begin{pmatrix} \phi_{11} & & & & & & & \\ \phi_{21} & \phi_{22} & & & & & & \\ \phi_{31} & \phi_{32} & \phi_{33} & & & & & \\ \phi_{41} & \phi_{42} & \phi_{43} & \phi_{44} & & & & \\ 0 & 0 & 0 & 0 & \phi_{55} & & & \\ 0 & 0 & 0 & 0 & \phi_{65} & \phi_{66} & & \\ 0 & 0 & 0 & 0 & \phi_{75} & \phi_{76} & \phi_{77} & \\ 0 & 0 & 0 & 0 & \phi_{85} & \phi_{86} & \phi_{87} & \phi_{88} \end{pmatrix}$$ （公式 9-5）

$$\mathbf{K} = \begin{pmatrix} \kappa_1 \\ \kappa_2 \\ \kappa_3 \\ \kappa_4 \\ \kappa_5 \\ \kappa_6 \\ \kappa_7 \\ \kappa_8 \end{pmatrix} = \begin{pmatrix} 0 \\ 0 \\ 0 \\ 0 \\ \phi_{31} \\ \phi_{41} \\ \phi_{32} \\ \phi_{42} \end{pmatrix}$$ （公式 9-6）

且測量誤差的共變數矩陣可以表示如下：

$$\Theta_\delta = \begin{pmatrix} \theta_1 & & & & & & & & & & \\ 0 & \theta_2 & & & & & & & & & \\ 0 & 0 & \theta_3 & & & & & & & & \\ 0 & 0 & 0 & \theta_4 & & & & & & & \\ 0 & 0 & 0 & 0 & \theta_5 & & & & & & \\ 0 & 0 & 0 & 0 & 0 & \theta_6 & & & & & \\ 0 & 0 & 0 & 0 & 0 & 0 & \theta_7 & & & & \\ 0 & 0 & 0 & 0 & 0 & 0 & 0 & \theta_8 & & & \\ 0 & \theta_{9,2} & 0 & 0 & 0 & \theta_{9,6} & 0 & 0 & \theta_9 & & \\ 0 & 0 & \theta_{10,3} & 0 & 0 & 0 & \theta_{10,7} & 0 & 0 & \theta_{10} & \\ 0 & 0 & 0 & \theta_{11,4} & 0 & 0 & 0 & \theta_{11,8} & 0 & 0 & \theta_{11} \end{pmatrix}$$ （公式 9-7）

茲以表 9-3 資料為例，並根據圖 9-3 所示的假想路徑關係圖為指引，進行 LGM 的參數設定，以進行一次實徵資料分析（其 LISREL 程式語法 ls8 檔、參數估計結果 OUT 檔，及路徑關係圖 PTH 檔等，均請參見本書所附光碟中的 Causal Effects Among Aspects of Change 資料夾中的 TFISM_Model），其重要結果的扼要摘要如表 9-4 所示，其實徵的路徑關係圖如圖 9-4 所示。

由表 9-4 的摘要表及圖 9-4 所示可知，本模型尚合理適配表 9-3 的資料。整體而言，這兩個斜率項之間的交互作用 $\zeta_2\zeta_4$ 的參數估計值達顯著程度（即 $\zeta_2\zeta_4 = 10.857$，t = 2.072），此即表示 η_2 對 ξ_4 的迴歸預測效果係隨著 ξ_2 的不同水準而變動。此外，ξ_3 和 ξ_4 參數估計值亦達顯著程度，但 ξ_1、ξ_2 和 $\xi_1\xi_3$ 則未達顯著程度。

表 9-3　潛在成長交互作用模型的共變數矩陣及平均數向量

	Y_1	Y_2	Y_3	Y_4	X_1	X_2	X_3	X_4	Z_1	Z_2	Z_3	Z_4	INT_2	INT_3	INT_4
變異數－共變數矩陣：															
	0.177														
	0.142	0.225													
	0.123	0.147	0.237												
	0.108	0.147	0.162	0.241											
	−0.043	−0.060	−0.077	−0.078	0.283										
	0.002	−0.042	−0.039	−0.076	0.103	0.290									
	−0.016	−0.071	−0.097	−0.093	0.126	0.147	0.316								
	−0.049	−0.088	−0.102	−0.112	0.106	0.155	0.182	0.311							
	−0.151	−0.164	−0.164	−0.148	0.138	0.057	0.069	0.093	0.605						
	−0.150	−0.192	−0.159	−0.205	0.087	0.115	0.096	0.170	0.235	0.832					
	−0.098	−0.151	−0.187	−0.221	0.133	0.161	0.139	0.142	0.332	0.389	0.680				
	−0.105	−0.192	−0.172	−0.230	0.154	0.175	0.202	0.218	0.326	0.353	0.489	0.797			
	−0.505	−0.812	−0.688	−0.975	0.736	1.571	0.931	1.212	0.994	3.290	1.905	1.875	17.805		
	−0.386	−0.805	−0.997	−1.067	0.961	1.144	1.769	1.233	1.357	1.641	2.824	2.438	10.053	16.903	
	−0.541	−0.992	−0.959	−1.180	0.936	1.220	1.426	1.998	1.426	1.879	2.177	3.493	11.320	13.149	19.849
平均數向量：															
	1.390	1.388	1.375	1.378	3.431	3.412	3.409	3.344	4.359	4.215	4.212	4.229	14.496	14.494	14.359

表 9-4　二因子交互作用模型之主要效果和交互作用效果參數估計值摘要

參數	估計值	標準誤	t 值
ζ_1	0.099	0.108	0.917
ζ_2	-0.910	0.589	-1.544
ζ_3	$-0.463*$	0.061	-7.597
ζ_4	$-0.331*$	-0.138	-2.409
$\zeta_1\zeta_3$	-0.120	0.179	-0.673
$\zeta_2\zeta_4$	10.857*	5.239	2.072
χ^2		197.204	
df		92	
p-value		0.001	
RMSEA		0.068	
NNFI		0.975	
SRMR		0.060	

註：*代表達 $\alpha < 0.05$ 的顯著水準。

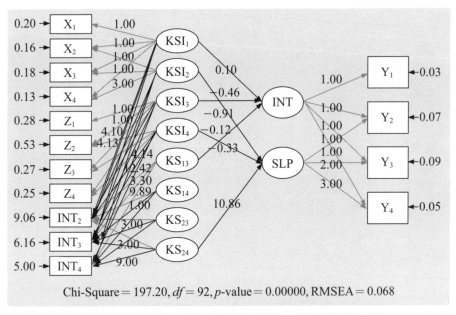

Chi-Square $= 197.20, df = 92, p$-value $= 0.00000$, RMSEA $= 0.068$

圖 9-4　二因子交互作用模型之路徑關係圖（原始解）

CHAPTER 10

LGM 與多層次模型間的關係

　　若從 1990 年 Meredith 與 Tisak 提出 LGM 算起，這二十餘年來，有一個也可以用來分析縱貫性資料的方法學亦逐漸興盛、強大起來，而吸引愈來愈多學者專家們的注意與青睞，那就是「多層次模型」（multilevel modeling, MLM）方法學（Bryk & Raudenbush, 1987, 1992; Goldstein, 1995; Heck & Thomas, 2000; Hox, 2002; Kreft & de Leeuw, 1998; Luke, 2004; Raudenbush & Bryk, 2002; Snijders & Bosker, 1999）。

　　多層次模型，在許多不同的學術領域裡，各有不同的稱呼；例如，在統計學上又稱為「變異數成分模型」（variance components models）、「共變數結構模型」（covariance structure models）（B. O. Muthén, 1994b），或「階層線性模型」（hierarchical linear models, HLM）（Raudenbush & Bryk, 2002）；在社會學上又稱「多階層線性模型」（multilevel linear models）；在生物統計學上又稱「混合效果模型」（mixed-effects models）（Pinheiro & Bates, 2000）、「混合模型」（mixed models），或「隨機效果模型」（random-effects models）；在經濟計量學上又稱「隨機係數迴歸模型」（random coefficient regression models）或「隨機係數模型」（random coefficient models）（Longford, 1993），不一而足。多層次模型是指一種能夠在階層性寄宿資料（hierarchically nested data）結構裡（如：學生層次的資料是寄宿在學校層次的資料裡），進行階層性分解變異數來源（或成分）的一種統計模型。

　　習慣上，在階層性寄宿資料結構裡，研究者通常都把測量到的個體單

位（即最低階層者）看成是「層次1」（Level 1）的資料，而把其所隸屬於上一層較高階層的單位看成是「層次 2」（Level 2）的資料。例如，研究者想探究學童在標準化測驗上的成績表現，是否受到學童的個別特質因素〔如：「用功讀書的時數」（amount of study time）或「努力程度」（efforts）〕和學童所在班級的特質因素〔如：「班級大小」（class size）或「班級氣氛」（class climate）〕所影響；在此研究中，針對學童層次所測得的資料和所使用的模型描述，即被當成是「層次1」來看待，而針對班級層次所測得的資料和所使用的模型描述，即被當成是「層次 2」來看待。當然，隨著研究者所蒐集資料的階層性愈多，我們可能有「層次 3」（如：學校）的資料、「層次 4」（如：學區）的資料、「層次 5」（如：縣市）的資料，依此類推下去。

通常，研究者都是在層次 1 蒐集或測量研究所關心的結果變項（outcome variables，即當作依變項 Y 使用）資料，而在層次 1、層次 2 或更高層次裡蒐集或測量其預測變項（predictors，即當作自變項 X 使用）資料。典型的多層次模型，即是說明每一組別（即層次 2 單位）的自變項與依變項之間，會呈現出不同的相關程度，而在各組別內（within-group）的相關程度，又可使用會在組別間呈現系統性變異的預測變項來加以解釋。而可用來描述此類階層性變項間關係的方法學，可以粗分為兩大類別：一為多元迴歸方法（multiple regression approach），另一為結構方程式模型方法（structural equation modeling approach）。市面上，已經出現許多導論性介紹的中英文書籍，尤其是以多元迴歸方法為主者（如：邱皓政譯，2006；張芳全，2010；溫福星，2006；Heck & Thomas, 2000; Kreft & de Leeuw, 1998; Luke, 2004; Snijders & Bosker, 1999），凡對此方法學感興趣的讀者，可以直接閱讀此類書籍作為學習多層次模型的開始。本章的用意不是在深入介紹多層次模型的方法學，僅在說明和介紹多層次模型如何也可以應用到縱貫性資料的分析中，而剛好與LGM有所關聯，但兩者又不完全一樣。

第一節　MLM 簡介

　　茲舉僅有兩個層次的資料結構為例，說明此多層次模型的構造及其內涵如下。誠如上述，假設我們想去探究學童在標準化測驗上的成績表現（假設為 Y），是否受到學童的個別特質因素（如：「努力程度」，假設為 X）和學童所在班級的特質因素（如：「班級氣氛」，假設為 W）所影響；在此研究中，我們可以分別針對這兩個層次的問題，提出待解的迴歸方程式如下：

$$\text{層次 1}：Y_{ij} = \beta_{0j} + \beta_{1j}X_{ij} + r_{ij} \qquad （公式 10-1）$$

$$\text{層次 2}：\beta_{0j} = \gamma_{00} + \gamma_{01}W_j + u_{0j} \qquad （公式 10-2）$$

$$\beta_{1j} = \gamma_{10} + \gamma_{11}W_j + u_{1j}$$

從公式 10-1 所示可知，該公式的涵義即是：學生 i 在班級 j 下的成績表現（即 Y_{ij}），可被學生 i 在班級 j 下的特質因素（如：努力程度，即 X_{ij}）來預測得到或解釋得到。因此，我們可以使用一般的最小平方法（ordinary least square, OLS）下的多元迴歸模型（multiple regression model），來表示其間的直線函數關係。其中，β_{1j} 即為 X_{ij} 的迴歸係數，代表以 X_{ij} 預測 Y_{ij} 時的權重（weight）或該方程式的斜率項（slope）；而 β_{0j} 即為該方程式的截距項（intercept），代表以 X_{ij} 預測 Y_{ij} 時的平均效果（mean）；而 r_{ij} 則為該方程式的誤差部分，代表 Y_{ij} 無法被 X_{ij} 預測得到或解釋得到的誤差部分，為該方程式的誤差部分，我們將它統稱為「殘差」（residual），以示與觀察變項的測量誤差（measurement errors）概念有所區隔。而從公式 10-2 所示來看，它的

涵義即是：層次 1 的迴歸估計參數（包括：截距項 β_{0j} 和斜率項 β_{1j}），可被視為層次 2 的預測變項和隨機變異的一種函數關係；亦即，β_{0j}（原本是層次 1 的截距項）被當成是層次 2 的班級 j 的一個依變項，它可以被層次 2 的班級 j 的預測變項（如「班級氣氛」，即 W_j）來預測得到或解釋得到。因此，γ_{01} 即為它的預測效果，代表以 W_j 預測 β_{0j} 時的權重或該方程式的斜率項，而 γ_{00} 便為以 W_j 預測 β_{0j} 時的平均效果或截距項，而 u_{0j} 則為代表 β_{0j} 無法被 W_j 預測得到或解釋得到的方程式殘差；且 β_{1j}（原本是層次 1 的斜率項）被當成是層次 2 的班級 j 的另一個依變項，它可以被層次 2 的班級 j 的預測變項（即 W_j）來預測得到或解釋得到，因此，γ_{11} 即為它的預測效果，代表以 W_j 預測 β_{1j} 時的權重或該方程式的斜率項，而 γ_{10} 便為以 W_j 預測 β_{1j} 時的平均效果或截距項，而 u_{1j} 則為代表 β_{1j} 無法被 W_j 預測得到或解釋得到的方程式殘差。

　　如果我們將公式 10-2 代入公式 10-1 裡，並且把它展開和移項化簡的話，便可獲得下列公式 10-3：

$$Y_{ij} = [\gamma_{00} + \gamma_{10}X_{ij} + \gamma_{01}W_j + \gamma_{11}W_jX_{ij}] + [u_{0j} + u_{1j}X_{ij} + r_{ij}] \quad （公式 10-3）$$

　　　　　　　　　　固定效果　　　　　　　隨機效果

換句話說，公式 10-1 經過轉換後，可由兩個變異部分來組成，第一個部分稱作「固定效果」（fixed effects）〔主要由各種 γ 參數（如：截距項和斜率項）所組成〕，第二個部分稱作「隨機效果」（random effects）（主要由各種 u 和 r 殘差項所組成），如公式 10-3 的兩個中括號所表示的區塊。這也就是說，由公式 10-3 所示可知，為什麼多層次模型會被稱做「混合模型」（mixed models）或「混合效果模型」（mixed-effects models）的原因所在，因為它即內含固定效果和隨機效果兩部分的變異來源。

　　傳統上，在 MLM 還未盛行之前，研究者多半以兩個階段方式，分段來執行公式 10-1 的迴歸方程式求解工作；亦即，先執行層次 1 的

迴歸分析，求出個人層級變項（如：努力程度）對個體依變項資料（如：成就測驗成績）之預測方程式的截距項和斜率項等迴歸參數估計值後，將它輸出作為層次 2 的依變項，接著，再次執行層次 2 的迴歸分析，以分別求出班級層級的預測變項（如：班級氣氛）對依變項（即層次 1 的截距項）之預測方程式的截距項〔即班級氣氛對個人努力程度之平均效果的平均數（或截距）〕和斜率項〔即班級氣氛對個人努力程度之平均效果的預測效果（或斜率）〕等迴歸參數估計值，以及班級層級的預測變項（如：班級氣氛）對依變項（即層次 1 的斜率項）之預測方程式的截距項〔即班級氣氛對個人努力程度之預測效果的平均數（或截距）〕和斜率項〔即班級氣氛對個人努力程度之預測效果的預測效果（或斜率）〕等迴歸參數估計值。但通常這種做法不僅不方便執行，且容易遇到線性相依（linear dependence）而無法估計參數的窘境，以及電腦程式無法提供許多可用的訊息等缺點；這項缺點一直到可用來分析此類階層性資料的專用電腦程式軟體（如：HLM、MPLUS 等）出現為止，估計參數的問題才獲得比較妥善的解決，同時，它也延伸出屬於 MLM 理論自己的一套方法學論來。因此，由公式 10-3 所示看來，層次 1 的參數（如：β_{0j} 和 β_{1j}）無法直接由該方程式估計得出，必須透過層次 2 的參數（如：γ）才能間接估計出來，所以，必須使用專用的電腦軟體程式才是估計的良策。

在多層次模型裡，把其中的隨機效果變異部分，當成是一項額外的誤差項或變異來源，有助於思考如何估計參數的問題。在傳統的變異數分析（analysis of variance, ANOVA）中，我們只有一項個體層次的誤差項而已，即 r_{ij}；但在多層次模型裡，我們卻有兩個誤差項來源：一個是 u_{0j}，代表班級間的測驗成績的變異部分；另一個是 u_{1j}，代表班級間的努力程度與測驗成績之間關係的變異部分。所以，多層次模型非常適合與擅長同時處理橫跨層次 1 和層次 2 之間的隨機效果的參數估計問題。

隨著研究者所關心的研究問題類型不同、其背後的理論依據不同、

所蒐集的資料證據不同，多層次模型還可以根據下列問題的考量，粗分成三大類的模型，以滿足大多數社會科學與行為科學的研究所需：

1. 你所蒐集的資料包含多少層次？你想使用其中多少層次來描述你的模型？一般而言，常見於社會科學的研究文獻者，多半使用二至三層的資料。

2. 在每一層次的資料中，你會考慮使用多少個預測變項？

3. 你想把層次 1 的截距項、斜率項，或截距與斜率項，描述成為層次 2 變項特質的一種函數關係嗎？

4. 最後，你想將模型中的哪一個部分設定為隨機效果的變異部分？

茲將上述考量結果，綜合呈現在表 10-1 裡。由表 10-1 所示可知，第一種類別，即為陽春型的多層次模型，特別稱作「虛無模型」（null model）或「未設限模型」（unconstrained model）；在這種模型下，它通常都沒有層次 1 和層次 2 的預測變項存在，僅作為研究者檢定其他理論模型可行性的比較基礎之用，因此，本模型並未對任何參數設限，所以可作為探索其他模型的起點。第二種類別，即為僅將層次 1 的截距項當作是層次 2 的結果變項模型，但層次 1 的斜率項假設成跨層次 2 維持不變（或穩定）的，這種模型又稱作「截距項即結果變項模型」（intercepts-as-outcomes model）或「隨機截距項模型」（random intercepts model）；在這種模型下，它通常會蒐集層次 1 的預測變項，以作為輔助詮釋層次 2 的迴歸方程式估計之用，以我們所舉的例子來說，它會認為不同班級會具有不同的平均測驗成績效果存在，但個人的努力程度對測驗成績的預測效果則是跨班級而維持一致不變的。第三種類別，即為把層次 1 的截距項和斜率項當作是層次 2 的結果變項模型，且假設它們是跨層次 2 而不同的，所以可能會有「跨層級交互作用效果」（cross-level interaction）存在，這種模型又稱作「截距項和斜率項即結果變項模型」（intercepts-and-slopes-as-outcomes model）或「隨機截距項和斜率項模型」（random intercepts-and-slopes model）；在這種模型下，它通常關注的問題是班級氣氛與個體努力程度對測驗成績的

表 10-1　多層次模型的三種類別

類別	方程式的表示	混合效果模型	描述	註解
1.未設限模型	L1：$Y_{ij} = \beta_{0j} + r_{ij}$ L2：$\beta_{0j} = \gamma_{00} + u_{0j}$	$Y_{ij} = \gamma_{00} + u_{0j} + \gamma_{ij}$	相當於單因子隨機效果 ANOVA 模型	在一個合理的 ICC 範圍內，常被當作虛無模型，用來估計組間效果的參數
2.隨機截距模型	L1：$Y_{ij} = \beta_{0j} + r_{ij}$ L2：$\beta_{0j} = \gamma_{00} + \gamma_{01}W_j + u_{0j}$	$Y_{ij} = \gamma_{00} + \gamma_{01}W_j + u_{0j} + r_{ij}$	平均數（截距項）即結果變項模型	在此，僅強調層次 2 的預測變項
	L1：$Y_{ij} = \beta_{0j} + \beta_{1j}X_{ij} + r_{ij}$ L2：$\begin{aligned}\beta_{0j} &= \gamma_{00} + u_{0j} \\ \beta_{1j} &= \gamma_{10}\end{aligned}$	$Y_{ij} = \gamma_{00} + \gamma_{10}X_{ij} + u_{0j} + r_{ij}$	單因子隨機效果 ANCOVA 模型	
3.隨機截距和斜率模型	L1：$Y_{ij} = \beta_{0j} + \beta_{1j}X_{ij} + r_{ij}$ L2：$\begin{aligned}\beta_{0j} &= \gamma_{00} + u_{0j} \\ \beta_{1j} &= \gamma_{10} + u_{1j}\end{aligned}$	$Y_{ij} = \gamma_{00} + \gamma_{10}X_{ij} + u_{0j} + u_{1j}X_{ij} + r_{ij}$	隨機係數迴歸模型	層次 1 模型中的截距項和斜率項，被允許在跨層次 2 中各不相同，但暫不考慮層次 2 預測變項的變異部分
	L1：$Y_{ij} = \beta_{0j} + \beta_{1j}X_{ij} + r_{ij}$ L2：$\begin{aligned}\beta_{0j} &= \gamma_{00} + \gamma_{01}W_j + u_{0j} \\ \beta_{1j} &= \gamma_{10} + \gamma_{11}W_j + u_{1j}\end{aligned}$	$\begin{aligned}Y_{ij} = &\gamma_{00} + \gamma_{01}W_j + \gamma_{10}X_{ij} \\ &+ \gamma_{11}W_jX_{ij} + u_{0j} \\ &+ u_{1j}X_{ij} + r_{ij}\end{aligned}$	平均數（截距項）和斜率項即結果變項模型	層次 1 模型中的截距項和斜率項，被作為層次 2 預測變項的依變項使用。特別留意跨層級交互作用效果的部分：$(\gamma_{11}W_jX_{ij})$

註：ICC（intraclass correlation coefficient）是指組內相關係數值，它係測量可被組別（即層次 2 的單位）所解釋到的依變項變異數百分比，其定義如下：$\rho = \dfrac{\sigma_{u_0}^2}{(\sigma_{u_0}^2 + \sigma_r^2)}$，其中，$\sigma_{u_0}^2$ 和 σ_r^2 分別是虛無模型適配資料後的層次 2 和層次 1 的變異數估計值。

影響之間，是否有一個交互作用效果的可能性存在（此效果即反映在公式 10-3 中的 $\gamma_{11}W_jX_{ij}$ 項上），因此，它會假設層次 1 的截距項和斜率項一定會跨層次 2 的班級而不同的。

　　站在應用的立場上，接著，一般使用者即會應用現成的電腦軟體程式（如：HLM、SAS 中的 Proc MIXED、S-PLUS 中的 nlme、R、MPLUS、LISREL、AMOS、EQS 等），去估計上述表 10-1 裡所述的各種多層次模型的參數，並進行結果的詮釋，以完成一項完整的資料分析作業。由於本章的目的僅在於簡介 MLM 的基本概念而已，不擬深入探討它的內涵；因此，對此 MLM 議題感興趣的讀者，可以自行閱讀上述所推薦的入門書籍。

第二節　MLM 與 LGM 的相同之處

　　在重複測量的縱貫性研究設計裡，每位受試者的變項資料都必須經過多回的測量蒐集，才能建構起此縱貫性的資料檔。雖然，遇到此類資料，傳統上的做法（在 MLM 方法學尚未出現之前），研究者都是使用隨機效果的變異數分析（random-effects ANOVA）方法來處理。在該模型的分析裡，方程式會將結果變項（即依變項 Y）的變異〔即離均差平方和（sum of squares, SS）〕，分割成與時間有關的變異〔即個體跨時間重複測量內（within individual）的變異〕及與個體層級間差異有關的變異〔即個體間（between individual）的變異〕等兩部分；接著，研究者便會使用諸如 SPSS 或 SAS 等大型統計套裝軟體程式內的「變異數分析」模組，來處理此類資料的分析作業。

　　在上述資料的階層結構下，我們若把測量的時間點視為層次 1，而把個體當作組別看待並視為層次 2，那麼，這類資料結構顯然是呈現：時間（即層次 1）隱含（或寄宿）（nested）在個體（即層次 2）裡的特色，符合具有階層結構性的資料特色，MLM 當然也可被用來處

理此類資料。在此觀點下，MLM 即與 LGM 之間取得聯繫，得以建立
起兩者均能適用的方程式來。此時，資料分析作業的重點在於：先求
得層次 1（即測量時間）的平均效果，再來加入許多預測變項，以便
用來協助解釋或預測對層次 2（即個體間）的影響效果。所以，我們
可將公式 10-1 改寫一下，使其成為：

$$Y_{ij} = \beta_{0j} + \beta_{1j}(time_{ij}) + \varepsilon_{ij}$$
$$\varepsilon_{ij} \sim N\{0, \sigma_\varepsilon^2\}$$

（公式 10-4）

其中，β_{0j} 即為個體 j 的截距項，β_{1j} 即為個體 j 的斜率項，且 ε_{ij} 即為個
體 j 在測量時間點 i 的殘差（基本上，假設此殘差的分佈，係呈現以
平均數為 0、同質性變異數為 σ_ε^2 的常態分配）。習慣上，截距項與斜
率項都會被視為是隨機變項，因此，它們在個體間的變異便可以被表
示成：

$$\beta_{0j} = \gamma_{00} + u_{0j}$$
$$\beta_{1j} = \gamma_{10} + u_{1j}$$
$$\begin{bmatrix} u_{0j} \\ u_{1j} \end{bmatrix} \sim N \left\{ \begin{bmatrix} 0 \\ 0 \end{bmatrix}, \begin{bmatrix} \tau_{00} \\ \tau_{10} & \tau_{11} \end{bmatrix} \right\}$$

（公式 10-5）

如此一來，公式 10-5 不就是表 10-1 中的第三類型「隨機截距項和斜率
項模型」，也就是等同於本書第 4 章第六節所述的「隨機截距隨機斜
率模型」。在此模型中，截距項（β_{0j}）和斜率項（β_{1j}）被表示成：由
樣本中所有個體的固定平均效果（即 γ_{00} 和 γ_{10}），加上個體離開此平均
效果的離均差（deviation）（即 u_{0j} 和 u_{1j}）所組成的方程式。而此離均
差的變異數和共變數（即 τ_{00}、τ_{11} 和 τ_{10}），多半只是理論上關心的焦
點，例如，當其中的共變數 τ_{10} 呈現正值時，即表示截距項和斜率項之
間為正相關，亦即，一開始的起始值較高（即較高截距項）者，其後
續的成長速率亦較快（即較高斜率項）；反之，若呈現負值時，即表

示截距項和斜率項之間為負相關，亦即，一開始的起始值較高（即較高截距項）者，其後續的成長速率亦較慢（即較低斜率項）。把公式 10-5 代入公式 10-4，即可合併成為公式 10-6 如下：

$$Y_{ij} = [\gamma_{00} + \gamma_{10}(time_{ij})] + [u_{0j} + u_{1j}(time_{ij}) + \varepsilon_{ij}] \qquad （公式 10-6）$$

固定效果　　　　　　隨機效果

換句話說，公式 10-6 即是在估計兩部分的變異：γ_{00} 和 γ_{10} 所代表固定效果的參數，而 τ_{00}、τ_{11} 和 τ_{10} 即代表隨機效果的參數——係指個體距離截距項和斜率項固定估計值的離均差（即 u_{0j} 和 u_{1j}）的變異數和共變數部分，以及完全不被整個模型所解釋到的干擾變異部分（即 σ_{ε}^2），它也是一項隨機效果的參數；其中，截距項和斜率項的變異數估計值（即 τ_{00} 和 τ_{11}），以及截距項和斜率項的共變數估計值（即 τ_{10}），這兩部分估計值能提供回答研究效果大小的資訊，是研究者特別感興趣去探究和關注的部分。

雖然，MLM 看起來很像傳統的迴歸方程式，但卻比它更強而有力，尤其是在估計個體內與個體間因素的影響力上，它不僅可以分開個別估計，也可以同時估計改變面向間的相關大小（即共變數）。後一項特點，尤其在研究多變量成長改變的問題時，以及起始狀態（即截距項）和改變速率（即斜率項）之間的相關大小是研究者所關注的問題時，MLM 的優勢更能發揮得淋漓盡致。當然，由表 10-1 所述的模型，延伸到各種可能的應用模型或變形，也都是有可能的；例如，探究隨時間改變（time-varying）或不隨時間改變（time-invariant）共變數因素對成長改變的影響效果時，我們即可針對所關注的模型參數進行設限並檢定，並且估計各種可能應用的多變量模型參數。

過去有許多實徵文獻，已經指出 MLM 與 LGM 之間是相通的，並且連估計出來的參數也是相等的（僅差別在進位誤差而已）（Bauer, 2003; Chou, Bentler, & Pentz, 1998; Curran, 2003; Hox, 2000, 2002; Khoo &

表 10-2　MLM 和 LGM 的參數估計對照表

MLM 代號	LGM 代號	解釋
$\hat{\gamma}_{00}$	$\hat{\alpha}_1$	平均的截距項
$\hat{\gamma}_{10}$	$\hat{\alpha}_2$	平均的斜率項
$\hat{\tau}_{00}$	$\hat{\psi}_{11}$	截距項變異數
$\hat{\tau}_{11}$	$\hat{\psi}_{22}$	斜率項變異數
$\hat{\tau}_{10}$	$\hat{\psi}_{21}$	截距項與斜率項之共變數
$\hat{\sigma}_{\varepsilon}^2$	$\hat{\theta}_{\varepsilon}$	干擾變異數（disturbance variance）

Muthén, 2000; Li, Duncan, Harmer, Acock, & Stoolmiller, 1998; MacCallum & Kim, 2000; MacCallum, Kim, Malarkey, & Kiecolt-Glaser, 1997; Raudenbush, 2001; Rovine & Molenaar, 2000; Wendorf, 2002; Willett & Sayer, 1994）。茲根據上述文獻所估計的參數，將 MLM 和 LGM 的參數估計情形做成一個對照表，如表 10-2 所示。由表 10-2 所示可知，MLM 和 LGM 的參數，也許只是代號不同而已，兩者所估計出來的數值大小，僅差別在進位誤差（rounding errors）而已。

　　除此之外，在 MLM 傳統上，一般的做法均是求得隨機係數的實徵貝氏估計值（empirical Bayes estimates），亦即針對層次 2 中的每個單位，求出其截距項與斜率項之模型為準的估計值（model-based estimates），以供作繪製圖表及診斷之用；基本上，這些估計值也稱作「事後平均數」（posterior means），因為它們是在既定資料下，根據隨機係數之事後機率分配所估計出來的平均數；或者也稱作「收縮平均數」（shrinkage estimates），因為這些估計值是朝向層次 2 的每個單位之截距項與斜率項平均數成比例的縮小。然而，在潛在變項的傳統中，實徵貝氏估計值相當於是因素分數（factor scores）的概念，亦即是潛在變項的事後估計值（posterior estimates）；在 LGM 中，這些估計值即是截距項和斜率項的模型限定值（model-implied values），係由

每個個體（或層次2單位）所貢獻的信度值加權而得。因此，在LGM中，因素分數會被認為是比較不真實的數值，因為它們是具有些微偏差的估計值，比較無法精確反映出個別的成長軌跡。甚至，有學者（Bartholomew, 2007）亦指出，我們根本無法精確估算每個個體的因素分數，因為每個個體的此類分數都隱含著一條模型分配，而因素分數即是這些分配的平均數。

第三節　MLM 與 LGM 的相異之處

　　前一節所述，除了各種電腦程式在估計 MLM 和 LGM 參數有些微進位誤差外，這兩種模型在數學方程式的表達上，可以說是相等的。然而，在各種可能的應用情境下，這兩者的研究架構卻是不相同的。

　　首先，即是出現在當前各種電腦程式設計用來執行資料分析的不同點上。例如，在描述和界定測量模型（measurement model）的功能上，LGM 顯然比 MLM 來得合適；亦即是說，在 LGM 中，重複測量的變項資料不必要完全沒有測量誤差的存在（free of measurement errors），但在 MLM 中，卻必須假設測量變項完全沒有測量誤差存在才行。在LGM的研究架構中，每一次的重複測量，都可以被描述成一個具有多個指標的潛在變項（Curran, 2000; Khoo & Muthén, 2000），而假設此重複評估的潛在變項之因素結構不會跨時間而改變，總是會比一般測量變項的模型假定更具有統計考驗力（statistical power）的優勢。因此，具有如此模型設定的理論優勢，必然會被收錄在 MLM 的電腦套裝程式裡，就像 MPLUS 程式也可以用來估計多層次結構方程式模型（multilevel structural equation models）一樣（L. K. Muthén & Muthén, 1998-2006）。

　　其次，專用的 MLM 程式的一個限制是，它不允許模型參數被當作是其他變項的預測變項使用；而在LGM中，它不把改變的面向當作

參數看待，而是當作一般變項看待，所以沒有此缺點的限制（Hox,
2000）。事實上，有許多複雜的模型，不方便或不可能設定成 MLM 的
模型，但設定成 LGM 則較為方便與適當。例如，本書第 9 章裡提到的
B. O. Muthén 與 Curran（1997）模型，它在探討跨時間改變的組別差異
問題中，使用 LGM 來檢定假設，十分方便與適當，但若是要改成 MLM
來表示，則根本是不可能、也不可行的，因為現行 MLM 專用程式，
尚無法進行一個潛在建構影響另一個潛在建構的模型估計問題。

　　第三，MLM 的方法無法探究因素負荷量設定數值改變的問題，但
這卻是 LGM 的強項特色，如本書第 4 章第七節所述的「未指定軌跡模
型」一樣。在 MLM 的架構中，時間常被當成是一個變項，而其數值
通常都是已知的（MacCallum, Kim, Malarkey, & Kiecolt-Glaser, 1997）。

　　雖然在上述的情況中，LGM 的優勢似乎高於 MLM，但 MLM 也有
它自己專屬的優勢範圍所在。首先，即是當遇到超過兩個層級以上的
階層資料時，MLM 的資料分析能力會比 LGM 來得好。例如，假設有
一筆重複測量的資料是寄宿在學生層級裡，而學生又寄宿在班級的層
級裡。在此情況下，使用 MLM 的模型架構來描述此一階層資料結構，
是十分簡便與直接的做法；但若使用 LGM 來描述，雖然不是不可能，
卻 會 變 得 十 分 不 便 與 困 難（Curran, 2003; L. K. Muthén & Muthén,
1998-2006）。關於多層次結構方程式模型的簡介，有興趣的讀者，可
以閱讀 Hox（2000）以及 Mehta 與 Neale（2005）等文獻。

　　其次，便是這兩者方法學的歷史性根本差異。例如，LGM 係由
SEM 方法學而來，因此比較倚賴使用模型適配度、模型修正指標等統
計指標來協助描述模型的適配與否（MacCallum, Roznowski, & Nec-
owitz, 1992）；但 MLM 卻不是如此，MLM 比較是屬於變異數分析類
型的問題，對各種待估計參數會持較開放的態度去估計所有的參數，
並允許較具彈性的模型檢定方法。因此，往往由於這種根本性的差異，
決定了電腦程式的設計方法不同，分析所得的報表格式與內容亦不太
一樣，而不是說哪一種分析技術就一定是優於另一種分析技術。

　　最後，雖然理論與實務的來源不同，LGM 與 MLM 對行為科學研究者而言，都是一種非常實用的工具，都可以協助解答跨時間改變的相同問題。由於拜近年來方法學與電腦科技進步之賜，過去被認為不可能成立的模型，現在也都被認為可以了。例如，針對缺失值估計演算法的進步，已經讓 LGM 的方法更接近 MLM 的應用。此外，MLM 的軟體程式，近年來也可以用來估算另類誤差結構的模型參數，而這種估計能力向來都是屬於LGM的優勢。雖然，目前這兩種方法還是有差異存在，足以讓人能夠區分出什麼方法較適合用於進行模型檢定和發展之用，但說實在的，MLM 和 LGM 之間的差異已經快速地在消失中。我們期望透過未來電腦程式的改進，以及模型設定架構的精進更新，最終能讓 MLM 和 LGM 之間的差異完全消失掉。

CHAPTER 11 潛在成長混合模型

　　截至目前為止，陽春的LGM多半只要假設一條潛在成長軌跡的存在，即可說明母群中的改變組型（pattern of change），頂多允許隨機誤差也同時存在於此軌跡即可；也就是說，陽春的LGM雖然可以協助研究者探究個別內與個別間的成長改變問題，但我們卻基本假設它的資料是蒐集自單一同質性的母群體（single homogeneous population）。

　　如同本書第4章第八節所述的「多群組分析模型」一樣，當遇到樣本組成是來自不同組別（如男性族群與女性族群）時，我們便有需要分別使用不同的潛在成長軌跡，來描述不同組別的成長趨勢問題；也就是說，個別的成長軌跡趨勢可在設定或不設定跨組別間的共同參數之下，於數個已知組別中的任何一組的方程式裡同時進行估計。然而，事實上，用來作為分組用的分類變項，卻不一定需要就是觀察得到的明顯變項（如：性別），它也有可能是觀察不到的潛在變項，亦即，潛在類別（latent classes）亦可被用來描述此異質性的成長軌跡。當超過一個以上的潛在類別可能存在（亦即母群體是異質性），而我們卻只使用一條成長軌跡來描述時，這不僅會造成顯著的偏差結果，更會讓此成長軌跡錯誤地表徵所有類別的成長軌跡趨勢（Sterba, Prinstein, & Cox, 2007; von Eye & Bergman, 2003）。

　　本章的目的，即在介紹與探討當此異質性的潛在類別存在時，傳統的LGM可能已經不適用了，此時，我們便需要使用有限混合（finite mixtures）模型來代替。

第一節 LGMM 簡介

除了將明顯變項當作類別分類（如：性別）使用，我們已經耳熟能詳外，如果我們假設在成長軌跡中，亦可能存在著異質性的潛在類別的話，那麼，我們就得非使用「潛在成長混合模型」（latent growth mixture model, LGMM）不可，才能清楚說明我們所處理的資料情境。

在潛在成長混合模型中，它即假設母群體本身並不是同質性的（即以作答機率來測量），而是由數個具有不同參數的異質性次群體（heterogeneous subpopulation）所組成。潛在成長混合模型係當前潛在類別模型（latent class model）研究領域（如：Clogg, 1995; Collins & Wugalter, 1992; Goodman, 1974; Graham, Collins, Wugalter, Chung, & Hansen, 1991; Heinen, 1996; Langeheine & Rost, 1988; McCutcheon, 1987; Meiser & Ohrt, 1996）中知名的模型之一，這個領域還包括數個潛在結構模型（latent structure models）的子類別，包括：因素分析模型（factor analysis models）、共變數結構模型（covariance structure models）、潛在剖面模型（latent profile models）、潛在特質模型（latent trait models）和潛在轉換分析（latent transition analysis）等，相當複雜又多元。本章在此不擬詳細介紹此方法學，僅述及與長期縱貫性資料分析有關的模型（即潛在成長混合模型）而已。潛在成長混合模型不必像多群組分析一樣，需要明顯變項當作次群體的分類變項，而是直接允許母群體可以被分割成不知個數的潛在類別或次群體，而此潛在類別個數係由特定的模型參數來決定的。因此，潛在類別分析的目的即是：(1)估計混合模型中潛在類別的個數及大小；(2)在既定類別數下，估計每一項測量指標的作答機率；及(3)把潛在類別屬性（latent class membership）分派給母群體中的每一個個體。

在潛在成長混合模型中，通常都假設母群體係由 K 個同質性次群

體（homogeneous subgroups）所混合組成的，且每一個次群體都有它自己專屬的一條成長發展軌跡。目前，可以處理此類型資料的方法，文獻上常記載者有兩大種類（B. O. Muthén, 2001; Nagin, 1999; Nagin & Tremblay, 2001），每一種都包含將潛在截距項因素和斜率項因素拿來針對某個潛在的分類變項進行迴歸分析，同時，亦均允許每一條成長軌跡的形式可以跨類別而不同（亦即，某個類別的成長軌跡可能是直線的，而另一類別則可能是二次式曲線的）。其中，這兩種方法間的主要差異，在於 B. O. Muthén（2001）的方法允許類別內的成長軌跡有所變異，而 Nagin（1999）的方法則允許類別間的層級才能有成長軌跡的變異。如此一來，Nagin 的方法比 Muthén 的方法，需要使用更多的潛在類別才行。

　　潛在成長混合模型有個隱藏的缺點，那就是很容易誤導研究者以為真的有多個同質性次群體的存在，而事實上，可能只有一個群體存在而已，但資料卻呈現出非常態分配或呈現非直線的趨勢分佈（Bauer & Curran, 2003a）；換句話說，根據潛在成長混合模型所辨識出來的組別，未必是代表真正的組別，而是軌跡的混合分配趨近一條非常態分配曲線的結果而已。因為，異質性次群體的存在，才是潛在成長混合模型的一項基本假設，而從傳統的 LGM 中所隱含抽取的一個組別，並不能夠證實它本身即是具有 K 個類別（Bauer & Curran, 2003a, 2003b, 2004）。更有甚者，已經有相當多的證據顯示，各種違反假設之處，都會產生虛假的潛在類別（Bauer, 2007）。

　　潛在成長混合模型並不容易被人理解，也不容易被人應用。獲得不當的解答是常見的現象，過度抽取類別也是常見的做法，且參數的估計結果亦容易受到起始值設定的影響。此外，模型評估和模型挑選的方法，也不是那麼直接了當，模型所敘列的各種類別數，雖然可以透過諸如貝氏訊息效標（Bayesian information criterion, BIC）等訊息量標準來加以判讀，但訊息量標準的判讀應用，在混合模型中卻還是一個熱門的研究議題，尚未有定論出來。有許多主觀的判定，都還需要

在檢定的過程中做出決定，而且比起在一般性的應用研究中，混合模型需要較大的樣本數。此外，雖然違反假設的情形總是會傷害到潛在變項的分析結果，但對潛在成長混合模型來說更是敏感。即使在一個同質性的母群體中，當違反資料分配的假設以及錯誤界定一條成長軌跡時，都會產生多個類別的過度抽取結果，同時，這些方法也還可能產出其他更多的結果來；例如，潛在成長混合模型可被用來檢定發展理論的研究，包括檢定不同的起始條件但產生相同的結果，以及檢定相同的起始條件但產生不同的結果的情況（Cicchetti & Rogosch, 1996）。

Muthén 及其團隊（L. K. Muthén & Muthén, 1998-2006; B. O. Muthén & Shedden, 1999; B. O. Muthén, Brown, Masyn, Jo, Khoo, Yang, Wang, Kellam, Carlin, & Liao, 2002），即針對長期縱貫性研究中檢定母群體是否具有異質性的問題，描述一種LGM的一般化模型，除應用到有限混合潛在軌跡模型（finite-mixture latent trajectory models）上，並提出一種概化的成長混合模型（general growth mixture modeling, GGMM）的評估架構。在這種GGMM評估架構下，即可處理樣本中觀察不到的異質性問題，包括諸如：不同的個人可以隸屬不同的次群體，且不同的成長軌跡可以跨類別而異的隨機係數平均數來求得等問題。這種模型也可以被擴增用來估計變異的類別屬性機率值即是一組共變數（如：對每一種類別而言，潛在成長參數可以被此共變數預測得到或影響得到）的函數，並且把潛在類別變項的結果變項或混合指標也一起納進來估計。這些估計功能與延伸模型，都被收錄在 MPLUS 程式裡（L. K. Muthén & Muthén, 1998-2006）。

圖 11-1 所示，即是在 GGMM 評估架構下所提出的一種完整成長混合模型的概念性路徑關係圖。這種模型的成分，即包含有一個連續性的潛在成長變項 η_i（j = 截距項與斜率項），和一個具有 K 個類別的潛在類別變項 $C_i = (c_1, c_2, \cdots, c_k)$；且，如果個別 i 屬於類別 k 的話，則 $\chi_i = 1$；否則，則 $\chi_i = 0$。這些潛在的屬性，即以標示 C 的圓圈符號來表

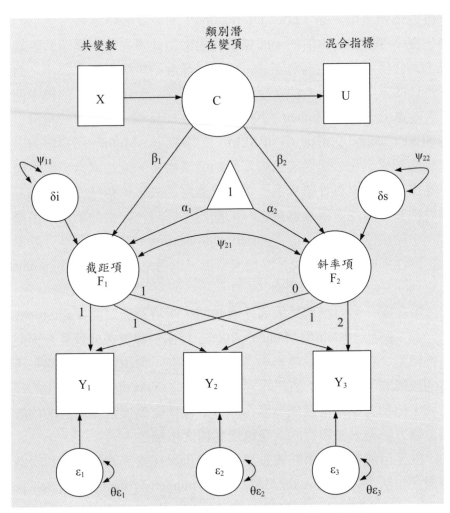

圖 11-1　潛在成長混合模型的概念性路徑關係圖

示。在圖 11-1 裡，此連續性的潛在成長變項，即是以重複測量指標 Y（即 Y_1、Y_2 和 Y_3）所形成的傳統 LGM 來表示；而此類別的潛在變項，即被用來表示隱含在此潛在成長模型裡的潛在軌跡類別（latent trajectory classes）。其中，這兩個潛在的連續性和類別性變項，可被一組背景變項或共變數 X 來預測得到或影響得到，因為本模型允許此混合部

分得以依賴事前訊息（prior information），或受到特定觀察變項的影響。從 X 指向 C 的箭號，即表示共變數對此潛在類別變項的影響效果，而此模型的成長混合部分，即可以混合結果指標 U 來表示，而從 C 到 U 的方向性箭號，即表示隨著不同類別 C 而變化之 U 的機率值。

基本上，B. O. Muthén（2001）把潛在成長混合模型看成是第二代的 SEM（second generation of SEM）。事實上，Muthén 所提出的一般化評估架構，可以提供成長模型新的發展機會。成長混合模型不僅可以應用到長期縱貫性研究上，以探究個別的成長軌跡是異質性的，且屬於觀察不到的有限次群體之一的問題；同時，如果隸屬於某個潛在類別中的個體事後機率值（posterior probability）被用來作為分派潛在類別屬性依據的話，則成長混合模型更可以用來作為集群分析（cluster analysis）的另一種替代技術。

潛在成長混合模型是當前逐漸熱門、亟待積極研究探索的發展模型之一。例如，Klein 與 Muthén（2006）提出一種潛在成長混合模型的延伸模型，它允許成長趨勢中有異質性存在，但須視起始狀態和不隨時間改變的因素而定；他們的方法比傳統的 LGM 更能產生精確的預測區間，但卻又不像潛在成長混合模型一樣需要高度依賴參數的估計。但這個方法還未被現行的大多數電腦程式所接受。

截至目前為止，潛在成長混合模型可以在特殊的電腦程式軟體上應用，包括：MECOSA for GAUSS（Arminger, Wittenberg, & Schepers, 1996）、MPLUS（L. K. Muthén & Muthén, 1998-2006）、Mx（Neale, Boker, Xie, & Maes, 2003），和 SAS 中的 PROC TRAJ（Jones, Nagin, & Roeder, 2001）。在這些應用程式中，MPLUS 可說是其中最具彈性的一種，對此議題感興趣的讀者，可以深入閱讀 Bauer（2007）、Bauer 與 Curran（2003a, 2003b, 2004）、T. E. Duncan、Duncan 與 Strycker（2006）、Li、Duncan、Duncan 與 Acock（2001），以及 Wang 與 Bodner（2007）等人的論文。

第二節 實徵分析與解釋

　　為了說明此潛在成長混合模型的應用情形，僅能舉 T. E. Duncan、Duncan 與 Strycker（2006, p. 133）的假想數據為例（如表 11-1 所示），來說明此模型的實徵應用概況。由於目前並沒有適當的 LISREL/SIMPLIS 程式語法可用，故僅能以其他程式的現成報表範例為準，來試圖說明潛在成長混合模型應用到長期縱貫性資料分析的概況。本節所舉的範例報表，皆是以 MPLUS 程式所分析出來的結果，本節無意在此對 MPLUS 程式的使用多作說明，對此程式應用感興趣的讀者，可以

表 11-1　運用混合模型分析的酒精濫用資料之相關係數矩陣及平均數向量

			酒精濫用			
	Y_1	Y_2	Y_3	X_1	X_2	U
Y_1	1.000					
Y_2	0.389	1.000				
Y_3	0.104	0.446	1.000			
X_1	0.221	0.207	0.205	1.000		
X_2	−0.071	−0.144	−0.150	0.026	1.000	
U	0.129	0.183	0.149	−0.062	−0.079	1.000
平均數	3.665	4.723	5.529	15.431	0.408	0.212
變異數	3.081	3.608	2.569	2.262	0.241	0.167

註：1. Y_1 到 Y_3 為測量時間點 1 到 3 的三次重複測量結果變項；X_1 為年齡，X_2 為性別，
　　　均係在測量時間點 1 所測得的背景變項（當作共變數使用）；而 U 則為酒精引
　　　發的不良行為，係在測量時間點 5 所測得的混合指標變項（mixture indicator），
　　　是一種二元結果變項（binary outcome variables）。
　　2. 本表的樣本人數為 466 人（即 N = 466）。
　　3. 本例適合先使用單一類別的混合模型（single-class mixture model）來進行探索，
　　　此做法相當於標準的同質性 LGM 的應用。

直接參閱其他相關文獻的說明。

首先，根據圖 11-1 所示可知，我們可以據以提出此單一類別的混合模型中，三個重複測量變項所形成的潛在成長模型來，其方程式及矩陣可以表示如下，並據以求出各因素負荷量向量 λ、潛在因素向量 η（即截距項與斜率項）的共變數矩陣 Θ，和潛在因素分數的平均數向量 $\alpha = [\alpha_1 \ \alpha_2]$：

$$Y = \Lambda\eta + \Theta \qquad （公式 11-1）$$

$$\begin{pmatrix} y_1 \\ y_2 \\ y_3 \end{pmatrix} = \begin{bmatrix} 1 & \lambda_{12} \\ 1 & \lambda_{22} \\ 1 & \lambda_{32} \end{bmatrix} \begin{bmatrix} \eta_1 \\ \eta_2 \end{bmatrix} + \begin{pmatrix} \varepsilon_1 \\ \varepsilon_2 \\ \varepsilon_3 \end{pmatrix} = \begin{bmatrix} 1 & 0 \\ 1 & 1 \\ 1 & 2 \end{bmatrix} \begin{bmatrix} \eta_1 \\ \eta_2 \end{bmatrix} + \begin{pmatrix} \varepsilon_1 \\ \varepsilon_2 \\ \varepsilon_3 \end{pmatrix} \qquad （公式 11-2）$$

接著，我們需要藉助第 10 章所述的多層次模型方法學概念，亦即，將此潛在因素向量 η 表示成由一個具有 $k-1$ 個類別的潛在變項向量 C 和一個共變數向量 X（$X = x_1, x_2, \cdots, x_N$）所構成的第二層次方程式：

$$\eta_i = A_{Ci} + \Gamma_\eta X_i + \varsigma_i \qquad （公式 11-3）$$

其中，A_{Ci} 為一個具有 $m \times 1$ 階的洛基參數（logit parameters）向量，其數值表示隨機係數平均數（random coefficient means），會隨著 K 類別的 Γ_η 不同而不同，而 ς 是一個 $m \times 1$ 階的殘差向量，係呈現平均數為 0、標準差為 1 的常態分配，且具有與其他變項之間呈現零相關的共變數矩陣 Ψ^k 如下：

$$\Psi^k = \begin{bmatrix} \psi_{11}^k & \\ \psi_{12}^k & \psi_{22}^k \end{bmatrix} \qquad （公式 11-4）$$

　　此二元結果變項（binary outcome variable）U，內含一個測量模型和一個結構模型（L. K. Muthén & Muthén, 1998-2006）。在本模型的測量模型部分裡，在既定的 C_i 和 X_i 條件下，具有 r 個二元變項 U_{ij} 的條件機率值，係由 r 個條件獨立的個別機率值連乘積所構成，可以表示如下：

$$\begin{aligned}P(U_{ij}\mid C_i, X_i) &= P(u_{i1}, u_{i2}, \cdots, u_{ir}\mid C_i, X_i)\\ &= P(u_{i1}\mid C_i, X_i)P(u_{i2}\mid C_i, X_i)\cdots P(u_{ir}\mid C_i, X_i)\end{aligned} \qquad （公式 11-5）$$

　　定義 $t_{ij} = P(u_{ij} = 1\mid C_i, X_i)$ 及一個 r 向度的向量 $\boldsymbol{\tau}_i = (\tau_{i1}, \tau_{i2}, \cdots, \tau_{ir})'$，並在取洛基對數後 $\log \mathrm{it}(\tau_i) = (\log[\tau_{i1}/(1-\tau_{i1})], \log[\tau_{i2}/(1-\tau_{i2})], \cdots, \log[\tau_{ir}/(1-\tau_{ir})])'$，則此部分的洛基模型（logit model）即可表示為：

$$\log \mathrm{it}(\boldsymbol{\tau}_i) = \boldsymbol{\Lambda}_u\, C_i + \mathbf{K}_u X_i \qquad （公式 11-6）$$

其中，$\boldsymbol{\Lambda}_u$ 是一個具有 $r \times (K-1)$ 階的參數矩陣，$\mathbf{K}_u$ 是一個具有 $r \times p$ 階的參數矩陣，且 $\tau_{ijk} = P(U_{ijk} = 1\mid C_{ik} = 1)$。針對圖 11-1 所示而言，此 $U = (U)$，$X = (X)$，且 $C = 1, 2, 3$，因此，$\boldsymbol{\Lambda}_u$ 和 $\mathbf{K}_u$ 矩陣可以表示成：

$$\boldsymbol{\Lambda}_u = [\lambda_{11,12}], \ \mathbf{K}_u = [k_{11,12}] \qquad （公式 11-7）$$

　　在本模型的結構模型部分裡，此類別的潛在變項 C 所代表的是混合成分（mixture components），它係針對一個未排序的多元作答反應（unordered polytomous response），且經由多項式洛基迴歸模型（multinomial logit regression model）而與 X 產生關聯。因此，再定義 $\pi_{ik} = \pi(C_{ik} = 1\mid X_i)$ 及一個 K 向度的向量 $P_i = (\pi_{i1}, \pi_{i2}, \cdots, \pi_{ik})$，和一個取洛基對數後的 $K-1$ 向度的向量 $\log \mathrm{it}(\pi_i) = (\log[\pi_{i1}/\pi_{ik}], \log[\pi_{i2}/\pi_{ik}], \cdots, \log[\pi_{i,k-1}/\pi_{ik}])'$，則此部分的洛基模型即可表示為：

$$\log it(\boldsymbol{\pi}_i) = \boldsymbol{\alpha}_C + \boldsymbol{\Gamma}_C X_i \qquad （公式 11-8）$$

其中，$\boldsymbol{\alpha}_C$ 是一個具有 $K-1$ 向度的參數向量，$\boldsymbol{\Gamma}_C$ 是一個具有 $(K-1) \times$ p 階的參數矩陣。接著，再令 C ＝ 1, 2, 3，且 X ＝ (X_i)，則本模型的潛在類別迴歸模型部分的 $\boldsymbol{\alpha}$ 和 $\boldsymbol{\Gamma}$ 即可表示成：

$$\boldsymbol{\alpha} = [\alpha_{c1,c2}]', \boldsymbol{\Gamma} = \begin{bmatrix} \gamma_{11} \\ \gamma_{12} \end{bmatrix} \qquad （公式 11-9）$$

其中，$\boldsymbol{\alpha}$ 是一個含有迴歸截距項的向量，而 $\boldsymbol{\Gamma}$ 則為一個含有迴歸係數的 $(K-1) \times 1$ 階的矩陣。

由公式 11-1 到公式 11-8 所述有關此有限混合模型可知，在既定的 X 條件下，Y 和 U 的條件機率分配係被類別變項 C 中隨類別改變的參數所控制的；亦即，由於在公式 11-5 中加入 C 的緣故，因此 Y 的平均數向量被允許有所變化，且由於在公式 11-8 中加入 C 的緣故，U 的機率也被允許有所不同。

筆者認為，此混合模型的分析方法有個極大的缺點，那就是不保證模型在估計的過程中會達到收斂的程度，即使勉強達到收斂，也會因為研究者所使用的起始估計值不同，而獲得不同的結果。即使在此方面應用最為通行的 MPLUS 程式，它也是針對各參數的估計使用隨機起始值（不論是研究者自訂或程式的預設值），但對變異數和共變數的估計除外。因此，在檢定潛在成長混合模型是否適配某份資料的做法，它也會與 SEM 和 LGM 的模型檢定做法一樣，都需要仰賴一群指標的協助判定。

在 MPLUS 程式的慣用適配度指標中，有下列幾種可以提供使用者參考：(1)熵的測量值（entropy measure）（Ramaswamy, DeSarbo, Reibstein, & Robinson, 1993）：

$$E_k = 1 - \frac{\Sigma_i \Sigma_k (-\hat{p}_{ik} \ln \hat{p}_{ik})}{n \ln K} \qquad （公式 11-10）$$

其中，$\hat{p}_{ik}$ 是指個體 l 在類別 k 的條件機率估計值，熵的測量值值域介於 0 到 1 之間，其數值愈接近 1 即表示有愈明確的分類結果。因此，我們通常都希望程式估計結果，此數值愈大愈好，以作為模型估計後我們選取多少個類別的決定才是適當的判定標準。(2)其次，是Vuong-Lo-Mendell-Rubin 概似值比檢定（VLMR likelihood ratio test）（Lo, Mendell, & Rubin, 2001），此數值與傳統的卡方概似值比檢定相同，亦提供一種比較模型中的類別個數應該是多少的參考標準。通常，我們都依據其檢定後的顯著程度 p 值作為判斷的依據，p 值小於 0.05 愈好。(3)再其次，是 AIC 和 BIC 值；由於 AIC 和 BIC 的概念接近殘差，通常，我們都希望選取一個數值愈小愈好的模型，表示該模型是較為精簡的。(4)最後，則是一種根據樣本大小修正的 BIC 值指標（sample-size-adjusted BIC, ABIC）（Yang, 1998），該指標也是選取數值愈小愈好。

　　接著，我們以表 11-1 的資料為例，使用MPLUS程式分析的結果，呈現在表 11-2 裡。從表 11-2 所示可知，我們必須參考上述各種可能的判斷指標，做出一個審慎的判斷和決定，到底表 11-1 所示的資料，最適合使用多少類別的潛在成長混合模型來予以詮釋其結果。

　　根據表 11-2 所示，若選取一個類別的結果，則潛在成長混合模型的資料分析結果，相當於同質性母群體下的LGM的應用分析結果。這樣的結果，通常都不會是研究者的最佳選擇，因為，多此一舉；我們即使不使用這麼複雜深奧的模型，也可以使用其他較為簡易的模型來分析此筆資料。因此，我們需要考慮其他選擇的可能。若參考上述幾種適配度指標的判準，最後，我們可能傾向選擇二個類別的結果，因為它的 entropy 值指標相對較高，且 p 值亦小於 0.05，符合我們的判斷結果。

表 11-2　四種不同類別結果的混合模型之適配度指標摘要

	模型			
	1 個類別	2 個類別	3 個類別	4 個類別
H_0	−2579.996	−2510.713	−2469.452	−2456.370
AIC	5175.993	5043.425	4966.904	4946.740
BIC	5209.146	5089.011	5024.923	5017.191
ABIC	5183.756	5054.100	4980.490	4963.237
Entropy		0.899	0.808	0.753
VLMR RT		138.567	82.521	26.164
p-value		0.000	0.000	0.085
N	466	62,404	13,925,968	1,295,774,206

　　最後，筆者亦要再次提出警告，由於潛在成長混合模型的應用還未成熟穩定，MPLUS程式的各種適配度指標也僅能提供作為判斷參考之用，它們不是絕對的標準。最好的處理方式，還是要針對程式所分析出來的每一種結果，試圖解釋看看，再從中挑選一種最能符合理論解釋的結果，以作為我們的最佳選擇。

　　當然，若以表 11-1 的資料為例，當我們決定選擇二個類別結果作為我們的結論時，接著我們還需要進一步去探究：在二個類別的分類下，潛在成長模型中的各個參數的涵義為何，以及加入可能的共變數（如：本例中的年齡和性別）或加入可被影響的混合指標（如：本例中的酒精引發的不良行為）之後，混合模型的整體解釋結果為何，它能否比傳統的LGM更適合詮釋此筆資料等等。由於這些說明已經超過本書的範圍，本章在此不再深入贅述，凡對此潛在成長混合模型感興趣的讀者，筆者建議可以直接閱讀有關的文獻，尤其是關於MPLUS程式使用的相關研究報告。

CHAPTER 12 非線性潛在成長模型

　　我們在第 4 章所談到的多項式成長函數（polynomial growth functions），其實是隱含著一種稱作「動態一致性」（dynamic consistency）的特性，簡單地說，即是指「曲線的平均值」（average of the curves）跟隨著稱作「平均值的曲線」（curve of the average）的相同函數形式的特性（Singer & Willett, 2003）。這種特性存在於線性成長、二次式成長以及任何包含時間函數在內的加權線性組合的成長函數裡，一個簡便的表徵方式即是針對某個成長參數求取其成長函數的第一階導數（first derivatives）時，其結果會等於一個簡單的數值，即可得知。因此，我們可以直接在 Λ_y 矩陣裡進行編碼，然後在任何的 SEM 軟體程式裡分析使用，不過，在 LGM 的應用裡，成長函數卻不一定要被侷限在多項式曲線裡（Meredith & Tisak, 1990）。本章所述，即是提出另一種用來描述此非線性成長的函數。

第一節　SLC 簡介

　　基本上，為了能夠描述不具有動態一致性的非線性成長函數的特性，Browne 與 du Toit（1991）和 Browne（1993）提出了一種方法，稱作「結構化潛在曲線」（structured latent curve, SLC）模型。在此模型中，Λ_y 矩陣裡的因素負荷量可以設定為與假設的成長函數 $f(t, \boldsymbol{\theta})$（此即為時間 t 和成

長參數 θ 的函數）一致的數值，此成長函數即稱作「目標函數」（target function）（Blozis, 2004）。此 $f(t, \theta)$ 函數被假設成一條平滑且可針對 θ 的元素進行微分的函數。其實，用來描述此非線性成長模型的 SLC 方法，是 Rao（1958）所提出的 EFA 模型的直接延伸，以用來獲取成長函數中的參數；因此，Λ_y 矩陣裡的元素不被設定為固定值，而是根據 $f(t, \theta)$ 函數所描述的基礎曲線來進行參數設定及估計。第 4 章裡所提及的多項式曲線模型，其實只是這個更廣義模型的一種特例而已。

為了瞭解此 SLC 方法架構，我們先以多項式成長曲線模型中的 Λ_y 矩陣為例，說明如何針對每一個成長參數，求解所假設的成長函數中的第一階偏導數（first partial derivatives）的解。茲以二項式成長曲線模型為例，假設此時的目標函數為下列公式，即：

$$\hat{y}_{it} = \theta_1 + \theta_2\, t_{it} + \theta_3\, t_{it}^2, \quad t = \{0, 1, 2, 3, 4\} \qquad \text{（公式 12-1）}$$

則針對此函數的每個成長參數，取其第一階導數，即為：

$$\frac{\partial \hat{y}_{it}}{\partial \theta_1} = 1 \qquad \text{（公式 12-2）}$$

$$\frac{\partial \hat{y}_{it}}{\partial \theta_2} = t \qquad \text{（公式 12-3）}$$

$$\frac{\partial \hat{y}_{it}}{\partial \theta_3} = t^2 \qquad \text{（公式 12-4）}$$

此結果即展現在 Λ_y 矩陣裡的元素編碼，即為：

$$\Lambda_y = \begin{bmatrix} 1 & 0 & 0 \\ 1 & 1 & 1 \\ 1 & 2 & 4 \\ 1 & 3 & 9 \\ 1 & 4 & 16 \end{bmatrix} \qquad （公式 12-5）$$

若以通式（general form）來看，則此 Λ_y 矩陣裡的元素編碼規則即是設定為：

$$\Lambda_y = \begin{bmatrix} 1 & 0 & 0 \\ 1 & 1 & 1 \\ 1 & 2 & 4 \\ \vdots & \vdots & \vdots \\ 1 & T-1 & (T-1)^2 \end{bmatrix} \qquad （公式 12-6）$$

若遇到真正的曲線函數時，例如在更複雜的成長函數（但不具有動態一致性）裡，像：指數（exponential）、鞏波斯（Gompertz）或對數（logistic）等曲線函數，我們也許可以類似的方式來描述各個成長參數。例如在不具有動態一致性的成長函數裡，因為此時的 Λ_y 矩陣中的元素無法被簡化成 t 的函數，因此我們需要更複雜的特別設定方式。例如，以指數函數為例，假設此時的目標函數為下列公式：

$$\hat{y}_{it} = \theta_1 - (\theta_1 - \theta_2)\, e^{(1 - t_{it})\theta_3}, \quad t = \{1,2,3,4,5\} \qquad （公式 12-7）$$

則針對此函數的每個成長參數，取其第一階導數，即為：

$$\frac{\partial \hat{y}_{it}}{\partial \theta_1} = 1 - e^{\theta_3(1 - t_{it})} \qquad （公式 12-8）$$

$$\frac{\partial \hat{y}_{it}}{\partial \theta_2} = e^{\theta_3(1-t_{it})} \qquad （公式 12-9）$$

$$\frac{\partial \hat{y}_{it}}{\partial \theta_3} = (\theta_1 - \theta_2)(t_{it} - 1)\, e^{\theta_3(1-t_{it})} \qquad （公式 12-10）$$

假設起始的測量時間為 $t_{it}=1$，則此時在 Λ_y 矩陣裡的元素編碼，即為：

$$\Lambda_y = \begin{bmatrix} 0 & 1 & 0 \\ 1 - e^{-\theta_3} & e^{-\theta_3} & (\theta_1 - \theta_2)e^{-\theta_3} \\ 1 - e^{-2\theta_3} & e^{-2\theta_3} & 2(\theta_1 - \theta_2)e^{-2\theta_3} \\ 1 - e^{-3\theta_3} & e^{-3\theta_3} & 3(\theta_1 - \theta_2)e^{-3\theta_3} \\ 1 - e^{-4\theta_3} & e^{-4\theta_3} & 4(\theta_1 - \theta_2)e^{-4\theta_3} \end{bmatrix} \qquad （公式 12-11）$$

在非線性的成長模型裡，指數型曲線函數會比多項式函數和直線型函數更有個優勢，那就是它的函數線是單調遞增的（monotonic increasing）或單調遞減的（monotonic decreasing）；也就是說，直線函數線會趨向正無窮大，而多項式曲線會在某個點上產生轉折，然後再趨向正或負的無窮大，但指數函數線則不會改變方向地只趨向某一條漸近線（asymptote）（無論是成長或萎縮），甚至，如果觀測時間夠長的話，指數函數線會更平坦。因為有如此的特性，指數型的成長軌跡線被稱作是「有界線函數」（bounded function），而直線和多項式的成長軌跡線則被稱作是「無界線函數」（unbounded function）。由於大多數的社會和心理過程都是有界線的，因此，在此領域中使用指數型成長軌跡線會更具有優勢，因為它的函數線不會無窮地遞增或無窮地遞減。

就多項式曲線而言，θ_1、θ_2 和 θ_3 通常是被當作三種基礎曲線因素的平均數來估計；然而，在指數模型的 SLC 方法裡，θ_1 和 θ_2 是當作平

均數來估計，而 θ_3 就必須套用 LISREL 程式中的額外參數屬性來估計。例如，Blozis（2006）企圖把這種方法擴展應用來探索多個測量指標下潛在變項中的非線性趨勢的可能性，且 Blozis（2007）也企圖將它應用到多變量非線性改變（multivariate nonlinear change）問題的探索上。但在大多數的 SLC 模型裡，通常都必須借助於特殊軟體程式（如：AU-FIT，du Toit & Browne, 1992）的使用，而若使用 LISREL 程式來估計的話，則必須設定許多複雜的參數相等限制（equality constraints）或進行測量時間點的非線性轉換（nonlinear transformation of the metric of time）（如：取自然對數、開根號或倒數等轉換方式）後，才能進行（du Toit & Cudeck, 2001）。有關此詳細的估計方法，讀者可以參見 Browne 與 du Toit（1991）、Browne（1993）和 Blozis（2004）等人的論文。

第二節　實徵分析與解釋

為了說明此非線性成長模型的應用情形，茲以 Browne（1993）和 du Toit 與 Cudeck（2001）論文中所描述有關指數函數的成長參數設定方式，並以表 12-1 的實徵數據為例，來說明此模型在 SIMPLIS 程式語法裡的實徵應用概況。

假設個體 i 在測量時間點 t 上的重複測量變項 y 是一條非線性的指數函數，其目標函數為下列公式所示：

$$\hat{y}_{it} = \theta_1 + \theta_2(1 - e^{-\gamma t_i}), \quad t = \{0, 1, 2, 3, 4\} \qquad （公式 12-12）$$

則針對此函數的每個成長參數，取其第一階導數，即為：

表 12-1　5 歲到 13 歲兒童體重之測量的相關係數矩陣（N = 115）

觀察變項	測量時間點上的體重（單位：磅）				
	w_1	w_2	w_3	w_4	w_5
第一波（w_1）5 歲	1.000				
第二波（w_2）7 歲	0.7947	1.000			
第三波（w_3）9 歲	0.7264	0.8569	1.000		
第四波（w_4）11 歲	0.6405	0.7866	0.8651	1.000	
第五波（w_5）13 歲	0.6025	0.7447	0.7968	0.8981	1.000
平均數	39.5480	55.3160	72.3350	96.2520	119.1030
標準差	6.1096	11.1546	17.8567	26.9084	33.4412

註：本表數據取自 Bollen 與 Curran（2006, p. 95）。

$$\frac{\partial \hat{y}_{it}}{\partial \theta_1} = 1 \qquad\qquad （公式 12-13）$$

$$\frac{\partial \hat{y}_{it}}{\partial \theta_2} = 1 - e^{-\gamma t_t} \qquad\qquad （公式 12-14）$$

因此，假設測量時間為 $t_t = 0, 1, 2, \cdots, T - 1$，則此時 Λ_y 矩陣裡的元素編碼可為：

$$\Lambda_y = \begin{bmatrix} 1 & 0 \\ 1 & 1 - e^{-\gamma(1)} \\ 1 & 1 - e^{-\gamma(2)} \\ 1 & 1 - e^{-\gamma(3)} \\ 1 & 1 - e^{-\gamma(4)} \end{bmatrix} \qquad\qquad （公式 12-15）$$

亦即，$t_1 = 0$ 且 $e^0 = 1$，θ_1 表示起始點的成長軌跡截距項，θ_2 表示當測量時間無限延長時，本模型所隱含的總改變量期望值，而 γ 則表示對

跨時間的 y_{it} 產生影響的指數改變率（exponential rate of change）。對任何 $\gamma > 0$ 而言，我們可以把 $e^{-\gamma}$ 看成是跨時間的 y_{it} 產生遞降的速率；亦即，如果我們將 Δ_{21} 定義為時間點 1 和 2 之間 y 的改變量的話，則時間點 2 和 3 之間的模型隱含改變量可表示成 $\Delta_{32} = e^{-\gamma} \Delta_{21}$，即表示後期的改變直接與前期的改變成某種比例關係。

所以，在實作上，我們必須將公式 12-15 代入傳統的 LGM 的參數設定中，才能進行一次 LISREL 程式分析。但這種做法相當複雜，通常為了讓上述的參數估計有解，初步的做法均會先假設 γ 被設定為固定值，而截距項和斜率項（即 θ_1 和 θ_2）則開放估計，再來求解一般的 LGM 結果。針對此問題的簡易做法，筆者倒是傾向建議採用 Meredith 與 Tisak（1990）和 Aber 與 McArdle（1991）等人所提出「完整潛在軌跡模型」（completely latent trajectory model）的設定方法，亦即，只將斜率項因素的第一個時間點設定為 0，第二個時間點設定為 1.0，其餘時間點則採完全開放估計，自然能夠反映出原始資料隨著時間的伸展而呈現出的非線性成長趨勢。

接著，我們以表 12-1 資料為例，根據圖 12-1 所示的概念圖示，進行一次非線性 LGM 的參數設定，以進行一次實徵資料分析（其 SIM-PLIS 程式語法 spl 檔、參數估計結果 OUT 檔，及路徑關係圖 PTH 檔等，均請參見本書所附光碟中的 Structural Latent Curve Model 資料夾中的 SLC_1_Model），其重要結果的扼要摘要如表 12-2 所示，其實徵的路徑關係圖如圖 12-2 所示。

由表 12-2 的摘要表及圖 12-2 所示可知，整體而言，此非線性LGM是比較適配於表 12-1 的資料，由此可見，從 5 歲到 13 歲兒童的體重係呈現非線性的成長趨勢（其成長速率係呈 0.00、1.00、2.08、3.60、5.05 不等速成長），確實是存在的。從表 12-2 所示可知，這批兒童的體重起始值平均為 39.55 磅，之後，每兩年以平均增加 15.77 磅的成長速率在增加，且剛開始體重較輕的兒童，其後續的體重成長速率較快（即 ψ_{21} 為顯著的負值，-0.04），且以不等速的速率每隔兩年往上遞增一

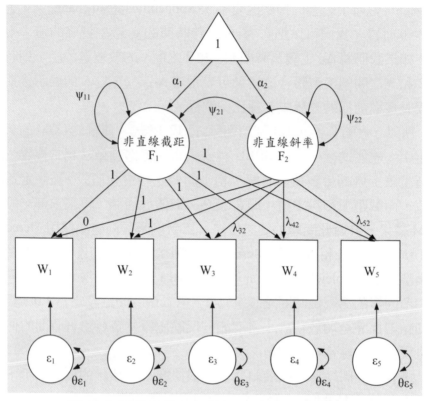

圖 12-1　非線性潛在成長模型的概念性路徑關係圖

次〔即相對於第二個測量時間點（即 7 歲時），其成長速率分別為
2.08、3.60、5.05，每隔兩年以不等速速率方式在成長〕。

　　讀者可以使用直線的LGM和二次式LGM來分析看看（其SIMPLIS
程式語法 spl 檔、參數估計結果 OUT 檔，及路徑關係圖 PTH 檔等，均
請參見本書所附光碟中的 Structural Latent Curve Model 資料夾中的
SLC_2_Model 和 SLC_3_Model），並且試著與此非直線性模型的結果
比較看看，相較之下，何者較為適配且較能妥善詮釋表 12-1 資料的成
長趨勢。

表 12-2　非線性潛在成長模型參數估計值摘要

	參數	標準誤	t 值
平均數			
非線性截距項（α_1）	39.55	0.10	390.30
非線性斜率項（α_2）	15.77	0.06	254.28
變異數			
非線性截距項（ψ_{11}）	0.88	0.13	6.79
非線性斜率項（ψ_{22}）	0.02	0.00	4.89
共變數（ψ_{21}）	−0.04	0.02	−2.38
λ_{12}	--	--	--
λ_{22}	1.00	--	--
λ_{32}	2.08	0.01	342.29
λ_{42}	3.60	0.01	312.92
λ_{52}	5.05	0.02	298.11
χ^2	18.22		
df	7		
p-value	0.01101		
RMSEA	0.119		
NNFI	0.98		
SRMR	0.064		

註：*代表達 $\alpha < 0.05$ 的顯著水準。

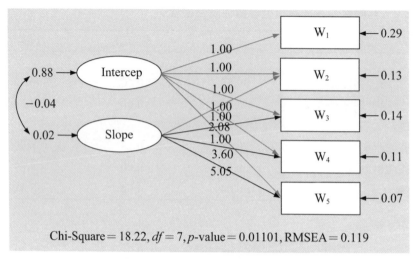

圖 12-2　非線性潛在成長模型之路徑關係圖（原始解）

CHAPTER 13

LGM 的未來——代結論

　　環顧方法學文獻的記載，近十年來，LGM 的發展潛力受到學界的青睞，是有目共睹的事實。不僅大量論文輩出，連許多進階的方法與模型，也都陸續有人不斷地提出。相對之下，本書所歸納整理介紹的各種LGM，可說只是相當陽春的模型構造而已，讀者若欲深入掌握最新的第一手資訊，勢必要不斷地閱讀最新發表的學術期刊論文不可。

　　除了本書各章節的介紹外，筆者認為 LGM 的未來，還有下列許多值得繼續發展與探討的地方與新的議題，值得學界同好一起來共襄盛舉：

1. 專門針對 LGM 的各種模型用途，重新研發或整合現有的軟體，以擬出一套具親和性、便利使用且功能強大的電腦軟體程式。雖然，目前通用的 LISREL 程式最為普及，但有些地方的功能卻有限，無法套用在各種 LGM 裡；AMOS 程式雖然有強大的繪圖功能，但功能仍屬有限；EQS 程式雖然也有針對 LGM 發展出簡易的操作模型，但可適用的模型數量仍屬有限；而 MPLUS 程式雖有凌駕其他軟體程式的應用趨勢，功能雖強，但對初學者而言卻不是很好用，且缺乏清晰的圖解功能。總之，沒有一種軟體程式是十全十美的，因此，去整合這些程式的應用功能，便成為一件很有價值、很有意義且很重要的工作。

2. 針對各種相關議題，繼續研發新的應用模型。諸如：探索具有潛在交互作用項的成長曲線模型（Li, Duncan, & Acock, 2000）、在有條件成長模型下探索與繪製其簡單效果量（Curran, Bauer, & Willoughby, 2004; Preacher, Curran, & Bauer, 2006），以及進一步發展與改良成長混合模

型（Bauer & Curran, 2003a, 2003b, 2004）等。

3. LGM 的貝氏估計法（Bayesian estimation）及其應用的議題。諸如：次序性類別變項和二分變項、非線性成長模型、多樣本與混合模型、缺失值可否忽略的模型適配度問題、非常態分配資料的模型適配度問題，及其他 SEM 方法學中混合數種模型常會遭遇的參數估計問題等，都可以嘗試使用貝氏估計法來進行解決，或者用以替代多數程式預設使用的最大概似值估計法（即 MLE）（Lee, 2007; Zhang, Hamagami, Wang, Nesselroade, & Grimm, 2007）。

4. 其他與 LGM 方法學有關的統計分析技術的應用。諸如：探索性縱貫因素分析（exploratory longitudinal factor analysis）（Tisak & Meredith, 1989, 1990）；利用縱貫性 SEM 方法來探究信度、效度與跨時間穩定性的問題（Tisak & Tisak, 1996, 2000）；自我迴歸模型與自我迴歸交叉延宕模型對 LGM 的替代應用（Bollen & Curran, 2004; Curran, Stice, & Chassin, 1997）；以及運用多層次模型來替代 LGM 分析縱貫性資料等。

總之，LGM 的發展雖然已具備發展雛形和一定的規模，但後續仍有一片廣大的發展空間，值得學界同好一起努力。

王金香（2010）。**焦慮與成就目標動機影響數學學習之縱貫研究**。國立政治大學教育學系博士論文（未出版），臺北市。

余民寧（2006a）。**潛在變項模式：SIMPLIS 的應用**。臺北市：高等教育。

余民寧（2006b）。影響學習成就因素的探討。**教育資料與研究雙月刊，73**，11-24。

邱皓政（譯）（2006）。I. G. G. Kreft & J. de Leeuw（著）。**多層次模型分析導論（*Introducing multilevel modeling*）**。臺北市：五南。

張芳全（2010）。**多層次模型在學習成就之研究**。臺北市：心理。

張苙雲（2008）。**臺灣教育長期追蹤資料庫：第一波（2001）、第二波（2003）、第三波（2005）、第四波（2007）資料使用手冊**（公共使用版電子檔）。臺北市：中央研究院調查研究專題中心【管理、釋出單位】。

溫福星（2006）。**階層線性模式──原理、方法與應用**。臺北市：雙葉。

楊孟麗、譚康榮、黃敏雄（2003）。**臺灣教育長期追蹤資料庫：心理計量報告：TEPS 2001 分析能力測驗**（第一版）。臺北市：中央研究院調查研究專題中心【管理、釋出單位】。

趙珮晴、余民寧（2012）。自律學習策略與自我效能、學習興趣、學業成就的相關研究。**教育研究集刊，58**（3），1-32。

趙珮晴、余民寧、張芳全（2011）。探討臺灣學生的自律學習：TEPS 資料的縱貫性分析。**教育科學研究期刊，56**（3），151-179。

Aber, M. S., & McArdle, J. J. (1991). Latent growth curve approaches to modeling the development of competence. In M. Chandler & M. Chapman (Eds.), *Criteria for competence: Controversies in the conceptualization and assessment of children's abilities* (pp. 231-258). Hillsdale, NJ: Lawrence Erlbaum Associates.

Akaike, H. (1974). A new look at the statistical model identification. *IEEE Transactions in Automatic Control, 19,* 716-723.

Allison, P. D. (1984). *Event history analysis: Regression for the social sciences.* Beverly Hill, CA: Sage.

Allison, P. D. (1987). Estimating of linear models with incomplete data. In C. C. Clogg (Ed.), *Sociological methodology* (pp. 71-103). San Francisco, CA: Jossey-Bass.

Allison, P. D. (2002). *Missing data.* Newbury Park, CA: Sage.

Allison, P. D. (2005). *Fixed effects regression methods for longitudinal data using SAS.* Cary, NC: SAS.

Anderson, T. W. (1960). Some stochastic process models for intelligence test scores. In K. J. Arrow, S. Karlin, & P. Suppes (Eds.), *Mathematical methods in the social sciences* (pp. 205-220). Stanford, CA: Stanford University Press.

Anderson, E. R. (1993). Analyzing change in short-term longitudinal research using cohort-sequential designs. *Journal of Consulting and Clinical Psychology, 61,* 929-940.

Anderson, E. R. (1995). Accelerating and maximizing information from short-term longitudinal research. In J. M. Gottman (Ed.), *The analysis of change* (pp. 139-163). Hillsdale, NJ: Lawrence Erlbaum Assocaites.

Arbuckle, J. L. (1995). *AMOS user's guide.* Chicago: Smallwaters.

Arbuckle, J. L. (1996). Full information estimation in the presence of incomplete data. In G. A. Marcoulides & R. E. Schumacker (Eds.), *Advanced structural equation modeling: Issues and techniques* (pp. 243-277). Hillsdale, NJ: Lawrence Erlbaum Associates.

Arbuckle, J. L. (2003). *AMOS 5*. Chicago, IL: SPSS Inc.

Arminger, G., Wittenberg, J., & Schepers, A. (1996). *MECOSA 3 user guide*. Friedrichsdorf/Ts, Germany: ADDITIVE GmbH.

Aunola, K., Leskinen, E., Onatsu-Arvilommi, T., & Nurmi, J. E. (2002). Three methods for studying developmental change: A case of reading skills and self-concept. *British Journal of Educational Psychology, 72*, 343-364.

Baer, J., & Schmitz, M. F. (2000). Latent growth curve modeling with a cohort sequential design. *Social Work Research, 24*, 243-247.

Baker, G. A. (1954). Factor analysis of relative growth. *Growth, 18*, 137-143.

Baltes, P. B., & Nesselroade, J. R. (1973). The developmental analysis of individual differences on multiple measures. In J. R. Nesselroade & H. W. Reese (Eds.), *Life-span developmental psychology: Methodological issues* (pp. 219-251). New York: Academic Press.

Bartholomew, D. J. (2007). Three faces of factor analysis. In R. Cudeck & R. C. MacCallum (Eds.), *Factor analysis at 100: Historical developments and future direction* (pp. 9-21). Mahwah, NJ: Lawrence Erlbaum Associates.

Bartolucci, F., Farcomeni, A., & Pennoni, F. (2012). *Latent Markov models for longitudinal data*. Boca Raton, FL: Chapman and Hall/CRC.

Bauer, D. J. (2003). Estimating multilevel linear models as structural equation models. *Journal of Educational and Behavioral Statistics, 28*, 135-167.

Bauer, D. J. (2007). Observations on the use of growth mixture models in psychological research. *Multivariate Behavioral Research, 42*, 757-786.

Bauer, D. J., & Curran, P. J. (2003a). Distributional assumptions of growth mixture models: Implications for overextraction of latent trajectory classes. *Psychological Methods, 8*, 338-363.

Bauer, D. J., & Curran, P. J. (2003b). Over-extracting latent trajectory classess: Much ado about nothing? Reply to Rindskopf (2003), Muthén (2003), and Cudeck and Henly (2003). *Psychological Methods, 8*, 384-393.

Bauer, D. J., & Curran, P. J. (2004). The integration of continuous and discrete latent variable models: Potential problems and promising opportunities. *Psychological Methods, 9*, 3-29.

Bell, R. Q. (1953). Convergence: An accelerated longitudinal approach. *Child Development, 24*, 145-152.

Bell, R. Q. (1954). An experimental test of the accelerated longitudinal approach. *Child Development, 25*, 281-286.

Bentler, P. M. (1989). *Theory and implication of EQS: A structural equations program*. Los Angeles, CA: BMDP Statistical Software.

Bentler, P. M. (2000). *EQS 6 Structural equations program manual*. Encino, CA: Multivariate Software.

Bentler, P. M., & Bonett, D. G. (1980). Significance tests and goodness-of-fit in the analysis of covariance structures. *Psychological Bulletin, 88*, 588-606.

Berger, P., & Luckman, T. (1966). *The social construction of reality: A treatise in the sociology of knowledge*. New York: Anchor Books.

Bernard, H. R., Killworth, P., Kronenfeld, D., & Sailer, L. (1984). The problem of informant accuracy: The validity of retrospective data. *Annual Review of Anthropology, 13*, 495-517.

Biesanz, J. C., Deeb-Sossa, N., Papadakis, A. A., Bollen, K. A., & Curran, P. J. (2004). The role of coding time in estimating and interpreting growth curve models. *Psychological Methods, 9*, 30-52.

Bijleveld, C. C. J. H., van der Kamp, L. J. Th., Mooijaart, A., van der Kloot, W. A., van der Leeden, R., & van der Burg, E. (1998). *Longitudinal data analysis: Designs, models and methods*. Thousand Oaks, CA: Sage.

Blalock, H. M. (1964). *Causal inference in nonexperimental research*. New York: Norton.

Blozis, S. A. (2004). Structural latent curve models for the study of change in multivariate repeated measures. *Psychological Methods*, *9*, 334-353.

Blozis, S. A. (2006). A second-order structured latent curve model for longitudinal data. In K. van Montfort, H. Oud, & A. Satorra (Eds.), *Longitudinal models in the behavioral and related sciences* (pp. 189-214). Mahwah, NJ: Lawrence Erlbaum Associates.

Blozis, S. A. (2007). On fitting nonlinear latent curve models to multiple variables measured longitudinally. *Structural Equation Modeling*, *14*, 179-201.

Bock, R. D. (1979). Univariate and multivariate analysis of variance of time-structured data. In J. R. Nesselroade & P. B. Baltes (Eds.), *Longitudinal research in the study of behavior and development* (pp. 199-231). New York: Academic Press.

Bollen, K. A. (1989). *Structural equations with latent variables*. New York: Wiley.

Bollen, K. A., & Curran, P. J. (2004). Autoregressive latent trajectory (ALT) models: A synthesis of two traditions. *Sociological Methods & Research*, *32*, 336-383.

Bollen, K. A., & Curran, P. J. (2006). *Latent curve models: A structural equation perspective*. New York: John Wiley & Sons.

Box, G. E. P., & Jenkins, G. (1976). *Time series analysis: Forecasting and control*. San Francisco, CA: Holden-Day.

Bozdogan, H. (1987). Model selection and Akaike's information criteria (AIC): The general theory and its analytical extensions. *Psychometrika*, *52*, 345-370.

Browne, M. W. (1993). Structural latent curve models. In C. M. Cuadras & C.

R. Rao (Eds.), *Multivariate analysis: Future directions, Vol. 2* (pp. 171-197). New York: Elsevier Science.

Browne, M. W., & Cudeck, R. (1993). Alternative ways of assessing model fit. In K. A. Bollen & J. S. Long (Eds.), *Testing structural equation models* (pp. 136-162). Newbury Park, CA: Sage.

Browne, M. W., & du Toit, S. H. C. (1991). Models for learning data. In L. M. Collins & J. L. Horn (Eds.), *Best methods for the analysis of change: Recent advances, unanswered questions, future directions* (pp. 47-68). Washington, DC: American Psychological Association.

Browne, M. W., MacCallum, R. C., Kim, C., Andersen, B. L., & Glaser, R. (2002). When fit indices and residuals are incompatible. *Psychological Methods, 7,* 403-421.

Bryk, A. S., & Raudenbush, S. W. (1987). Application of hierarchical linear models to assessing change. *Psychological Bulletin, 101,* 147-158.

Bryk, A. S., & Raudenbush, S. W. (1992). *Hierarchical linear models: Applications and data analysis methods.* Newbury Park, CA: Sage.

Buist, K. L., Dekovic, M., Meeus, W., & van Aken, M. A. G. (2002). Developmental patterns in adolescent attachment to mother, father and sibling. *Journal of Youth and Adolescence, 31,* 167-176.

Burchinal, M., & Appelbaum, M. I. (1991). Estimating individual developmental functions: Methods and their assumptions. *Child Development, 62,* 23-43.

Byrne, B. M., & Crombie, G. (2003). Modeling and testing change: An introduction to the latent growth curve model. *Understanding Statistics, 2,* 177-203.

Campbell, D. T., & Stanly, J. C. (1963). *Experimental and quasi-experimental designs for research.* Chicago: Rand McNally.

Carrig, M. M., Wirth, R. J., & Curran, P. J. (2004). A SAS macro for estimating and visualizing individual growth curves. *Structural Equation Modeling,* *11*, 132-149.

Chan, D. (1998). The conceptualization and analysis of change over time: An integrative approach incorporating longitudinal mean and covariance structures analysis (LMACS) and multiple indicator latent growth modeling (MLGM). *Organizational Research Methods, 1*, 421-483.

Chassin, L., Curran, P. J., Hussong, A. M., & Colder, C. R. (1996). The relation of parent alcoholism to adolescent substance use: A longitudinal follow-up study. *Journal of Abnormal Psychology, 105*, 70-80.

Cheong, J., MacKinnon, D. P., & Khoo, S. T. (2003). Investigation of meditational processes using parallel process latent growth curve modeling. *Structural Equation Modeling, 10*, 238-262.

Chou, C. P., Bentler, P. M., & Pentz, M. A. (1998). Comparisons of two statistical approaches to study growth curves: The multilevel model and the latent curve analysis. *Structural Equation Modeling, 5*, 247-266.

Christensen, H., Mackinnon, A., Jorm, A. F., Korten, A., Jacomb, P., Hofer, S. M., & Henderson, S. (2004). The Canberra longitudinal study: Design, aims, methodology, outcomes, and recent empirical investigations. *Aging, Neuropsychology, and Cognition, 11*, 169-165.

Cicchetti, D., & Rogosch, F. (1996). Equifinality and multifinality in developmental psychopathology. *Development and Psychopathology, 8*, 597-600.

Clogg, C. C. (1995). Latent class models. In G. Arminger, C. C. Clogg, & M. E. Sobel (Eds.), *Handbook of statistical modeling for the social and behavioral sciences* (pp. 311-359). New York: Plenum.

Cody, R. P. (2001). *Longitudinal data and SAS: A programmer's guide*. Cary, NC: SAS.

Collins, L. M. (2006). Analysis of longitudinal data: The integration of theoretical model, temporal design, and statistical model. *Annual Review of Psychology, 57,* 505-528.

Collins, L. M., Schafer, J. L., & Kam, C. M. (2001). A comparison of inclusive and restrictive strategies in modern missing data procedures. *Psychological Methods, 6,* 330-351.

Collins, L., & Wugalter, S. E. (1992). Latent class models for stage-sequential dynamic latent variables. *Multivariate Behavioral Research, 27,* 131-157.

Cook, T. D., & Campbell, D. T. (1979). *Quasi-experimentation: Design and analysis issues for field settings.* Boston, MA: Houghton Mifflin.

Cronbach, L. J., & Webb, N. (1975). Between class and within class effects in a reported aptitude x treatment interaction: A reanalysis of a study by G. L. Anderson. *Journal of Educational Psychology, 67,* 717-724.

Cudeck, R., & Klebe, K. J. (2002). Multiphase mixed-effects models for repeated measures data. *Psychological Methods, 7,* 41-63.

Curran, P. J. (2000). A latent curve framework for the study of development trajectories in adolescent substance use. In J. S. Rose, L. Chassin, C. C. Presson, & S. J. Sherman (Eds.), *Multivariate applications in substance use research* (pp. 1-42). Mahwah, NJ: Lawrence Erlbaum Associates.

Curran, P. J. (2003). Have multilevel models been structural equation models all along? *Multivariate Behavioral Research, 38,* 529-569.

Curran, P. J., Bauer, D. J., & Willoughby, M. T. (2004). Testing main effects and interactions in latent curve analysis. *Psychological Methods, 9,* 220-237.

Curran, P. J., & Bollen, K. A. (2001). The best of both worlds: Combining autoregressive and latent curve models. In L. M. Collins & A. G. Sayer (Eds.), *New methods for the analysis of change* (pp. 105-136). Washington, DC: Americam Psychological Association.

Curran, P. J., Harford, T. C., & Muthén, B. O. (1996). The relation between heavy alcohol use and bar patronage: A latent growth model. *Journal of Studies on Alcohol, 57*, 410-418.

Curran, P. J., & Hussong, A. M. (2002). Structural equation modeling of repeated measures data. In D. Moskowitz & S. Hershberger (Eds.), *Modeling intraindividual variability with repeated measures data: Methods and applications* (pp. 59-86). New York: Lawrence Erlbaum Associates.

Curran, P. J., & Hussong, A. M. (2003). The use of latent trajectory models in psychopathology research. *Journal of Abnormal Psychology, 112*, 526-544.

Curran, P. J., Muthén, B. O., & Harford, T. C. (1998). The influence of changes in marital status on developmental trajectories of alcohol use in young adults. *Journal of Studies on Alcohol, 59*, 647-658.

Curran, P. J., Stice, E., & Chassin, L. (1997). The relation between adolescent alcohol use and peer alcohol use: A longitudinal random coefficients model. *Journal of Consulting and Clinical Psychology, 65*, 130-140.

Curran, P. J., West, S. G., & Finch, J. F. (1996). The robustness of test statistics to nonnormality and specification error in confirmatory factor analysis. *Psychological Methods, 1*, 16-29.

Curran, P. J., & Willoughby, M. T. (2003). Implications of latent trajectory models for the study of developmental psychopathology. *Development and Psychopathology, 15*, 581-612.

Dembo, R., Schmeidler, J., & Wothke, W. (2003). Impact of a family empowerment intervention on delinquent behavior: A latent growth model analysis. *Journal of Offender Rehabilitation, 37*, 17-41.

Dembo, R., Wothke, W., Livingston, S., & Schmeidler, J. (2002). The impact of a family empowerment intervention on juvenile offender heavy drinking: A latent growth model analysis. *Substance Use and Misuse, 37*,

1359-1390.

Diggle, P., Heagerty, P., Liang, K. Y., & Zeger, S. (2002). *Analysis of longitudinal data* (2nd ed.). New York: Oxford University Press.

Duncan, S. C., Alpert, A., Duncan, T. E., & Hops, H. (1997). Adolescent alcohol use development and youth adult outcomes. *Drug and Alcohol Dependence, 49*, 39-48.

Duncan, S. C., & Duncan, T. E. (1994). Modeling incomplete longitudinal substance use data using latent variable growth curve methodology. *Multivariate Behavioral Research, 29*, 313-338.

Duncan, S. C., & Duncan, T. E. (1996). A multivariate latent growth curve analysis of adolescent substance use. *Structural Equation Modeling, 3*, 323-347.

Duncan, S. C., Duncan, T. E., & Alpert, A. (1998). Alcohol use among African American and White siblings: A multilevel latent growth modeling approach. *Journal of Gender, Culture, and Health, 3*, 209-225.

Duncan, S. C., Duncan, T. E., Biglan, A., & Ary, D. (1998). Contributions of the social context to the development of adolescent substance use: A multivariate latent growth modeling approach. *Drug and Alcohol Dependence, 50*, 57-71.

Duncan, S. C., Duncan, T. E., & Hops, H. (1996). Analysis of longitudinal data within accelerated longitudinal design. *Psychological Methods, 1*, 236-248.

Duncan, S. C., Duncan, T. E., & Strycker, L. A. (2000). Risk and protective factors influencing adolescent problem behavior: A multivariate latent growth curve analysis. *Annals of Behavioral Medicine, 22*, 103-109.

Duncan, S. C., Duncan, T. E., & Strycker, L. A. (2001). Qualitative and quantitative shifts in adolescent problem behavior: A cohort-sequential multivariate latent growth modeling approach. *Journal of Psychopathology and Behavioral Assessment, 23*, 43-50.

Duncan, S. C., Duncan, T. E., & Strycker, L. A. (2002). A multilevel analysis of neighborhood context and youth alcohol and drug problems. *Prevention Science, 3*, 125-134.

Duncan, S. C., Duncan, T. E., & Strycker, L. A. (2003). Family influences on youth alcohol use: A multiple-sample analysis by ethnicity and gender. *Journal of Ethnicity in Substance Abuse, 2*, 17-33.

Duncan, S. C., Duncan, T. E., Strycker, L. A., & Chaumeton, N. R. (2002). Neighborhood physical activity opportunity: A multilevel model. *Research Quarterly for Exercise and Sport, 73*, 457-463.

Duncan, S. C., Strycker, L. A., & Duncan, T. E. (1999). Exploring associations in developmental trends of adolescent substance use and risky sexual behavior in a high-risk population. *Journal of Behavioral Medicine, 22*, 21-33.

Duncan, S. C., Strycker, L. A., Duncan, T. E., He, H., & Stark, M. J. (2002). Telephone recruitment of a random stratified African American and White study sample. *Journal of Ethnicity and Substance Abuse, 1*, 57-73.

Duncan, S. C., Strycker, L. A., Duncan, T. E., & Okut, H. (2002). A multilevel contextual model of family conflict and deviance. *Journal of Psychopathology and Behavioral Assessment, 24*, 169-175.

Duncan, T. E., & Duncan, S. C. (1995). Modeling the processes of development via latent variable growth curve methodology. *Structural Equation Modeling, 2*, 187-213.

Duncan, T. E., & Duncan, S. C. (2004a). An introduction to latent growth curve modeling. *Behavioral Therapy, 35*, 333-363.

Duncan, T. E., & Duncan, S. C. (2004b). A latent growth curve modeling approach to pooled interrupted time series analyses. *Journal of Psychopathology and Behavioral Assessment, 26*, 271-278.

Duncan, T. E., Duncan, S. C., & Alpert, A. (1997). Multilevel covariance structure analysis of family substance use across samples and ethnicities. *Journal of Gender, Culture, and Health, 2*, 271-286.

Duncan, T. E., Duncan, S. C., & Alpert, A. (1998). Multilevel covariance structure analysis of sibling antisocial behavior. *Structural Equation Modeling, 5*, 211-228.

Duncan, T. E., Duncan, S. C., Alpert, A., Hops, H., Stoolmiler, M., & Muthén, B. O. (1997). Latent variable modeling of longitudinal and multilevel substance use data. *Multivariate Behavioral Research, 32*, 275-318.

Duncan, T. E., Duncan, S. C., & Hops, H. (1994). The effects of family cohesiveness and peer encouragement on the development of adolescent alcohol use: A cohort-sequential approach to the analysis of longitudinal data. *Journal of Studies on Alcohol, 55*, 588-599.

Duncan, T. E., Duncan, S. C., & Hops, H. (1996). The role of parents and older siblings in predicting adolescent substance use: Modeling development via structural equation latent growth methodology. *Journal of Family Psychology, 10*, 158-172.

Duncan, T. E., Duncan, S. C., & Hops, H. (1998). Latent variable modeling of longitudinal and multilevel alcohol use data. *Journal of Studies on Alcohol, 59*, 399-408.

Duncan, T. E., Duncan, S. C., Hops, H., & Alpert, A. (1997). Multilevel covariance structure analysis of intrafamilial substance use. *Drug and Alcohol Dependence, 46*, 167-180.

Duncan, T. E., Duncan, S. C., & Li, F. (1998). A comparison of model- and multiple-imputation-based approaches to analyses with partial missingness. *Structural Equation Modeling, 5*, 1-21.

Duncan, T. E., Duncan, S. C., & Li, F. (2003). Power analysis models and methods: A latent variable framework for power estimation and analyses. In

Z. Sloboda & W Bukowski (Eds.), *Handbook of drug abuse prevention* (pp. 609-626). New York: Klewer Academic/Plenum.

Duncan, T. E., Duncan, S. C., Li, F., & Strycker, L. A. (2002). Modeling longitudinal and functional data. In D. S. Moskowitz & S. L. Hershberger (Eds.), *Modeling intraindividual variability with repeated measures data: Methods and applications* (pp. 171-201). New York: Plenum.

Duncan, T. E., Duncan, S. C., Okut, H., Strycker, L. A., & Li, F. (2002). An extension of the general latent variable growth modeling framework to four levels of the hierarchy. *Structural Equation Modeling, 9*, 303-326.

Duncan, T. E., Duncan, S. C., & Stoolmiller, M. (1994). Modeling developmental processes via latent growth structural equation methodology. *Applied Psychological Measurement, 18*, 343-354.

Duncan, T. E., Duncan, S. C., & Strycker, L. A. (2006). *An introduction to latent variable growth curve modeling: Concepts, issues, and applications* (2nd ed.). Mahwah, NJ: Lawrence Erlbaum Associates.

Duncan, T. E., Duncan, S. C., Strycker, L. A., & Li, F. (2002). A latent variable framework for power estimation and analyses within intervention context. *Journal of Psychopathology and Behavioral Assessment, 24*, 1-12.

Duncan, T. E., Duncan, S. C., Strycker, L. A., Li, F., & Alpert, A. (1999). *An introduction to latent variable growth curve modeling: Concepts, issues, and applications*. Mahwah, NJ: Lawrence Erlbaum Associates.

Duncan, T. E., Duncan, S. C., Strycker, L. A., Okut, H., & Hix-Small, H. (2006). Recent methodological and statistical advances: A latent variable growth modeling framework. In H. Liddle & C. Rowe (Eds.), *Adolescent substance abuse: Research and clinical advances* (pp. 52-78). Cambridge: Cambridge University Press.

Duncan, T. E., & McAuley, E. (1993). Social support and efficacy cognitions in exercise adherence: A latent growth curve analysis. *Journal of Beha-*

vioral Medicine, 16, 199-218.

Duncan, T. E., & Stoolmiller, M. (1993). Modeling social and psychological determinants of exercise behaviors via structural equation systems. *Research Quarterly for Exercise and Sport, 64*, 1-16.

Duncan, T. E., Tildesley, E. A., Duncan, S. C., & Hops, H. (1995). The consistency of family and peer influences on the development of substance use in adolescence. *Addiction, 90*, 1647-1660.

du Toit, S. H. C., & Browne, M. W. (1992). *AUFIT: Automated Fitting of Non-Standard Models* [Computer software].

du Toit, S. H. C., & Cudeck, R. (2001). The analysis of nonlinear random coefficient regression models with LISREL using constraints. In R. Cudeck, S. H. C. du Toit, & D. Sörbom (Eds.), *Structural equation modeling: Present and future* (pp. 259-278). Lincolnwood, IL: Scientific Software.

Emmerich, W. (1968). Personality development and concepts of structure. *Child Development, 39*, 671-690.

Enders, C. K. (2001). A primer on maximum likelihood algorithms available for use with missing data. *Structural Equation Modeling, 8*, 128-141.

Enders, C. K., & Bandalos, D. L. (2001). The relative performance of full information maximum likelihood estimation for missing data in structural equation models. *Structural Equation Modeling, 8*, 430-457.

Eye, A. V., & Niedermeier, K. E. (1999). *Statistical analysis of longitudinal categorical data in the social and behavioral sciences: An introduction with computer illustrations*. Psychology Press.

Fan, X. (2003). Power of latent growth modeling for detecting group differences in linear growth trajectory parameters. *Structural Equation Modeling, 10*, 380-400.

Ferrer, E., Hamagami, F., & McArdle, J. J. (2004). Modeling latent growth curves with incomplete data using different types of structural equation modeling and multilevel software. *Structural Equation Modeling, 11,* 452-483.

Ferrer, E., & McArdle, J. J. (2003). Alternative structural models for multivariate longitudinal data analysis. *Structural Equation Modeling, 10,* 493-524.

Fitzmaurice, G., Davidian, M., Verbeke, G., & Molenberghs, G. (Eds.) (2009). *Longitudinal data analysis.* Boca Raton, FL: Chapman & Hall/CRC.

Fitzmaurice, G. M., Laird, N. M., & Ware, J. H. (2011). *Applied longitudinal analysis* (2nd ed.). Hoboken, NJ: Wiley.

Freedman, D., Thornton, A., Camburn, D., Alwin, D., & Young-DeMarco, L. (1988). The life history calendar: A technique for collecting retrospective data. In C. C. Clogg (Ed.), *Sociological Methodology, 18,* 37-68. San Francisco, CA: Jossey-Bass.

Frees, E. W. (2004). *Longitudinal and panel data: Analysis and applications in the social sciences.* Cambridge, UK: Cambridge University Press.

Ge, X., Lorenz, F. O., Conger, R. D., & Elder, G. H. (1994). Trajectories of stressful life events and depressive symptoms during adolescence. *Developmental Psychology, 30,* 467-483.

George, R. (2003). Growth in students' attitudes about the utility of science over the middle and high school years: Evidence from the Longitudinal Study of American Youth. *Journal of Science Education and Technology, 12,* 439-448.

Gergen, K. J. (1977). Stability, change, and chance in understanding human development. In N. Datan & H. W. Reese (Eds.), *Life-span developmental psychology: Dialectical perspectives on experimental research* (pp. 135-158). New York: Academic Press.

Gibbons, R. D., & Bock, R. D. (1987). Trend in correlated proportions. *Psychometrika, 52,* 113-124.

Goldstein, H. (1987). *Multilevel models in educational and social research*. London: Oxford University Press.

Goldstein, H. (1995). *Multilevel statistical models* (2nd ed.). New York: Wiley.

Goldstein, H. (2003). *Multilevel statistical models* (3rd ed.). New York: Wiley.

Gollob, H. F., & Reichardt, C. S. (1987). Taking account of time lags in causal models. *Child Development, 58*, 80-92.

Gompertz, B. (1820). A sketch of an analysis and notation applicable to the estimation of the value of life contingencies. *Philosophical Transactions of the Royal Society, 110*, 214-294.

Goodman, L. A. (1974). Exploratory latent structure analysis using both identifiable and unidentifiable models. *Biometrika, 61*, 215-231.

Graham, J. W. (2003). Adding missing-data-relevant variables to FIML-based structural equation models. *Structural Equation Modeling, 10*, 80-100.

Graham, J. W., Collins, L. M., Wugalter, S. E., Chung, N. K., & Hansen, W. B. (1991). Modeling transitions in latent stage-sequential processes: A substance use prevention example. *Journal of Consulting and Clinical Psychology, 59*, 48-57.

Griliches, Z. (1957). Hybrid corn: An exploration in the economics of technical change. *Econometrica, 48*, 501-522.

Guttman, L. A. (1954). A new approach to factor analysis: The radix. In P. F. Lazarsfeld (Ed.), *Mathematical thinking in the social sciences* (pp. 258-348). New York: Columbia University Press.

Hair, J. F., Black, W. C., Babin, B. J., & Anderson, R. E. (2010). *Multivariate data analysis: A global perspective* (7th ed.). Upper Saddle River, NJ: Pearson Prentice Hall.

Hamagami, F. (1997). A review of the Mx computer program for structural equation modeling. *Structural equation modeling, 4*, 157-175.

Hancock, G. R., & Choi, J. (2006). A vernacular for linear latent growth models. *Structural Equation Modeling, 13,* 352-377.

Hancock, G. R., Kuo, W. L., & Lawrence, F. R. (2001). An illustration of second-order latent growth models. *Structural Equation Modeling, 8,* 470-489.

Hancock, G. R., & Lawrence, F. R. (2006). Using latent growth models to evaluate longitudinal change. In G. R. Hancock & R. O. Mueller (Eds.), *Structural equation modeling: A second course* (pp. 171-196). Greenwich, CT: Information Age.

Heck, R. H., & Thomas, S. L. (2000). *An introduction to multilevel modeling techniques.* Mahwah, NJ: Lawrence Erlbaum Associates.

Heck, R. H., Thomas, S. L., & Tabata, L. N. (2010). *Multilevel and longitudinal modeling with IBM SPSS.* New York: Routledge.

Hedeker, D., & Gibbons, R. D. (2006). *Longitudinal data analysis.* Hoboken, NJ: Wiley.

Heinen, T. (1996). *Latent class and discrete latent trait models: Similarities and differences.* Thousand Oaks, CA: Sage.

Heise, D. R. (1969). Separating reliability and stability in test-retest correlation. *American Sociological Review, 34,* 93-101.

Helwig, A. A., & Myrin, M. D. (1997). Ten-year stability of Holland codes within one family. *Career Development Quarterly, 46,* 62-71.

Hertzog, C., Lindenberger, U., Ghisletta, P., & von Oertzen, T. (2006). On the power of multivariate latent growth curve models to detect correlated change. *Psychological Methods, 11,* 244-252.

Hix-Small, H., Duncan, T. E., Duncan, S. C., & Okut, H. (2004). A multivariate associative finite growth mixture modeling approach examining adolescent alcohol and marijuana use. *Journal of Psychopathology and Behavioral Assessment, 26,* 255-269.

Horn, J. L., McArdle, J. J., & Mason, R. (1983). When is invariance not invariant: A practical scientist's look at the ethereal concept of factor invariance. *The Southern Psychologist, 1*, 179-188.

Hox, J. J. (2000). Multilevel analyses of grouped and longitudinal data. In T. D. Little, K. U. Schnabel, & J. Baumert (Eds.), *Modeling longitudinal and multilevel data: Practical issues, applied approaches and specific examples* (pp. 15-32). Mahwah, NJ: Lawrence Erlbaum Associates.

Hox, J. J. (2002). *Multilevel analysis: Techniques and applications*. Mahwah, NJ: Lawrence Erlbaum Associates.

Hox, J. J. (2010). *Multilevel analysis: Techniques and applications* (2nd ed.). Mahwah, NJ: Lawrence Erlbaum Associates.

Hsiao, C. (1986). *Analysis of panel data*. Cambridge: Cambridge University Press.

Hui, S. L., & Berger, J. O. (1983). Empirical Bayes estimation of rates in longitudinal studies. *Journal of American Statistical Association, 78*, 753-760.

Humphrey, L. G. (1960). Investigations of the simplex. *Psychometrika, 25*, 313-323.

Hussong, A. M., Hicks, R. E., Levy, S. A., & Curran, P. J. (2001). Specifying the relations between affect and heavy alcohol use among young adults. *Journal of Abnormal Psychology, 110*, 449-461.

Jones, R. H. (1993). *Longitudinal data with serial correlation: A state-space approach*. Boca Raton, FL: Chapman and Hall/CRC.

Jones, B. L., Nagin, D. S., & Roeder, K. (2001). A SAS procedure based on mixture models for estimating developmental trajectories. *Sociological Methods & Research, 29*, 374-393.

Jöreskog, K. G. (1967). Some contributions to maximum likelihood factor analysis. *Psychometrika, 32*, 443-482.

Jöreskog, K. G. (1970). A general method for analysis of covariance structures. *Biometrika, 57,* 239-251.

Jöreskog, K. G. (1979). Statistical models and methods for analysis of longi-
tudinal data. In K. G. Jöreskog & D. Sörbom (Eds.), *Advances in factor
analysis and structural equation models* (pp. 129-169). Cambridge, MA:
Abt.

Jöreskog, K. G. (1990). New developments in LISREL: Analysis of ordinal
variables using polychoric correlations and weighted least squares. *Qual-
ity and Quantity, 24,* 387-404.

Jöreskog, K. G. (2005). *Structural modeling with ordinal variables using LIS-
REL.* Lincolnwood, IL: Scientific Software International.

Jöreskog, K. G., & Sörbom, D. (1976). *LISREL III: Estimation of linear struc-
tural equation systems by maximum likelihood methods. User's guide.*
Chicago: International Educational Services.

Jöreskog, K. G., & Sörbom, D. (1993). *LISREL 8: Structural equation model-
ing with SIMPLIS command language.* Hillsdale, NJ: Lawrence Erlbaum
Associates.

Jöreskog, K. G., & Sörbom, D. (1999). *LISREL 8.30: User's reference guide.*
Chicago: Scientific Software International.

Jöreskog, K. G., & Yang, F. (1996). Nonlinear structural equation models: The
Jenny-Judd model with interaction effects. In G. A. Marcoulides & R. E.
Schumacker (Eds.), *Advanced structural equation modeling: Issues and
techniques* (pp. 57-88). Hillsdale, NJ: Lawrence Erlbaum Associates.

Kagan, J. (1980). Perspectives on continuity. In O. J. Brim & J. Kagan (Eds.),
Constancy and change in human development (pp. 26-74). Cambridge,
MA: Harvard University Press.

Kaplan, D., & George, R. (1998). Evaluating latent variable growth models
through ex post simulation. *Journal of Educational and Behavioral Stat-
istics, 23,* 216-235.

Kenny, D., & Judd, C. M. (1984). Estimating the nonlinear and interaction effects of latent variables. *Psychological Bulletin, 96*, 201-210.

Kessler, R. C., & Greenberg, D. F. (1981). *Linear panel analysis: Models of quantitative change*. New York: Academic Press.

Khoo, S. T., & Muthén, B. O. (2000). Longitudinal data on families: Growth modeling alternatives. In J. S. Rose, L. Chaassin, C. C. Presson, & S. J. Sherman (Eds.), *Multivariate applications in substance use research* (pp. 43-78). Mahwah, NJ: Lawrence Erlbaum Associates.

Klein, A. G., & Muthén, B. O. (2006). Modleing heterogeneity of latent growth depending on initial status. *Journal of Educational and Behavioral Statistics, 31*, 357-375.

Kleinbaum, D. C. (1973). A generalization of the growth curve model which allows missing data. *Journal of Multivariate Analysis, 3*, 117-124.

Kreft, I. G. G., & de Leeuw, J. (1998). *Introducing multilevel modeling*. Thousand Oaks, CA: Sage.

Langeheine, R., & Rost, J. (1988). *Latent trait and latent class models*. New York: Plenum.

Lawrence, F. R., & Hancock, G. R. (1998). Assessing change over time using latent growth modeling. *Measurement and Evaluation in Counseling and Development, 30*, 211-224.

Lee, S. Y. (2007). *Structural equation modeling: A Bayesian approach*. Hoboken, NJ: Wiley.

Lee, S., Poon, W., & Bentler, P. (1992). Structural equation models with continuous and polytomous variables. *Psychometrika, 57*, 89-105.

Lei, M., & Lomax, R. G. (2005). The effect of varying degrees of nonnormality in structural equation modeling. *Structural Equation Modeling, 12*, 1-27.

Li, F., Duncan, T. E., & Acock, A. (2000). Modeling interaction effects in latent growth curve models. *Structural Equation Modeling, 7,* 497-533.

Li, F., Duncan, T. E., Duncan, S. C., & Acock, A. (2001). Latent growth modeling of longitudinal data: A finite growth mixture modeling approach. *Structural Equation Modeling, 8,* 493-530.

Li, F., Duncan, T. E., & Duncan, S. C. (2001a). Latent growth modeling of longitudinal data: A finite growth mixture modeling approach. *Structural Equation Modeling, 8,* 493-530.

Li, F., Duncan, T. E., & Duncan, S. C. (2001b). Enhancing the psychological well-being of elderly individuals through Tai Chi exercise: A latent growth curve analysis. *Structural Equation Modeling, 8,* 53-83.

Li, F., Duncan, T. E., Duncan, S. C., & Hops, H. (2001). Piecewise growth mixture modeling of adolescent alcohol use data. *Structural Equation Modeling, 8,* 175-204.

Li, F., Duncan, T. E., Duncan, S. C., Jonsson, F. Y., Acock, A., & Hops, H. (2001). Interaction models in latent growth curves. In G. A. Marcoulides & R. E. Schumacker (Eds.), *Advances in structural equation modeling: New developments and techniques* (pp. 173-202). Mahwah, NJ: Lawrence Erlbaum Associates.

Li, F., Duncan, T. E., Harmer, P., Acock, A., & Stoolmiller, M. (1998). Analyzing measurement models of latent variables through multilevel confirmatory factor analysis and hierarchical linear modeling approaches. *Structural Equation Modeling, 5,* 247-279.

Li, F., Duncan, T. E., & Hops, H. (2001). Examining developmental trajectories in adolescent alcohol use using piecewise growth mixture modeling analysis. *Journal of Studies on Alcohol, 62,* 199-210.

Li, F., Harmer, P., McAuley, E., Duncan, T. E., Duncan, S. C., Chaumeton, N. R., & Fisher, J. (2001). An evaluation of the effects of Tai Chi exercise on physical function among older persons: A randomized controlled trial.

Annals of behavioral Medicine, 23, 139-146.

Liang, K. Y., & Zeger, S. L. (1986). Longitudinal data analysis using generalized linear models. *Biometrika, 73,* 13-22.

Little, T. D., Bovaird, J. A., & Card, N. A. (Eds.) (2007). *Modeling contextual effects in longitudinal studies.* Mahwah, NJ: Lawrence Erlbaum Associates.

Liu, H., & Powers, D. A. (2007). Growth curve models for zero-inflated count data: An application to smoking behavior. *Structural Equation Modeling, 14,* 247-279.

Lo, Y., Mendell, N., & Rubin, D. (2001). Testing the number of components in a normal mixture. *Biometrika, 88,* 767-778.

Loftus, E. F., & Marburger, W. (1983). Since the eruption of Mnt. St. Helens, has anyone beaten you up? Improving the accuracy of retrospective reports with landmark events. *Memory and Cognition, 11,* 114-120.

Long, J. D. (2011). *Longitudinal data analysis for the behavioral sciences using R.* Thousand Oaks, CA: Sage.

Longford, N. T. (1993). *Random coefficient models.* Thousand Oaks, CA: Sage.

Luke, D. A. (2004). *Multilevel modeling.* Thousand Oaks, CA: Sage.

MacCallum. R. C., Browne, M. W., & Sugawara, H. M. (1996). Power analysis and determination of sample size for covariance structure modeling. *Psychological Methods, 1,* 130-149.

MacCallum, R. C., & Kim, C. (2000). Modeling multilevel change. In T. D. Little, K. U. Schnabel, & J. Baumert (Eds.), *Modeling longitudinal and multilevel data: Practical issues, applied approaches and specific examples* (pp. 51-68). Mahwah, NJ: Lawrence Erlbaum Associates.

MacCallum, R. C., Kim, C., Malarkey, W. B., & Kiecolt-Glaser, J. K. (1997). Studying multivariate change using multilevel models and latent curve models. *Multivariate Behavioral Research, 32*, 215-253.

MacCallum, R. C., Roznowski, M., & Necowitz, L. B. (1992). Model modification in covariance structure analysis: The problem of capitalization on chance. *Psychological Bulletin, 111*, 490-504.

Manne, S., Markowitz, A., Winawer, S., Meropol, N. J., Haller, D., Jandorf, L., Rakowski, W., Babb, J., & Duncan, T. E. (2002). Understanding intention to undergo colonoscopy among intermediate risk siblings of colorectal cancer patients: A test of a meditational model. *Prevention Medicine, 36*, 71-84.

Markus, G. B. (1979). *Analyzing panel data*. Beverly Hill, CA: Sage.

Marini, M. M., Olsen, A. R., & Rubin, D. R. (1979). Maximum likelihood estimation in panel studies with missing data. In K. F. Schuessler (Ed.), *Sociological Methodology* (pp. 314-357). San Francisco, CA: Jossey-Bass.

McArdle, J. J. (1986). Latent growth within behavior genetic models. *Behavioral Genetics, 16*, 163-200.

McArdle, J. J. (1988). Dynamic but structural equation modeling of repeated measures data. In R. B. Cattell & J. Nesselroade (Eds.), *Handbook of multivariate experimental psychology* (2nd ed., pp. 561-614). New York: Plenum.

McArdle, J. J. (1989). A structural modeling experiment with multiple growth functions. In R. Kanfer, P. L. Ackerman, & R. Cudeck (Eds.), *Abilities, motivation, and methodology: The Minneapolis symposium on learning and individual differences* (pp. 71-117). Hillsdale, NJ: Lawrence Erlbaum Associates.

McArdle, J. J. (1991). Structural models of developmental theory in psychology. In P. van Geert & L. P. Mos (Eds.), *Annals of Theoretical Psychology, Vol. 7* (pp. 139-160). New York: Plenum Press.

McArdle, J. J. (2001). A latent difference score approach to longitudinal dynamic structural analysis. In R. Cudeck, S. du Toit, & D. Sörbom (Eds.), *Structural equation modeling: Present and future- A festschrift in honor of Karl Jöreskog* (pp. 342-380). Lincolnwood, IL: Scientific Software International.

McArdle, J. J., & Anderson, E. R. (1989). Latent growth models for research on aging. In L. E. Biren & K. W. Schaie (Eds.), *The handbook of the psychology of aging* (3rd ed., pp. 21-44). San Diego, CA: Academic Press.

McArdle, J. J., & Anderson, E. R. (1990). Latent variable growth models for research on aging. In J. E. Birren & K. W. Schaie (Eds.), *Handbook of the psychology of aging* (3rd ed., pp. 21-44). San Diego, CA: Academic Press.

McArdle, J. J., Anderson, E. R., & Aber, M. S. (1987). Convergence hypotheses modeled and tested with linear structural equations: Data for an aging population. *Proceedings of the 1987 Public Health Conference on Records and Statistics* (DHHSA Pub. No. (PHS) 88-1214). Hyattsville, MD.

McArdle, J. J., & Bell, R. Q. (2000). An introduction to latent growth models for development data analysis. In T. D. Little, K. U. Schnabel, & J. Baumert (Eds.), *Modeling longitudinal and multilevel data: Practical issues, applied approaches and specific examples* (pp. 69-107, 269-281). Mahwah, NJ: Lawrence Erlbaum Associates.

McArdle, J. J., & Epstein, D. (1987). Latent growth curve within developmental structural equation models. *Child Development, 58,* 110-133.

McArdle, J. J., & Hamagami, F. (1991). Modeling incomplete longitudinal data using latent growth structural equation models. In L. M. Collins & J. L. Horn (Eds.), *Best methods for the analysis of change: Recent advances, unanswered questions, future directions* (pp. 276-304). Washington, DC: American Psychological Association.

McArdle, J. J., & Hamagami, F. (1992). Modeling incomplete longitudinal and cross-sectional data using latent growth structural models. *Experimental Aging Research, 18*, 145-166.

McArdle, J. J., & Hamagami, F. (2001). Latent difference score structural models for linear dynamic analyses with incomplete longitudinal data. In L. M. Collins & A. G. Sayer (Eds.), *New methods for the analysis of change* (pp. 139-175). Washington, DC: American Psychological Association.

McArdle, J. J., Hamagami, F., Elias, M. F., & Robbins, M. A. (1991). Structural modeling of mixed longitudinal and cross-sectional data. *Experimental Aging Research, 17*, 29-52.

McArdle, J. J., & Nesselroade, J. R. (1994). Using multivariate data to structural developmental change. In H. C. Stanley & R. Hayne Waring (Eds.), *Life-span developmental psychology: Methodological contributions* (pp. 223-267). Hillsdale, NJ: Lawrence Erlbaum Associates.

McAuley, E., Blissmer, B., Katula, J., Milhalko, S. L., & Duncan, T. E. (2000). Physical activity, self-esteem, and self-efficacy relationships in older adults: A randomized controlled trial. *Annals of Behavioral Medicine, 22*, 131-139.

McCutcheon, A. L. (1987). *Latent class analysis*. Newbury Park, CA: Sage.

Mehta, P. D., & Neale, M. C. (2005). People are variables too: Multilevel structural equation modeling. *Psychological Methods, 10*, 259-284.

Mehta, P. D., Neale, M. C., & Flay, B. R. (2004). Squeezing interval change from ordinal panel data: Latent growth curves with ordinal outcomes. *Psychological Methods, 9*, 301-333.

Mehta, P. D., & West, S. G. (2000). Putting the individual back into individual growth curves. *Psychological Methods, 5*, 23-43.

Meiser, T., & Ohrt, B. (1996). Modeling structure and chance in transitions: Mixed latent partial Markov-Chain models. *Journal of Educational and*

Behavioral Statistics, 21, 91-109.

Menard, S. (1991). *Longitudinal research*. Beverly Hill, CA: Sage.

Meredith, W., & Horn, J. (2001). The role of factorial invariance in modeling growth and change. In L. M. Collins & A. C. Sayer (Eds.), *New methods for the analysis of change* (pp. 201-240). Washington, DC: American Psychological Association.

Meredith, W., & Tisak, J. (1982). Canonical analysis of longitudinal and repeated mesures data with stationary weights. *Psychometrika, 47*, 47-67.

Meredith, W., & Tisak, J. (1984). *On "Tuckerizing" Curves*. Paper presented at the annual meeting of the Psychometric Society, Santa Barbara, CA.

Meredith, W., & Tisak, J. (1990). Latent curve analysis. *Psychometrika, 55*, 107-122.

Miyazaki, Y., & Raudenbush, S. W. (2000). Tests for linkage of multiple cohorts in an accelerated longitudinal design. *Psychological Methods, 5*, 44-63.

Mortimer, J. D., Finch, M. D., & Kumka, D. (1982). Persistence and change in development: The multidimensional self-concept. In P. B. Baltes & O. G. Brim (Eds.), *Life-span development and behavior Vol. 4* (pp.263-309). New York: Academic Press.

Muthén, B. O. (1984). A general structural equation model with dichotomous, ordered categorical, and continuous latent variable indicators. *Psychometrika, 49*(1), 115-132.

Muthén, B. O. (1988). *LISCOMP: Analysis of linear structural equations with a comprehensive measurement model*. Chicago: Scientific Software International.

Muthén, B. O. (1991). Analysis of longitudinal data using latent variable models with varying parameters. In L. M. Collins & J. L. Horn (Eds.), *Best methods for the analysis of change: Recent advances, unanswered ques-*

tions, future directions (pp. 1-17). Washington, DC: American Psychological Association.

Muthén, B. O. (1993). Latent variable modeling of growth with missing data and multilevel data. In C. M. Cuadras & C. R. Rao (Eds.), *Multivariate analysis: Future directions, 2* (pp. 199-210). Amsterdam: Morth Holland.

Muthén, B. O. (1994a). Growth modeling of binary responses. In A. von Eye & C. C. Clogg (Eds.), *Categorical variables in developmental research: Methods and analysis* (pp. 37-54). San Diego, CA: Academic Press.

Muthén, B. O. (1994b). Multilevel covariance structure analysis. *Sociological Methods and Research, 22*, 376-398.

Muthén, B. O. (1997). Latent variable modeling of longitudinal and multilevel data. In A. Raftery (Ed.), *Sociological methodology* (pp. 453-480). Boston: Blackwell.

Muthén, B. O. (2000). Methodological issues in random coefficient growth modeling using a latent variable framework: Applications to the development of heavy drinking ages 18-37. In J. S. Rose, L. Chassin, C. C. Presson, & S. J. Sherman (Eds.), *Multivariate applications in substance use research* (pp. 113-140). Mahwah, NJ: Lawrence Erlbaum Associates.

Muthén, B. O. (2001). Latent variable mixture modeling. In G. A. Marcoulides & R. E. Schumacker (Eds.), *New developments and techniques in structural equation modeling* (pp. 1-33). Mahwah, NJ: Lawrence Erlbaum Associates.

Muthén, B. O., & Asparouhov, T. (2002). Latent variable analysis with categorical outcomes: Multiple-group and growth modeling in Mplus. *Mplus Web Note: No 4*. Version 5. Retrieved from http://www.statmodel.com/mplus/examples/webnote.html#web4

Muthén, B. O., Brown, C. H., Masyn, K., Jo, B., Khoo, S. T., Yang, C. C., Wang, C. P., Kellam, S., Carlin, J., & Liao, J. (2002). General growth mixture modeling for randomized preventive interventions. *Biostatistics*, *3*, 459-475.

Muthén, B. O., & Curran, P. J. (1997). General longitudinal modeling of individual differences in experimental designs: A latent variable framework for analysis and power estimation. *Psychological Methods*, *2*, 371-402.

Muthén, B. O., Kaplan, D., & Hollis, M. (1987). On structural equation modeling with data that are not missing completely at random. *Psychometrika*, *52*, 431-462.

Muthén, B. O., & Shedden, K. (1999). Finite mixture modeling with mixture outcomes using the EM algorithm. *Biometrics*, *55*, 463-469.

Muthén, L. K., & Muthén, B. O. (1998). *Mplus: The comprehensive modeling program for applied researchers*. Los Angeles, CA: Muthén & Muthén.

Muthén, L. K., & Muthén, B. O. (2002). How to use a Monte Carlo study to decide on sample size and determine power. *Structural Equation Modeling*, *9*, 599-620.

Muthén, L. K., & Muthén, B. O. (1998-2006). *Mplus user's guide*. Los Angeles, CA: Muthén & Muthén.

Muthén, L. K., & Muthén, B. O. (2009). *Mplus V5.21*. Los Angeles, CA: Muthén & Muthén.

Nagin, D. (1999). Analyzing developmental trajectories: A semi-parametric, group-based approach. *Psychological Methods*, *4*, 139-177.

Nagin, D., & Tremblay, R. E. (2001). Analyzing developmental trajectories of distinct but related behaviors: A group-based method. *Psychological Methods*, *6*, 18-34.

Neale, M. C. (2000). Individual fit, heterogeneity, and missing data in multi-group structural equation modeling. In T. D. Little, K. U. Schnabel, & J. Baumert (Eds.), *Modeling longitudinal and multilevel data: Practical issues, applied approaches and specific examples* (pp. 249-267). Mahwah, NJ: Lawrence Erlbaum Associates.

Neale, M. C., Boker, S. M., Xie, G., & Maes, H. H. (2003). *Mx: Statistical modeling* (6th ed.). Richmond, VA: Department of Psychology, Virginia Commonwealth University.

Nesselroade, J. R. (1977). Issues in studying developmental change in adults from a multivariate perspective. In J. E. Birren & K. W. Schaie (Eds.), *Handbook on the psychology of aging* (pp. 59-69). New York: Van Nostrand-Reinhold.

Nesselroade, J. R. (1983). Tempral selection and factor invariance in the study of development and change. *Life-Span Development and Behavior, 5*, 59-87.

Nesselroade, J. R., & Baltes, P. B. (1979). *Longitudinal research in the study of behavior and development*. New York: Academic Press.

Newsom, J. T. (2002). A multilevel structural equation model for dyadic data. *Structural Equation Modeling, 9*, 431-447.

Newsom, J. T., Jones, R. N., & Hofer, S. M. (2011). *Longitudinal data analysis: A practical guide for researchers in aging, health, and social sciences*. New York: Routledge.

Park, J., Kosterman, R., Hawkins, J. D., Haggerty, K. P., Duncan, T. E., Duncan, S. C., & Spoth, R. (2000). Effects of "preparing for the drug free years" on the growth in adolescent alcohol use and risk for alcohol use in early adolescence. *Prevention Science, 1*, 125-138.

Patterson, G. R. (1993). Orderly change in a stable world: The antisocial trait as a chimera. *Journal of Consulting and Clinical Psychology, 61*, 911-919.

Pentz, M. A., & Chou, C. P. (1994). Measuring invariance in longitudinal clinical research assuming change from development and intervention. *Journal of Consulting and Clinical Psychology, 62*, 450-462.

Pinheiro, J. C., & Bates, D. M. (2000). *Mixed-effects models in S and S-Plus*. New York: Springer.

Poon, W. Y., & Tang, F. C. (2002). Multisample analysis of multivariate ordinal categorical variables. *Multivariate Behavioral Research, 37,* 479-500.

Powers, E. A., Goudy, W. J., & Keith, P. M. (1978). Congruence between panel and recall data in longitudinal research. *Public Opinion Quarterly, 42,* 380-389.

Preacher, K. J., Curran, P. J., & Bauer, D. J. (2006). Computational tools for probing interaction effects in multiple linear regression, multilevel modeling, and latent curve analysis. *Journal of Educational and Behavioral Statistics, 31,* 437-448.

Preacher, K. J., Wichman, A. L., MacCallum, R. C., & Briggs, N. E. (2008). *Latent growth curve modeling*. Thousand Oaks, CA: Sage.

Rabe-Hesketh, S., & Skrondal, A. (2005). *Multilevel and longitudinal modeling using Stata*. College Station, TX: Stata Press.

Rabe-Hesketh, S., & Skrondal, A. (2012). *Multilevel and longitudinal modeling using Stata, Volume II: Categorical responses counts, and survival*. College Station, TX: Stata Press.

Ramaswamy, V., DeSarbo, W., Reibstein, D., & Robinson, W. (1993). An empirical pooling approach for estimating marketing mix elasticities with PIMS data. *Marketing Science, 12,* 103-124.

Rao, C. R. (1958). Some statistical methods for computation of growth curves. *Biometrika, 51,* 83-90.

Raudenbush, S. W. (2001). Toward a coherent framework for comparing trajectories of individual change. In L. M. Collins and A. G. Sayer (Eds.), *New methods for the analysis of change* (pp. 33-64). Washington, DC: American Psychological Association.

Raudenbush, S. W., Brennan, R. T., & Barnett, R. C. (1995). A multivariate hierarchical model for studying psychological change within married couples. *Journal of Family Psychology, 9,* 161-176.

Raudenbush, S. W., & Bryk, A. S. (2002). *Hierarchical linear models: Applications and data analysis methods* (2nd ed.). Thousand Oaks, CA: Sage.

Raudenbush, S. W., Bryk, A. S., Cheong, Y. F., & Congdon Jr., R. T. (2004). *HLM 6: Hierarchical linear and nonlinear modeling.* Lincolnwood, IL: Scientific Software International, Inc.

Raudenbush, S. W., & Chan, W. S. (1992). Growth curve analysis in accelerated longitudinal designs. *Journal of Research in Crime and Delinquency, 29,* 387-411.

Raudenbush, S. W., & Chan, W. S. (1993). Application of a hierarchical linear model to the study of adolescent deviance in an overlapping cohort design. *Journal of Consulting and Clinical Psychology, 61,* 941-951.

Raykov, T. (1991). Measurement of change in longitudinal data: A classical test theory approach within the structural equation modeling methodology. *Studia Psychologica, 33,* 44-49.

Raykov, T. (1992a). On structural models for analyzing change. *Scandinavian Journal of Psychology, 33,* 247-265.

Raykov, T. (1992b). Structural models for studying correlates and predictors of change. *Australian Journal of Psychology, 44,* 101-112.

Raykov, T. (1994). Studying correlates and predictors of longitudinal change using structural equation modeling. *Applied Psychological Measurement, 18,* 63-77.

Reynolds, C. A., Finkel, D., Gatz, M., & Pedersen, N. L. (2002). Sources of influence on rate of cognitive change over time in Swedish twins: An application of latent growth models. *Experimental Aging Research, 28,* 407-433.

Robertson, B. (1908). On the normal rate of growth of an individual, and its biochemical significance. *Archiv für Entwicklungsmechanik der Organismen, 25*, 581-614.

Rodebaugh, T., Curran, P. J., & Chambless, D. L. (2002). Expectancy of panic in the maintenance of daily anxiety in panic disorder with agoraphobia: A longitudinal test of competing models. *Behavioral Therapy, 33*, 315-336.

Rodgers, W. L. (1982). Estimable functions of age, period, and cohort effects. *American Sociological Review, 47*, 774-787.

Rogosa, D. R., Brandt, D., & Zimowski, M. (1982). A growth curve approach to the measure of change. *Psychological Bulletin, 92*, 726-748.

Rogosa, D. R., & Willett, J. B. (1985). Understanding correlates of change by modeling individual differences in growth. *Psychometrika, 50*, 203-228.

Rovine, M. J., & Molenaar, P. C. (2000). A structural modeling approach to a multilevel random coefficients model. *Multivariate Behavioral Research, 35*, 51-88.

Rubin, D. B. (1976). Inference and missing data. *Biometrika, 63*, 581-592.

Ryder, N. B. (1965). The cohort as a concept in the study of social change. *American Sociological Review, 30*, 843-861.

Sayer, A. G., & Cumsille, P. E. (2001). Second-order latent growth models. In L. M. Collins & A. G. Sayer (Eds.), *New methods for the analysis of change* (pp. 179-200). Washington, DC: American Psychological Association.

Sayer, A. G., & Willett, J. B. (1998). A cross-domain model for growth in adolescent expectancies. *Multivariate Behavioral Research, 33*, 509-543.

Schaie, K. W. (1965). A general model for the study of development problems. *Psychological Bulletin, 64*, 92-107.

Schaie, K. W. (1986). Beyond calendar definitions of age, time, and cohort:

The general developmental model revisited. *Developmental Review*, *6*, 252-277.

Schaie, K. W., Willis, S. L., Jay, G., & Chipuer, H. (1989). Structural invariance of cognitive abilities across the adult life span: A cross-sectional study. *Developmental Psychology*, *24*, 652-662.

Schmidt, W., & Wisenbaker, J. (1986). *Hierarchical data analysis: An approach based on structural equations* (Tech. Rep. No. 4). East Lansing: Michigan State University, Department of Counseling Educational Psychology and Special Education.

Schumacker, R. E., & Lomax, R. G. (1996). *A beginner's guide to structural equation modeling*. Hillsdale, NJ: Lawrence Erlbaum Associates.

Schwarz, N., & Sudman, S. (Eds.) (1994). *Autobiographical memory and the validity of retrospective reports*. New York: Springer Verlag.

Singer, J. D., & Willett, J. B. (2003). *Applied longitudinal data analysis: Modeling change and event occurrence*. New York: Oxford University Press.

Skrondal, A., & Rabe-Hesketh, S. (2004). *Generalized latent variable modeling: Multilevel, longitudinal, and structural equation models*. Boca Raton, FL: Chapman and Hall/CRC.

Snijders, T. A. B., & Bosker, R. J. (1999). *Multilevel analysis: An introduction to basic and advanced multilevel modeling*. Thousand Oaks, CA: Sage.

Sterba, S., Prinstein, M. J., & Cox, M. J. (2007). Trajectories of internalizing problems across childhood: Heterogeneity, external validity, and gender differences. *Development and Psychopathology*, *19*, 345-366.

Stoel, R. D. (2003). *Issues in growth modeling*. Unpublished doctoral dissertation, University of Amsterdam, The Netherlands.

Stoel, R. D., & van den Wittenboer, G. (2003). Time dependence of growth parameters in latent growth curve models with time invariant covariates. *Methods of Psychological Research Online*, *8*, 21-41.

Stoel, R. D., van den Wittenboer, G., & Hox, J. (2004). Including time-invariant covariates in the latent growth curve model. *Structural Equation Modeling, 11*, 155-167.

Stoolmiller, M. (1994). Antisocial behaviors, delinquent peer association, and unsupervised wandering for boys: Growth and change from childhood to early adolescence. *Multivariate Behavioral Research, 29*, 263-288.

Stoolmiller, M. (1995). Using latent growth curve models to study developmental processes. In J. M. Gottman (Ed.), *The analysis of change* (pp. 103-138). Mahwah, NJ: Lawrence Erlbaum Associates.

Stoolmiller, M., & Bank, L. (1995). Autoregressive effects in structural equation models: We see some problems. In J. M. Gottman (Ed.), *The analysis of change* (pp. 261-276). Hillsdale, NJ: Lawrence Erlbaum Associates.

Stoolmiller, M., Duncan, T. E., Bank, L., & Patterson, G. R. (1993). Some problems and solutions in the study of change: Significant patterns in client resistance. *Journal of Consulting and Clinical Psychology, 61*, 920-928.

Stoolmiller, M., Duncan, T. E., & Patterson, G. R. (1995). Predictors of change in antisocial behavior at school for adolescent boys. In R. H. Hoyle (Ed.), *Structural equation modeling: Concepts, issues and applications* (pp. 237-253). Beverly Hills, CA: Sage.

Taris, T. W. (2000). *A primer in longitudinal data analysis*. Thousand Oaks, CA: Sage.

Taris, T. W., Bok, I. A., & Meijer, Z. Y. (1998). On assessing stability and change of psychometric properties of multi-item concepts across different situations: Three applications of an eight-step procedure. *Journal of Psychology, 132*, 301-327.

Tisak, J., & Meredith, W. (1989). Exploratory longitudinal factor analysis in multiple populations. *Psychometrika, 54*, 261-281.

Tisak, J., & Meredith, W. (1990). Descriptive and associative developmental models. In A. von Eye (Ed.), *Statistical methods in longitudinal research Vol. 2* (pp. 387-406). Boston: Academic Press.

Tisak, J., & Tisak, M. S. (1996). Longitudinal models of reliability and validity: A latent curve approach. *Applied Psychological Measurement, 20,* 275-288.

Tisak, J., & Tisak, M. S. (2000). Permanency and ephemerality of psychological measures with application to organizational commitment. *Psychological Methods, 5,* 175-198.

Tonry, M., Ohlin, L. E., & Farrington, D. P. (1991). *Human development and criminal behavior: New ways of advancing knowledge.* New York: Springer-Verlag.

Tucker, L. R. (1958). Determination of parameters of a functional relation by factor analysis. *Psychometrika, 38,* 1-10.

Tucker, L. R. (1966). Learning theory and multivariate experiment: Illustration by determination of parameters of generalized learning curves. In R. B. Catell (Ed.), *Handbook of multivariate experimental psychology* (pp. 476-501). Chicago: Rand McNally.

Tucker, L. R., & Lewis, C. (1973). A reliability coefficient for maximum likelihood factor analysis. *Psychometrika, 38,* 1-10.

Twisk, J. W. R. (2003). *Applied longitudinal data analysis for epidemiology: A practical guide.* Cambridge, UK: Cambridge University Press.

Twisk, J. W. R. (2006). *Applied multilevel analysis: A practical guide.* New York: Cambridge University Press.

van de Pol, F. J. R. (1989). *Issues of design and analysis of panels.* Amsterdam: Sociometric Research Foundation.

van der Vaart, W. (1996). *Inquiring into the past: Data quality of responses to retrospective questions.* Amsterdam: Free University Amsterdam.

van Montfort, K., Oud, J., & Satorra, A. (Eds.) (2006). *Longitudinal models in the behavioral and related sciences*. Mahwah, NJ: Lawrence Erlbaum Associates.

Verbeke, G., & Molenberghs, G. (2000). *Linear mixed models for longitudinal data*. New York: Springer-Verlag.

Verbeke, G., & Molenberghs, G. (2009). *Linear mixed models for longitudinal data* (2nd ed.). New York: Springer.

von Eye, A., & Bergman, L. R. (2003). Research strategies in developmental psychopathology: Dimensional identity and the person-oriented approach. *Development and Psychopathology*, *15*, 553-580.

Walker, A. J., Acock, A. C., Bowman, S. R., & Li, F. (1996). Amount of care given and care-giving satisfaction: A latent growth curve analysis. *Journal of Gerontology Series B Psychological Sciences and Social Sciences*, *51B*, 130-142.

Wang, J. (2004). Significance testing for outcome changes via latent growth model. *Structural Equation Modeling*, *11*, 375-400.

Wang, J., & Bodner, T. E. (2007). Growth mixture modeling: Identifying and predicting unobserved subpopulations with longitudinal data. *Organizational Research Methods*, *10*, 635-656.

Wang, J., Siegal, H. A., Falck, R. S., Carlson, R. G., & Rahman, A. (1999). Evaluation of HIV risk reduction intervention programs via latent growth model. *Evaluation Review*, *23*, 648-662.

Wang, J., & Wang, X. (2012). *Structural equation modeling: Applications using Mplus: Methods and applications*. Hoboken, NJ: Wiley.

Wen, Z., Marsh, H. W., & Hau, K. T. (2002). Interaction effects in growth modeling: A full model. *Structural Equation Modeling*, *9*, 20-39.

Wendorf, C. A. (2002). Comparisons of structural equation modeling and hierarchical linear modeling approaches to couples' data. *Structural*

Equation Modeling, 9, 126-140.

Werts, C. E., Jöreskog, K. G., & Linn, R. (1971). Comment on the estimation of measurement error in panel data. *American Sociological Review, 36,* 110-112.

Werts, C. E., & Linn, R. L. (1970). A general linear model for studying growth. *Psychological Bulletin, 73,* 17-22.

West, S. G., Biesanz, J. C., & Pitts, S. C. (2000). Causal inference and generalization in field settings; Experimental and quasi-experimental designs. In H. T. Reis & C. M. Judd (Eds.), *Handbook of research methods in personality and social psychology* (pp. 40-84). New York: Cambridge University Press.

Wickrama, K. A. S., Lorenz, F. O., & Conger, R. D. (1997). Parental support and adolescent physical health status: A latent growth-curve analysis. *Journal of Health and Social Behavior, 38,* 149-163.

Widaman, K. F., & Thompson, J. S. (2003). On specifying the null model for incremental fit indices in structural equation modeling. *Psychological Methods, 8,* 16-37.

Wiggins, R. D., & Sacker, A. (2002). Strategies for handling missing data in SEM: A user's perspective. In N. J. Marcoulides & I. Moustaki (Eds.), *Latent variable and latent structural models* (pp. 105-120). Mahwah, NJ: Lawrence Erlbaum Associates.

Wiley, D. E., & Wiley, J. A. (1970). The estimation of measurement error in panel data. *American Sociological Review, 35,* 112-117.

Willett, J. B. (1989). Questions and answers in the measurement of change. *Review of Research in Education, 15,* 345-422.

Willett, J. B., & Keiley, M. K. (2000). Using covariance structure analysis to model change over time. In S. D. Brown & E. A. Howard (Eds.), *Handbook of applied multivariate statistics and mathematical modeling* (pp.

665-694). San Diego, CA: Academic.

Willett, J. B., & Sayer, A. G. (1994). Using covariance structure analysis to detect correlates and predictors of individual change over time. *Psychological Bulletin, 116*, 363-381.

Willett, J. B., & Sayer, A. G. (1995). Cross-domain analyses of change over time: Combining growth modeling and covariance structure analysis. In G. A. Marcoulides & R. E. Schumacker (Eds.), *Advanced structural equation modeling: Issues and techniques* (pp. 125-157). Mahwah, NJ: Lawrence Erlbaum Associates.

Willett, J. B., Singer, J. D., & Martin, N. C. (1998). The design and analysis of longitudinal studies of development and psychopathology in context: Statistical models and methodological recommendations. *Developmental and Psychopathology, 10*, 395-426.

Wills, T. A., Sandy, J. M., Yaeger, A. M., Cleary, S. D., & Shinar, O. (2001). Coping dimensions, life stress, and adolescent substance use: A latent growth analysis. *Journal of Abnormal Psychology, 110*, 309-323.

Windle, M. (2000). A latent growth curve model for delinquent activity among adolescents. *Applied Developmental Science, 4*, 193-207.

Wishart, J. (1938). Growth-rate determinations in nutrition studies with the bacon pig, and their analysis. *Biometrika, 30*(1-2), 16-28.

Wothke, W. (2000). Longitudinal and multigroup modeling with missing data. In T. D. Little, K. U. Schnabel, & J. Baumert (Eds.), *Modeling longitudinal and multilevel data: Practical issues, applied approaches and specific examples* (pp. 219-240). Mahwah, NJ: Lawrence Erlbaum Associates.

Wu, H., & Zhang, J. T. (2006). *Nonparametric regression methods for longitudinal data analysis: Mixed-effects modeling approaches.* Hoboken, NJ: Wiley.

Yang, C. C. (1998). *Finite mixture model selection with psychometric applic-*

ations. Unpublished doctoral dissertation, University of California, Los Angeles.

Zeger, S. L., & Harlow, S. D. (1987). Mathematical models from laws of growth to tolls for biological analysis: Fifty years of growth. *Growth, 51,* 1-21.

Zhang, Z., Hamagami, F., Wang, L., Nesselroade, J. R., & Grimm, K. J. (2007). Bayesian analysis of longitudinal data using growth curve models. *International Journal of Behavioral Development, 31,* 374-383.

國家圖書館出版品預行編目（CIP）資料

縱貫性資料分析：LGM 的應用／余民寧著.
--初版.--臺北市：心理, 2013.12
面；　公分.--（社會科學研究系列；81223）

ISBN 978-986-191-576-0（平裝附光碟片）

1.社會科學　2.統計方法　3.電腦程式

501.28　　　　　　　　　　　　102024488

社會科學研究系列 81223

縱貫性資料分析：LGM 的應用

作　　　者：余民寧
執行編輯：李　晶
總 編 輯：林敬堯
發 行 人：洪有義
出 版 者：心理出版社股份有限公司
地　　　址：台北市大安區和平東路一段 180 號 7 樓
電　　　話：(02) 23671490
傳　　　真：(02) 23671457
郵撥帳號：19293172　心理出版社股份有限公司
網　　　址：http://www.psy.com.tw
電子信箱：psychoco@ms15.hinet.net
駐美代表：Lisa Wu（Tel: 973 546-5845）
排 版 者：辰皓國際出版製作有限公司
印 刷 者：辰皓國際出版製作有限公司
初版一刷：2013 年 12 月
I S B N：978-986-191-576-0
定　　　價：新台幣 400 元（含光碟）